国家发展和改革委员会国际合作中心系列研究成果

《新时代大国战略》系列专著

新时代乡村振兴战略规划与案例

吴维海 著

中国金融出版社

责任编辑:陈　翎
责任校对:李俊英
责任印制:丁淮宾

图书在版编目(CIP)数据

新时代乡村振兴战略规划与案例(Xinshidai Xiangcun Zhenxing Zhanlüe Guihua yu Anli)/吴维海著. —北京:中国金融出版社,2018.10
ISBN 978 – 7 – 5049 – 9705 – 0

Ⅰ.①新…　Ⅱ.①吴…　Ⅲ.①农村—社会主义建设—研究—中国
Ⅳ.①F320.3

中国版本图书馆 CIP 数据核字(2018)第 198467 号

出版
发行　中国金融出版社
社址　北京市丰台区益泽路 2 号
市场开发部　(010)63266347,63805472,63439533(传真)
网上书店　http://www.chinafph.com
　　　　　(010)63286832,63365686(传真)
读者服务部　(010)66070833,62568380
邮编　100071
经销　新华书店
印刷　保利达印务有限公司
尺寸　169 毫米×239 毫米
印张　20
字数　375 千
版次　2018 年 10 月第 1 版
印次　2018 年 10 月第 1 次印刷
定价　65.00 元
ISBN 978 – 7 – 5049 – 9705 – 0
如出现印装错误本社负责调换　联系电话(010)63263947

《新时代大国战略》系列专著编委会

主　　任：
　　　　张全景　中共中央组织部原部长

副 主 任：
　　　　王伟华　中共中央党史研究室原副主任
　　　　潘震宙　原文化部副部长
　　　　谭悦新　中国人民解放军原总后勤部副部长
　　　　　　　　中央军委办公厅原主任中将
　　　　戴俭明　中央纪委原副部级巡视专员

主　　编：
　　　　吴维海　国家发改委国际合作中心执行总监、研究员、博士
　　　　　　　　国合华夏城市规划研究院执行院长

副 主 编：
　　　　武　红　国务院发展研究中心副研究员、博士

编委签字：

2018 年于北京

序

  中国进入建设社会主义现代化强国的新时代。实现全党、全国各族人民的共同梦想，需要前瞻的战略引领。战略是一个政党、国家的根本性问题。以习近平同志为核心的党中央高瞻远瞩，树立全球视野，参照国际标准，通过"一带一路"倡议、京津冀协同发展战略等，积极参与全球治理，促进世界和平与繁荣，较好地实现了经济中高速增长，对全球经济发展作出了巨大贡献。

  中国地域辽阔，文化多元，地区之间发展不平衡，经济发展不平衡、不充分的突出问题亟待解决，发展质量和效益亟待提高，创新能力亟待增强，民生领域的短板亟待解决。这就需要因地制宜编制各类规划，明确发展方向，优化资源要素，集中智慧和能量，砥砺前行。各级党委、各级政府和企业家牢固树立"四个意识"，立足各自岗位，撸起袖子，真抓实干，为实现中华民族伟大复兴的宏伟蓝图而不懈努力。

吴维海曾在国家发改委国际合作中心、工业和信息化部等部委工作，有跨部委的实践经历。该同志跟踪全球环境，解读国家战略，编制政府规划，荟萃论坛演讲、高端培训与媒体成果，以《新时代大国战略》系列专著形式，分《新时代强国复兴战略》《新时代区域发展战略》《新时代企业竞争战略》《新时代金融创新战略》《新时代乡村振兴战略规划与案例》等分册，出版发行。涵盖全球治理、强国战略、政府规划、园区规划、城市品牌、乡村振兴战略、特色小镇、企业战略、PPP和金融信用等领域，站位高、观点前瞻，操作性强，值得各级党委、政府、院校学者和企业家等阅读并借鉴。

中共中央组织部原部长
2018 年

前言

  乡村,曾经令无数人梦中牵挂并流连忘返。晋朝陶渊明曾荷锄赏菊,悠然南山下。唐代杜甫曾在大雨瓢泼的夜晚,眼看茅草屋被大风吹翻,呼吁"安得广厦千万间,大庇天下寒士俱欢颜"。"锄禾日当午,汗滴禾下土"更成为千古绝唱。

  20世纪20年代,毛泽东凭借对中国农村社会的深刻透视,确立"农村包围城市、最终夺取全国胜利"的总战略,带领中国共产党和广大贫苦人民,发动了农民武装起义,建立了人民军队,取得了全国胜利,并通过农村土地改革,使农业快速发展。1978年,由安徽省凤阳县小岗村家庭联产承包责任制开始,拉开了中国经济改革的大幕。在改革与发展中,近年来,我国农业出现了新问题、新挑战,如城乡二元结构、农业发展动力不足、农民收入偏低、农村基础设施落后、农村环境污染等。对此,党中央、国务院高度重视,并连续多年以中央1号文件的方式,积极推动"三农"工作。党的十九大报告和

2018年中央1号文件提出了乡村振兴战略的新倡议,发出了乡村振兴的总动员。全国各地如何贯彻落实习近平新时代中国特色社会主义思想,因地制宜地编制和实施乡村振兴战略规划,考验各级党委、各地政府的智慧。

《新时代大国战略》系列专著之《新时代乡村振兴战略规划与案例》共14章,分别从全球形势、宏观政策、规划编制、战略定位、产业振兴等维度,对乡村振兴战略的规划编制、实施路径、振兴支撑以及路线图、规划决策与监督考评系统等进行了解读和阐述。

第1~2章,乡村振兴是中华文明之源、是国家强盛之根,主要研究分析了乡村的起源、乡村特征、乡村振兴理论、乡村振兴的重要性,以及乡村的社会地位、经济地位、历史贡献、新时代要求等。着重解读了浙江和山东等地乡村振兴的案例和探索。

第3章,乡村是社会发展之魂,主要解答了乡村振兴战略规划中的"是什么""为什么"两大战略性课题。着重分析和确立了乡村振兴的难题、关键点、总要求和总步骤,为各地编制和实施乡村振兴战略规划指明了总方向、总架构。

第4~12章,研究分析了乡村振兴的产业振兴、生态宜居、乡风文明、乡村治理、生活富裕、人才振兴、改革开放和城乡融合等,分别从国家政策、对标对表、实施路线图和典型案例等维度,结合国内外典型案例,系统、全面、前瞻、科学地进行规划编制、规划实施与借鉴思路等研究。

第13章,主要介绍乡村振兴战略的规划编制总体架构、编制模型、规划实施步骤、规划战略地图以及规划保障机制等,同时介绍规划编制案例和借鉴等。

第14章,乡村振兴战略规划决策、项目实施、监督考评管理信息系统（SRVS）分析了 SRVS 系统的实践价值、管理架构、核心功能和目标实现，为各地乡村振兴战略规划编制、决策流程、项目实施、监督考核提供智慧化、自动化、全过程的智慧管理服务，极大释放了各级领导的时间，减少了沟通成本，提高了决策效率，确保乡村振兴战略规划实施的质量和效率。

《新时代大国战略》系列专著由各位编委签名并祝贺出版。本专著编入了中共中央组织部、原文化部、中央纪委、国家发展改革委、中国人民银行、国务院发展研究中心、地方政府等有关领导和专家学者的文章，在此一并致谢。

希望本专著对地方党委、各级政府、企业家、智库机构和教授学者等，开展乡村振兴战略的规划编制、决策审批、规划实施、项目建设、任务监督和业绩考评等有一定的实践借鉴意义。

吴维海

2018 年 7 月

目 录

第一章 乡村是中华文明之源 ... 1
 一、乡村起源 ... 2
 二、我国乡村特征 ... 6
 三、乡村文明 ... 7
 四、乡村振兴理论 ... 10
 五、乡村的历史发展 ... 13
 六、乡村振兴的重要性 ... 16
 七、乡村振兴"潍坊模式""诸城模式"案例 ... 17

第二章 乡村是国家强盛之根 ... 23
 一、乡村的社会地位 ... 24
 二、乡村的经济地位 ... 25
 三、乡村的历史贡献 ... 27
 四、乡村新时代要求 ... 27
 五、乡村振兴战略 ... 29
 六、乡村富国家强 ... 32

七、乡村振兴战略浙江省和山东省案例　　　　　　　35
　　八、专家谈乡村振兴战略　　　　　　　　　　　　37

第三章　乡村是社会发展之魂　　　　　　　　　　　　48
　　一、乡村振兴的难题　　　　　　　　　　　　　　50
　　二、乡村振兴关键点　　　　　　　　　　　　　　51
　　三、乡村振兴总要求　　　　　　　　　　　　　　52
　　四、乡村振兴总步骤　　　　　　　　　　　　　　55
　　五、案例：三穗县"三带"模式激活农村发展内生动力　56

第四章　乡村产业兴旺路线图　　　　　　　　　　　　60
　　一、国家政策　　　　　　　　　　　　　　　　　62
　　二、对标对表　　　　　　　　　　　　　　　　　67
　　三、实施路线图　　　　　　　　　　　　　　　　79
　　四、特色小（城）镇建设　　　　　　　　　　　　81
　　五、田园综合体盈利模型　　　　　　　　　　　　94
　　六、沪浙乡村产业振兴案例　　　　　　　　　　　100

第五章　乡村生态宜居路线图　　　　　　　　　　　　103
　　一、国家政策　　　　　　　　　　　　　　　　　104
　　二、对标对表　　　　　　　　　　　　　　　　　105
　　三、实施路线图　　　　　　　　　　　　　　　　107
　　四、浙江省"千万工程"案例　　　　　　　　　　109

第六章　乡风文明和谐路线图　　　　　　　　　　　　110
　　一、国家政策　　　　　　　　　　　　　　　　　112
　　二、对标对表　　　　　　　　　　　　　　　　　112
　　三、实施路线图　　　　　　　　　　　　　　　　115
　　四、潍坊与铜仁乡村文明实践案例　　　　　　　　116

第七章　乡村治理有效路线图　　　　　　　　　　　　120
　　一、国家政策　　　　　　　　　　　　　　　　　121
　　二、对标对表　　　　　　　　　　　　　　　　　125

三、主要任务 　　130

　　四、实施路线图 　　136

　　五、坊子区洼里村组织治理案例 　　138

第八章　乡村生活富裕路线图　　141

　　一、国家政策 　　142

　　二、对标对表 　　144

　　三、实施路线图 　　145

　　四、三穗县颇洞村以党建促增收案例 　　147

第九章　乡村人才振兴路线图　　150

　　一、国家政策 　　151

　　二、对标对表 　　152

　　三、实施路线图 　　158

　　四、京沪等地人才战略案例 　　158

第十章　乡村品牌振兴路线图　　162

　　一、国家政策 　　164

　　二、对标对表 　　165

　　三、实施路线图 　　166

　　四、鲁沪构建国际品牌案例 　　167

　　五、和合共生的全球标准化战略 　　169

　　六、潍坊乡村振兴战略和品质城市深度融合 　　172

第十一章　乡村改革开放路线图　　178

　　一、国家政策 　　179

　　二、对标对表 　　186

　　三、实施路线图 　　189

　　四、潍坊市乡村振兴改革案例 　　191

　　五、中美贸易争端对乡村振兴的影响 　　192

第十二章　乡村城乡融合路线图　　198

　　一、国家政策 　　199

二、对标对表　　202
　　三、实施路线图　　205
　　四、乡村融合案例　　207

第十三章　乡村振兴战略的规划编制　　214
　　一、乡村振兴战略规划编制架构　　215
　　二、乡村振兴战略规划调研论证　　216
　　三、乡村振兴战略规划地图　　218
　　四、乡村振兴战略实施路径　　219
　　五、潍坊市乡村振兴战略规划编制案例　　228

第十四章　乡村振兴战略规划实施考评　　234
　　一、规划实施与监督考评（SRVS）的重大价值　　235
　　二、规划实施与监督系统（SRVS）的管理架构　　237
　　三、规划实施与监督系统（SRVS）的核心功能　　238
　　四、规划实施与监督系统（SRVS）的决策支撑　　241
　　五、规划实施与监督系统（SRVS）的目标实现　　250

附件1　基层乡村振兴战略现状和实施建议　　253

附件2　"美好生活"内涵与"美好生活指数"研究　　275

附件3　发达国家农业及乡村振兴的实践借鉴　　283

附件4　把握习近平新时代中国特色社会主义思想
　　　　高质量建设特色小（城）镇　　288

后　记　　304

第一章
CHAPTER 1

乡村是中华文明之源

"乡村兴则中国兴、乡村衰则中国衰。"习近平总书记高度重视乡村振兴和"三农"工作，他多次强调：坚持把解决好"三农"问题作为全党工作的重中之重，始终把"三农"工作牢牢抓住、紧紧抓好。

"物有本末，事有终始，知所先后，则近道矣。"乡村，是中华民族繁衍与发展的摇篮，是我国 5000 年璀璨文化和文明的源泉，是文人墨客和历史人物为之歌咏、为之奋斗的感情寄托地、梦中桃花源。

新时代，欣赏唐代孟浩然的《过故人庄》，品味乡村休闲和独特之魅力：

过故人庄

唐代　孟浩然

故人具鸡黍，邀我至田家。

绿树村边合，青山郭外斜。

开轩面场圃，把酒话桑麻。

待到重阳日，还来就菊花。

这首诗，会让浮躁的心慢慢平静，会牵引你的视线和思路，渐渐融入鸟语花香，渐渐走进遥远的小山村，共同追寻中华文明的悠久历史和乡村文明。

一、乡村起源

乡，通俗来讲，是与城市距离较远的地方，是老百姓开荒种地的区域。

（一）桃花源与悠然南山

《说文解字》：乡，国离邑，民所封乡也。啬夫别治。封圻之内六乡，六乡治之。从，皀声。

《说文解字》"鄉（乡）"的白话版，可以解读为：乡，与国都相距遥远之邑，是百姓开荒封建之乡，由乡官啬夫分别管理。国都四周划分成六个乡，由六个乡官管理。字形采用"𨛜"作偏旁，采用"皀"作声旁。

《广雅》提到：十邑为乡，是三千六百家为一乡。

"村"一是指乡下聚居的处所，二是指粗野。

《辞源》对乡村的解释：主要从事农业，人口分布较城镇分散的地方。

美国学者 R. D. 罗得菲尔德认为，"乡村是人口稀少、比较隔绝、以农业生产为主要经济基础、人们生活基本相似，而与社会其他部分，特别是城市有所不同的地方"。

在新石器时代，农业和畜牧业分离，以农业为主要生计的氏族定居下来，出现了真正的乡村。

一般来说，乡村聚落有农舍、牲畜棚圈、仓库场院、道路、水渠、宅旁绿地，及特定环境和专业化生产的特有附属设施等。

国外学者认为，乡村的人口密度低，聚居规模小，以农业生产为主，社会结构相对简单、类同，居民生活方式及景观与城市有明显差别等。

在我国，乡村一般指县城以下的地区。它的生产力水平较低，流动人口少，经济欠发达。

20世纪80年代以来，随着农村的深层次改革，我国的乡村产业发生了巨大变化，乡村分工明显，人们对乡村的认识逐渐出现了新变化。

有学者认为：乡村是农业生产和农民聚居的地方，也是经济生活的整体，它有独立活动的性能。乡村产业包括农业、工业、交通运输业、建筑业、商业、服务业等物质生产和非物质生产部门的经济活动。

有人认为，乡村是综合经济实体，也是一个社会，包括经济、政治、文教、风俗等所有活动。

关于乡村的内容，包括经济和各种社会活动、自然资源等空间因素，它是有一定自然、社会经济特征和职能的地区综合体。

通常来看，乡村是历史的、动态的一个概念。全球来看，乡村分为原始型乡村、古代型乡村、近代型乡村、现代型乡村、未来型乡村五个历史发展阶段。

从我国乡村发展阶段看，目前，我国乡村处于近代型向现代型过渡的阶段。城镇化和逆城镇化并存是我国乡村的基本特征。由于城市环境恶化，城市中心区域的拥挤和房价高涨，越来越多的市民喜欢到乡村度假或生活。

乡村在很多人眼里，曾是落后、荒凉和愚昧等的代名词。随着国家对农业农村的投入加大，大量农村企业、农业合作社等经济实体和乡贤回乡投资创业，辛勤劳作和不断探索，积极回报乡邻，乡村与十多年前的面貌比较，已经发生了极大变化。

如今，乡村，不只是贫穷＋落后、偏远＋萧条，江浙、福建等地的很多村庄已经变成了山清水秀的美丽乡村，不少的村民生活富裕，如华西村。谈起村庄，更容易让人联想到陶渊明的《桃花源记》。这首诗描述了令人向往的人间仙境，读过这首诗，会让人心旷神怡，遐想无限。

让我们欣赏《桃花源记》：

桃花源记
魏晋　陶渊明

晋太元中，武陵人捕鱼为业。缘溪行，忘路之远近。忽逢桃花林，夹岸数百步，中无杂树，芳草鲜美，落英缤纷，渔人甚异之。复前行，欲穷其林。

林尽水源，便得一山，山有小口，仿佛若有光。便舍船，从口入。初极狭，才通人。复行数十步，豁然开朗。土地平旷，屋舍俨然，有良田美池桑竹之属。阡陌交通，鸡犬相闻。其中往来种作，男女衣着，悉如外人。黄发垂髫，并怡然自乐。

见渔人，乃大惊，问所从来。具答之。便要还家，设酒杀鸡作食。村中闻有此人，咸来问讯。自云先世避秦时乱，率妻子邑人来此绝境，不复出焉，遂与外人间隔。问今是何世，乃不知有汉，无论魏晋。此人一一为具言所闻，皆叹惋。余人各复延至其家，皆出酒食。停数日，辞去。此中人语云："不足为外人道也。"

既出，得其船，便扶向路，处处志之。及郡下，诣太守，说如此。太守即遣人随其往，寻向所志，遂迷，不复得路。

南阳刘子骥，高尚士也，闻之，欣然规往。未果，寻病终，后遂无问津者。

这一首诗脍炙人口，传诵至今。它讲述了东晋太元年间，武陵郡一个渔民的奇遇。渔民偶遇桃花林，在花草芳菲、土地肥沃的桃花源村，与隔绝人间烦恼、战乱的桃花源村村民饮酒，共享人间难觅的宜居、宜业、和谐、富足"美丽乡村"的故事。

这首诗有一定的时代背景。当时的陶渊明身处魏晋战乱，民不聊生，战乱纷争，百姓期盼和平、安逸，梦想安居乐业。而如今，这已经是普通村庄的生活常态，不再是梦想。如果陶渊明能够穿越，他可能就不留恋"桃花源"了。

（二）乡村的情怀

"农，天下之大业也。""民亦劳止，汔可小康。"乡村建设，事关国家安全和人民安居乐业，事关建设美丽中国，因此，建设"美丽乡村"应该是当下最大的政治。

20世纪六七十年代，我国的乡村空气清新，小河潺潺流水，令老一辈人无限向往和回忆。尽管那时候的多数家庭生活清贫、财富极少，但是，那时民风淳朴，夜不闭户，邻里亲情浓浓。如今的乡村，道路和房屋发生了较大变化，但是与城市比较，变化很慢，乡村多是老屋、儿童和老人。随着工业和城镇化加剧，农村的年轻人大量离开乡村，到城里打工、创业和定居，空壳化的乡村越来越多，乡村受到工厂污水、工业废气等污染，空气和地下水的水质很差，很多乡村飞尘污水，土壤严重污染，蔬菜、养殖和粮食生产安全水平堪忧，受到污水、污浊的空气和过量农药等侵袭，一些村庄成为了"癌症村"。从农村教育看，随着城镇化进程和人口的大流动、大迁移，传承数千年的淳朴乡村文化明显淡化了，甚至消失了，原来乡村人丁兴旺，现在不少乡村空荡无人，多数是老人、妇女和留守儿童，村子冷冷落落，一片凄凉的景象。

远古乡村，到底是什么样呢？仔细品味唐代王驾的诗《社日》，就会有不同的感触。

社日
唐代 王驾
鹅湖山下稻粱肥，豚栅鸡栖半掩扉。
桑柘影斜春社散，家家扶得醉人归。

诗人眼前看到的是：鹅湖山下稻粱肥硕，丰收在望。牲畜圈里猪肥鸡壮，门扇半开。夕阳西沉，桑柘树林映照出长长的阴影。春社①结束，家家搀扶着醉倒之人归来。

唐代诗人李白访亲探友、饮酒叙旧的诗篇，读起来很有韵味：

下终南山过斛斯山人宿置酒
唐代 李白
暮从碧山下，山月随人归。
却顾所来径，苍苍横翠微。
相携及田家，童稚开荆扉。
绿竹入幽径，青萝拂行衣。

---

① 注：社日，古代祭祀土神的日子，分为春社和秋社。在社日到来时，民众集会竞技，进行各种类型的作社表演，组织集体欢宴，表达对减少自然灾害、获得丰收的良好祝愿，同时借以娱乐。

> 欢言得所憩，美酒聊共挥。
> 长歌吟松风，曲尽河星稀。
> 我醉君复乐，陶然共忘机。

这首诗的意思如下：

傍晚从终南山走下来，山月好像随着行人而归。回望来时走的山间小路，山林苍茫一片青翠。遇斛斯山人相携到他家，孩童出来急忙打开柴门。走进竹林穿过幽静小路，青萝枝叶拂着行人衣裳。欢言笑谈得到放松休息，畅饮美酒宾主频频举杯。放声高歌风入松的曲调，歌罢银河星星已经很稀。我喝醉酒主人非常高兴，欢乐忘了世俗奸诈心机。

此种情景，让身居闹市、老死不相往来的市民，会有短暂的放松，体会到浓浓的亲情、友情，乡愁油然而生。

二、我国乡村特征

乡村，经济相对落后，基础设施较差，社会地位低于城市。它是我国数千年来多数人的主要生活方式。无数文人墨客对此流连忘返，写下了美妙的诗篇。

宋代苏轼的《鹧鸪天》体现出了田园意境：

> 鹧鸪天
> 宋代 苏轼
> 林断山明竹隐墙，乱蝉衰草小池塘。
> 翻空白鸟时时见，照水红蕖细细香。
> 村舍外，古城旁，杖藜徐步转斜阳。
> 殷勤昨夜三更雨，又得浮生一日凉。

诗中，绿竹、鸣蝉、飞鸟、流水，诗人缓步其中，仰望斜阳，嗅着昨夜雨后的泥土芬芳，回味生活的感觉，悠闲之意跃然纸上。

归纳我国乡村旅游的特征，包括生产性、季节性、观赏性、参与性、文化性及趣味性等。

为改善我国乡村相对落后、人口大量流失的困境，各级政府积极探索产业转型和乡村振兴之路，很有必要。其中，改善乡村环境、发展乡村旅游是重要途径之一。

进一步分析我国乡村的旅游资源，包括旅游、自然、产品以及经济资源等。

从消费者的视角看，乡村旅游应该体现农业生产活动的基本特征，将农业产业的生产种植与旅游业结合，挖掘农村旅游资源的潜在价值，实现休闲、娱乐与乡村旅游资源或者文化元素的结合，进一步融合大数据等科技元素，满足客户更高层次的需要，努力提供乡村、休闲、娱乐等一体化活动，进而实现乡村振兴的主要目标。

总体来看，我国旅游业的主要功能，可以分为度假、疗养、娱乐、观赏、购物、品尝、体验等类型。其中，度假型乡村旅游主要满足避暑、特色体验及生态休闲等功能；疗养型乡村旅游主要满足浴场、医养及温泉等功能；娱乐型乡村旅游主要满足露营、打猎、棋牌等功能；观赏型乡村旅游主要满足蔬菜瓜果、花木欣赏、编织艺术等功能；购物型乡村旅游主要满足购买土特产、手工艺等功能；品尝型乡村旅游主要满足品尝有机餐饮、土特产品等功能；体验型乡村旅游主要满足农业种养殖体验、餐饮体验等功能。

进一步分析，乡村旅游的分类包括但不限于以下方面：

农家乐。地点一般在自然景观周围，给游客提供餐饮、农产品采摘及住宿服务等。

乡村旅游园。将休闲及科普结合，通过乡村采摘、休闲度假、科技体验等活动展示。

农家餐馆。包括居民自有住房、农家蔬菜、养殖鱼禽等类型。

特色农产品。包括种养殖农产品、深加工、仓储物流、销售特色产品等。

特色产业基地。包括规模化的特色产业和企业聚集等。

特色乡村乡镇。主要是具有独特优势的产品、餐饮、种养殖及销售的乡村和大型产业聚集区。

农产品加工基地。主要是种养殖农业产品的生产加工基地。

民俗活动。主要是农村节假日、特色庆典、乡村文化、民俗资源等。

三、乡村文明

文明指历史沉淀下来的，能够增强人类对客观世界的适应和认知、符合人类精神追求、被绝大多数人认可和接受的人文精神、发明创造以及公序良俗的总和。文明是使人类脱离野蛮状态的所有社会行为和自然行为构成的集合，包括但不限于以下要素：家族观念、工具、语言、文字、信仰、宗教观念、法律、城邦和国家等。文明与历史优秀文化等紧密相关，优秀文化是人类文明的重要体现和载体。

这里，欣赏唐代王维的诗《鸟鸣涧》：

鸟鸣涧
唐代　王维
人闲桂花落，夜静春山空。
月出惊山鸟，时鸣春涧中。

这首诗描绘了山间春夜幽静美丽的景色。全诗紧扣"静"字着笔，用花落、月出、鸟鸣等活动的景物，显示了月夜春山的幽静。诗中透露出的文化气息，给人以悠然、恬静及对乡村美景的无限眷恋。

关于文明的概念，有很多的解读。

汉语"文明"一词，最早出自《易经》，曰"见龙在田、天下文明"（《易经·乾卦·文言》）。现代汉语中，文明指一种社会进步状态，与"野蛮"相对立。

比如文化，指物质文明。再如社会发展到较高阶段的表现，如文明社会。还有，指有西方现代色彩的（风俗、习惯、事物），如文明结婚。

文化指一种存在方式，有文化意味着某种文明，但是没有文化并不意味着"野蛮"。

英文的文明（Civilization）源于拉丁文"Civis"，指城市的居民，其含义为人民生活于城市和社会的能力。古巴比伦文明、古埃及文明、古代中国文明、古印度文明四大文明，以及由多个文明交汇融合形成的俄罗斯文明、土耳其文明、大洋文明和东南亚文明等在某些文明要素上体现出独特性质。

文明是人类创造的物质财富和精神财富的总和，一般分为物质文明和精神文明，还有三分法、四分法、六分法和其他标准的分法。

物质文明是人类改造自然的物质成果，表现为人们物质生产的进步和物质生活的改善，是精神文明的物质基础，对精神文明特别是其中的文化建设起决定性作用，物质文明的性质为生产方式所决定。

精神文明是人类在改造客观世界和主观世界的过程中取得的精神成果的总和，是人类智慧、道德的进步状态，包括科学文化、思想道德等。

习近平总书记强调:"文化是一个国家、一个民族的灵魂。文化兴国运兴,文化强民族强。没有高度的文化自信,没有文化的繁荣兴盛,就没有中华民族伟大复兴。"

乡风文明是乡村振兴战略的重要内容,也是加强农村文化建设的重要方法。乡风文明包括但不限于:对中华优秀传统文化的传承与创新;物质文化和非物质文化的保护,如农耕文明、游牧文明、海洋文明,民族地区民俗、民风、民居等文化要素的保护;儒家文化等优良传统的继承与发扬;新时代乡村文明的培养等。

乡风文明建设容易出现的误区是,将过多的现代化元素,或者将过多的城市元素引入了农村。

乡风文明建设应体现农村原生态文化建设与传承。

从我国城乡经济来看,1978年,我国人均GDP为385元,城镇居民人均可支配收入343元,农村居民人均可支配收入133.6元。到2016年,城镇居民人均可支配收入33616元,年均增长12.8%;农村人均居民可支配收入12363元,年均增长12.6%。1978—2016年,我国城乡居民收入差距从209.8元扩大到23724元,收入比由2.57倍扩大到2.72倍。到2016年,我国有4335万贫困人口。

党的十八大以来,全国农村贫困人口累计减少6853万人。截至2017年末,全国农村贫困人口从2012年末的9899万人减少至3046万人,累计减少6853万人;贫困发生率从2012年末的10.2%下降至3.1%,累计下降7.1个百分点。2017年,贫困地区农村居民人均可支配收入9377元,按可比口径计算,比上年增加894元,名义增长10.5%,扣除价格因素,实际增长9.1%。

由于城乡收入的差别和农村收入偏低,导致乡村文明相对落后,乡村文明振兴极为紧迫和重要。

从农村现状看,我国农村耕地少、青年劳动力流失、生产设施老化闲置、污染严重等。城乡分隔的二元体制和城市优先发展战略,促使大量劳动力、土地、资本等生产要素向城市集聚,制约了乡村可持续发展。一些地方爆发"癌症村",乡村环境综合治理势在必行。

从人口总量和性别来看,2017年,我国男性71137万人,女性67871万人,总人口性别比指数为104.81(以女性为100)。2017年末,我国总人口(包括31个省、自治区、直辖市和中国人民解放军现役军人,不包括香港、澳门特别行政区和台湾地区以及海外华侨人数)139008万人,比上年末增加737万人。全年出生人口 1723 万人，人口出生率为 12.43‰；死亡人口 986 万人，人口死亡率为 7.11‰；人口自然增长率为 5.32‰。

从年龄构成看，16~59 周岁的劳动年龄人口为 90199 万人，占总人口的比重为 64.9%；60 周岁及以上人口 24090 万人，占总人口的 17.3%，其中 65 周岁及以上人口 15831 万人，占总人口的 11.4%。

从城乡结构看，城镇常住人口 81347 万人，比上年末增加 2049 万人；乡村常住人口 57661 万人，减少 1312 万人；城镇人口占总人口比重（城镇化率）为 58.52%，比上年末提高 1.17 个百分点。全国人户分离人口（即居住地和户口登记地不在同一个乡镇街道且离开户口登记地半年以上的人口）2.91 亿人，比上年末减少 98 万人；其中流动人口 2.44 亿人，比上年末减少 82 万人。

从人口就业来看，2017 年末，我国就业人员 77640 万人，其中城镇就业人员 42462 万人，农村就业人口约 35178 万人。

数据显示，2017 年，我国农村就业人口约占全部就业人口的 45.3%；2017 年，乡村人口减少 1312 万人，全国 60 周岁及以上人口占总人口的 17.3%，表明我国农业仍然是重要的就业市场，农民老龄化问题已经很突出。这些都是编制乡村振兴战略规划和出台扶持政策需要考虑的优先因素。

四、乡村振兴理论

乡村振兴的理论依据是什么？这是各级政府、学术界都关心的重大话题。归纳来看，主要的理论基础有以下几方面：

点轴理论。从区域经济来看，经济中心首先集中在少数条件较好的区位，呈斑点状分布。随着经济的发展，经济中心逐渐拓展，点与点之间通过交通线等轴线连接贯通形成点轴系统，多个点轴的交织构成网络。城乡融合发展的关键在于强化城乡地域系统化作用的基础上，提升扩散效应，形成城乡命运共同体，构建城乡发展的立体空间和网格体系结构。乡村振兴战略基于城乡融合发展和一、二、三产业融合。城乡融合是乡村振兴的目标和途径，乡村综合体是乡村振兴的基础，村镇有机体是乡村振兴的载体。乡村振兴战略，要逐步实现产业振兴、乡村文明、文化振兴等目标，从边缘到中心由城乡基础网、乡村发展区、村镇空间场、乡村振兴极等构成"网—区—场—极"的多级目标体系。

系统理论。系统是由相互影响、相互作用的要素，按照一定结构组成的有特定功能的有机整体。按照系统理论，城乡融合系统包含地域、市域、县域"三域"层次,通过城乡基础网相连通、相融合。地域包括城市群区域、城市连绵区和城市化新区,呈现以都市区为主的城乡地域格局;市域包括特大超大城市、大城市和中小城市,呈现以建成区为中心、城乡平等的区域格局;县域包括县域及其中心镇、农村社区,呈现以大乡村为特征、城乡一体的地区格局。城乡是一个有机体,城乡融合体是由城镇地域系统和乡村地域系统相互交叉、渗透、融合而成的城乡交错系统,由中小城市、小城镇、城郊社区及乡村空间等构成。

村镇是乡村综合体要素集聚、空间组织的重要载体,村镇建设格局是乡村地域系统空间重构、组织重建、产业重塑的形态表征,其核心是优化乡村地区县城、重点镇、中心镇、中心村(社区)的空间布局、等级关系及其治理体系。通常以迁村并居、撤乡设镇、园区建设、空间集聚为特征,通过明确村镇地位、调整空间结构、强化中心功能,实现城镇与村庄的空间融合、功能契合,促进人居空间整洁化、田园化,产业空间集约化、园区化,生态空间文明化、优美化,文化空间地域化、多样化。

习近平总书记高度重视"三农"工作。党的十八大以来,习近平总书记对"三农"工作提出了一系列新理念新思想新战略,科学回答了新时代"三农"工作的重大理论和实践问题,形成了习近平新时代中国特色社会主义"三农"思想。这是习近平新时代中国特色社会主义思想的重要组成部分,是实施乡村振兴战略、做好新时代"三农"工作的行动指南。

坚持加强和改善党对农村工作的领导,实施乡村振兴战略责任制,党政"一把手"是第一责任人,五级书记抓乡村振兴。

坚持"重中之重"战略定位,把农业农村优先发展落到实处。中国要强,农业必须强;中国要美,农村必须美;中国要富,农民必须富。

坚持把推进农业供给侧结构性改革作为主线,加快推进农业农村现代化。农业的主要矛盾由总量不足转变为结构性矛盾,矛盾的主要方面在供给侧。

坚持立足国内保证自给的方针,牢牢把握国家粮食安全主动权。坚持以自我为主、立足国内、确保产能、适度进口、科技支撑的国家粮食安全战略,确保谷物基本自给、口粮绝对安全。

坚持深化农村改革,激发农村发展新活力。处理好农民和土地的关系,不能把农村土地集体所有制改垮了,不能把耕地改少了,不能把粮食生产能力改弱了,不能把农民利益损害了。

坚持绿色生态导向,推动农业农村可持续发展。绿水青山就是金山银山;让良好生态成为乡村振兴的支撑点；农业发展要杜绝生态环境欠新账，而且要逐步还旧账。

坚持保障和改善民生，让农民有更多的获得感。小康不小康，关键看老乡。检验农村工作成效的一个重要尺度，就是看农民的钱袋子是否鼓起来。党中央的政策好不好，要看乡亲们是哭还是笑；要是笑，就说明政策好；要是有人哭，就要调整完善。

坚持遵循乡村发展规律，扎实推进美丽宜居乡村建设。城乡发展不平衡不协调，是我国经济社会发展存在的突出矛盾；全面建成小康社会，不能丢了农村这一头；要建立健全城乡融合发展体制机制和政策体系；新农村建设一定要走符合农村实际的路子，遵循乡村自身发展规律，充分体现农村特点，注意乡土味道，保留乡村风貌，留得住青山绿水，记得住乡愁。

习近平新时代中国特色社会主义思想，包含了"乡村振兴"的系统思考与理论。

"两山理论"。2005年8月15日，时任中共浙江省委书记的习近平同志提出："绿水青山就是金山银山"。这体现了生态保护与发展经济的相互关系。

"记住乡愁"。2013年12月，习近平同志在中央城镇化工作会议上提出："要依托现有山水脉络等独特风光，让城市融入大自然，让居民望得见山、看得见水、记得住乡愁""要注意保留村庄原始风貌，慎砍树、不填湖、少拆房，尽可能在原有村庄形态上改善居民生活条件；要传承文化，发展有历史记忆、地域特色、民族特点的美丽城镇。"

"新农村建设原则"。2015年1月，习近平在云南考察时提出："新农村建设一定要走符合农村实际的路子，遵循乡村自身发展规律，充分体现农村特点，注意乡土味，保留乡村风貌，留得住青山绿水，记得住乡愁。"

脱贫攻坚——发展乡村旅游。2017年10月19日，习近平参加党的十九大贵州省代表团审议讨论时说："脱贫攻坚，发展乡村旅游是一个重要渠道。要抓住乡村旅游兴起的时机，把资源变资本，实践好绿水青山就是金山银山的理念。同时，要对乡村旅游作分析和预测。如果趋于饱和，要提前采取措施，推动乡村旅游可持续发展。"

厕所革命。2017年11月，习近平总书记提出："两年多来，旅游系统坚持不懈推进厕所革命，体现了真抓实干、努力解决实际问题的工作态度和作风……厕所问题不是小事情，是城乡文明建设的重要方面，不但景区、城市要抓，农村也要抓,要把这项工作作为乡村振兴战略的一项具体工作来推进,努力补齐这块群众生活品质的短板。"

五、乡村的历史发展

"振兴"与"衰落"是反义词。人类文明史上,乡的"兴"和"衰"是一对矛盾,又互为转化。城市化和工业化是乡村衰落的诱因。这里欣赏一首描述乡村贫困生活的诗篇。

野老歌

唐代 张籍

老农家贫在山住,耕种山田三四亩。

苗疏税多不得食,输入官仓化为土。

岁暮锄犁傍空室,呼儿登山收橡实。

西江贾客珠百斛,船中养犬长食肉。

诗中,农民整日辛勤劳动,换不到丰足的生活,还要缴纳繁重的税负,与商人奢侈的生活形成了鲜明对比。此诗形象地描写了农夫在苛捐杂税的重压下,依靠拾橡实填饱肚皮的艰辛,表现了古代农民在租税剥削下的悲惨生活,与富商的奢侈生活形成鲜明对比,反映了当时不合理的社会现实。

从人类文明史来看,乡村衰落是一个世界性的问题,是城市化和工业化驱动的必然结果。它在我国和欧美国家、日本、韩国等呈现不同的发展特征和发展时期。

从我国乡村的演变来看,从无到有,从繁荣再到逐步衰退。新中国成立后,乡村经历了体制改革、资产重组、逐步发展、有所衰退和乡村重新振兴的发展历程。

原始社会。原始社会初期,人类主要依靠采集、渔猎为生,这时,没有真正意义的村落。原始社会中期,约在新石器时代,人类使用农业技术种地、饲养畜禽等,出现了最早的村落。原始村落以血缘关系形成了氏族部落,实行原始公有制,按自然分工进行生产活动,平均分配。原始社会末期,物物交换开始出现,发展成为集市。

奴隶社会。随着生产力的发展,乡村出现了独立于农业的手工业和商业。大的村落，集中了手工业者和商人，形成了交易市场，逐步成为当地政治、经济、文化中心，后来，逐渐出现了城市。城市主要由商人、奴隶主、官吏等聚居，农村主要由奴隶、小农、少数小奴隶主等居住。

封建社会。这时的农村，主要由农民（雇农、佃农、自耕农）或农奴、中小地主等组成。土地等生产资料主要由封建地主阶级（或封建农奴主阶级）控制，少量由农民占有。我国乡土社会的兴盛时期是"唐宋时期"，以孔孟之道和程朱理学为核心价值的社会思想成为乡村文明的主流。元明清时期，我国乡村逐步走向衰败。资本主义初期，农村居民主要是经营农业的小土地所有者和农业资本家。随着资本主义的发展，破产农民进城成为工人。在发达的资本主义阶段，农村居民主要是农场主和农业工人，以及少量城市迁入农村的居民、农村工商业从业人员。

半殖民地半封建社会时期。鸦片战争开始，农村进一步衰败，乡村逐渐演化为半封建、半殖民地的经济，大部分土地由地主和富农控制，通过地租、高利贷和商业资本等剥削农民。西方发达国家的工业品开始进入中国，或者在中国办厂，逐步改变了传统农村经济结构。资本大量控制我国农产品的贸易和对外进出口。20世纪30年代，由晏阳初、梁漱溟、卢作孚等人为代表发起了"乡村建设运动"，希望推动乡村经济发展。

新中国成立到改革开放初期。约1949—1978年，新中国成立之后，农村社会经济关系不断变化。1949—1952年，全国绝大部分农村进行了土地改革，农民有了土地，个体农民经济成为最主要的经济成分。1953—1957年农业合作化改革，土地等主要生产资料实行集体所有制和按劳分配制。1958—1978年，实行人民公社化，建设农田水利基础设施，促进了农业生产发展，但"左"的政策和"以农养城"方针使农村经济发展受阻。从1979年开始，家庭承包经营，从减少农村征派购到"放活、少取多予"和"工业反哺农业、城市带动农村"，农村面貌有了变化。

农业改革推进阶段。1979年到2013年前后，国家实施农业土地所有制改革，释放了农民的活力和积极性，农业逐步发展。20世纪80年代，农村家庭联产承包责任制改革和乡镇企业发展，一度使我国农村出现加快发展的势头。随后，我国城镇化和城市化吸引了大量农民进城。农民工持续进城打工，造成了城乡人口的大量流动，农村青壮年劳动力向城市转移，逐步改变了中国农村和社会结构，空巢村、老人村、留守儿童村和贫困村等问题大量出现。2007年，党的十七大提出"要统筹城乡发展,推进社会主义新农村建设"。国家和地方政府意识到农村发展的问题,逐步推动农业产业发展,但效果并不理想,总体上,城乡收入差别不断拉大,农村发展质量和效率降低,城乡矛盾尖锐。

乡村振兴战略实施。1998 年中共十五届三中全会报告就提出了"小城镇、大战略"的方针。2014 年及以后,特别是党的十九大以来,党中央、国务院和各级政府更加重视和推动农业农村投入,实施了乡村振兴战略,解决我国农业农村长期积累的各种矛盾和农民普遍关注的农村人均收入增长、精准扶贫和农业振兴、乡村文明等敏感问题。2014 年 3 月 5 日,李克强总理在政府工作报告中提出了新型城镇化战略,坚持以人为本、四化同步、优化布局、生态文明、传承文化。3 月 16 日,中共中央、国务院印发《国家新型城镇化规划(2014—2020 年)》,全面解答了新型城镇化的新思路、新主线和新举措。2016 年,《国务院关于深入推进新型城镇化的若干意见》提出:充分发挥市场主体作用,推动小城镇发展与疏解大城市中心城区功能相结合、与特色产业发展相结合、与服务"三农"相结合。发展具有特色优势的休闲旅游、商贸物流、信息产业、先进制造、民俗文化传承、科技教育等魅力小镇。国家住建部、发改委、财政部等部委出台系列文件推动新型城镇化和特色小镇建设。2017 年中央 1 号文件指出:支持有条件的乡村建设以农民合作社为主要载体、让农民充分参与和受益,集循环农业、创业农业、农事体验于一体的田园综合体。2018 年中央 1 号文件提出乡村振兴战略的实施意见,全面推动乡村振兴工作。

欧美国家的乡村发展。全球的乡村衰落主要有英国"羊吃人"式和拉美超前城市化式两种形式。英国在 17 世纪强迫农民破产变为工人,导致乡村衰败。拉美国家以过度城市化和超前城市化,使大量农民涌入城市,导致了乡村衰败,城市大量贫民窟存在。英国、美国等工业化国家在基本实现工业化、城镇化之后,为解决城市发展中的人口密度高、交通拥堵等"城市病"问题而进行乡村建设。20 世纪 60 年代,美国进行新城镇开发、英国进行中心村建设、法国进行"农村振兴计划"等。相关国家通过农村社区基础设施建设,盘活利用农村土地资源与资产,改善农村生产生活环境,实施补贴政策,吸引人口回流农村,进而改变农村萧条。日本、韩国等国家在工业化、城市化进程中,也出现过农村资源流入城市、农业农村衰退、城乡差距扩大问题,20 世纪 70 年代,韩国实行了"新农村运动"、日本实行了"村镇综合建设示范工程",促进了农业农村振兴。

六、乡村振兴的重要性

农民富则国民富,农业强则国家强。党的十九大报告提出了乡村振兴战略、科教兴国战略、人才强国战略、创新驱动发展战略、区域协调发展战略、可持续发展战略、军民融合发展战略七大战略。其中,乡村振兴战略是核心战略之一,它是关系全局性、长远性、前瞻性的国家总部署,是国家发展的核心和关键。乡村振兴战略重点解决农民群众对美好生活的需求与城乡差别,乡村发展不平衡、不充分的矛盾,它关系到我国经济总体发展是否均衡,是否能实现城乡融合、农业一体化和可持续发展的大问题、大格局。

实施乡村振兴战略,体现了以人民为中心的理念,反映了经济社会发展的必然趋势。它是以习近平总书记为核心的党中央经过深思熟虑作出的重大战略决策,在我国农业农村发展历史上具有里程碑的意义。实施乡村振兴战略是全面建成小康社会和建设社会主义现代化强国的历史要求,是让广大农民共同分享现代化成果的战略选择,是建设美丽中国的重要路径,是实现全体人民共同富裕的前提。实施乡村振兴战略,必须以人民为中心,以精准脱贫为基础,以减少城乡收入差距为目标,让改革发展成果更多更公平地惠及广大农民,使其享有更多安全感、获得感和公平感。实施乡村振兴战略,有利于弘扬中华优秀传统文化,把中国人的饭碗牢牢端在自己手中。

近年来,党中央、国务院高度重视"三农"工作。每年的中央1号文件,都与"三农"有关,这基本成为惯例。党的十八大以来,党中央更加强调"三农"优先、政策倾斜和乡村发展。习近平总书记高度关注"三农",心系人民,把农村精准扶贫作为"三农"工作的核心。2016年11月,在中央扶贫开发工作会议上,习近平总书记强调:消除贫困,改善民生,逐步实现共同富裕,是社会主义的本质要求,是我们党的重要使命。全面建成小康社会,是我们党对全国人民的庄严承诺。坚决打赢扶贫攻坚战,确保到2020年所有贫困地区和贫困人口一道迈入全面小康社会。

实施乡村振兴战略,有助于从根本上解决"三农"问题,牢固树立创新、协调、绿色、开放、共享发展理念,实现生产、生活、生态的协调,促进一、二、三产业的融合发展,最终实现"看得见山、望得见水、记得住乡愁"、留住人的美丽乡村和美丽中国,实现"两个一百年"的奋斗目标,实现全体人民的共同富裕。

七、乡村振兴"潍坊模式""诸城模式"案例

乡村振兴战略是党的十九大报告确定的七大核心战略之一,是新时代我国农业农村改革的关键,是决胜全面建成小康社会、全面建设社会主义现代化国家的重大历史任务。2018年全国"两会"期间,习近平总书记参加山东代表团审议时倡导推动乡村振兴战略的"五大振兴",谈到"潍坊模式""寿光模式"等,并要求山东省打造乡村振兴的"齐鲁样板"。

"全国农业看山东,山东农业看潍坊"。潍坊市乡村振兴战略规划定位准不准,振兴模式好不好,落实措施灵不灵,直接关系到国家乡村振兴战略的全面推动。研究、归纳潍坊"三农"发展经验,聚焦解决潍坊乡村振兴面临的问题,确定潍坊乡村振兴的实施策略,既是解答潍坊乡村振兴战略"是什么""为什么""做什么",更是对全国农村农业发展和乡村振兴模式的探索与创新,具有较强的实践借鉴和决策参考作用。

(一)深刻领会党中央、国务院和习近平总书记关于乡村振兴战略和"潍坊模式"的初心

乡村振兴的"初心"就是:解决农民群众对美好生活的更高要求和农村发展不平衡、不充分之间的矛盾。

为牢牢把握乡村振兴战略的"初心",我们认真学习和吸收借鉴国家乡村振兴战略和习近平总书记的重要讲话,以潍坊市市委、市政府委托编制规划为契机,结合潍坊规划课题,确立了潍坊市乡村振兴要"走在全省、全国前列"的目标,对标国际(日本、韩国、以色列)和国内(我国台湾地区、江浙、山东等)先进经验,编制完成了《潍坊市乡村振兴战略规划(2018—2022年)》和《潍坊市乡村振兴战略三年行动计划(2018—2020年)》修订稿。

以下是习近平总书记2008年以来关于"潍坊模式"及有关活动的重要讲话。

习近平总书记调研潍柴动力股份有限公司和山东力诺瑞特新能源有限公司,提出要打造民族品牌,为建设创新型国家作出贡献。

习近平总书记调研诸城市农村社区化服务新模式和党员先进性教育情况,提出要为民服务,创新党在基层的组织形式,推广先进经验。

习近平总书记调研寿光三元朱村蔬菜大棚,高度评价了寿光蔬菜种植模式,指出要发挥示范作用。

习近平总书记看了原寿光县委书记王伯祥著的《大地为鉴》后，回信中强调"广大党员干部尤其是各级领导干部，都应该大力弘扬党的优良作风，坚持为民、务实、清廉，发挥骨干带头作用，推动科学发展、促进社会和谐，服务人民、造福百姓"。

全国"两会"期间，习近平总书记在参加山东代表团审议时强调山东省要打造乡村振兴的"齐鲁样板"，为实现我国乡村全面振兴贡献山东力量。

从习近平总书记对"潍坊模式"和2018年3月8日在参加山东代表团审议时讲话看，习近平总书记谈到"潍坊模式"的"初心"，就是挖掘和提升潍坊及诸城、寿光等农业实践经验，为全国蔬菜种植、外贸加工出口、农业装备制造、各级党委书记工作作风以及基层党组织建设等提供示范，为山东省，乃至全国乡村振兴战略积累经验，探索新模式，打造新标杆。

（二）牢牢把握党中央和习近平总书记的嘱托，研究探索乡村振兴的"使命"

我们以潍坊为样板，以新时代乡村振兴的"潍坊模式"构建为目标，研究并确定了潍坊市乡村振兴的"使命"，与潍坊市委、市政府及各职能部门等反复讨论和提炼，逐步形成了乡村振兴的"潍坊模式"，从而解答了潍坊乡村振兴战略应该"是什么"的重大战略话题。

笔者认为，乡村振兴的"潍坊模式"不单是潍坊市的模式，它更是全国农业农村创新发展的范式，也是全国乡村振兴的旗帜和新标杆。

在编制潍坊市乡村振兴战略规划、探索乡村振兴的"潍坊模式"过程中，我们始终以习近平总书记关于"潍坊模式"重要讲话为指针，贯彻落实党中央、国务院和国家发改委等关于乡村振兴战略部署，从问题导向和目标导向出发，立足新时代，构建新格局，围绕乡村振兴战略的20字方针，确立了潍坊市乡村振兴的2022年、2035年和2050年等阶段性目标，解答了乡村振兴战略"是什么"这一重大的战略课题和历史"使命"。同时，确定了乡村振兴"潍坊模式"的核心内涵：着力实施"五个融合"，推动"五个转变"，积极构建"融合高质"发展。

表1-1　　　　　　　　乡村振兴的"潍坊模式"

类别	内涵解读
产业融合	解决现代农业质效低、产业链条不完善的问题，加快农村三次产业融合，着力推进农业供给侧结构性改革，促进产业由增产导向向提质导向转变

续表

类别	内涵解读
"三生"融合	解决部分农村居住环境差、土壤污染严重、水质不达标等突出问题,着力抓好农村生态环境整治和美丽宜居示范村建设,促进发展由侧重抓生产向农业强、农村美、农民富深度融合转变
城乡融合	解决城乡发展不平衡、农村发展不充分的问题,着力健全城乡融合发展体制机制,促进城乡由二元较多分割向城乡深度融合发展转变
内外融合	解决本地发展要素缺乏、农业竞争力不强的问题,着力拓展辖区内外两个市场和两种资源,促进要素配置由互动不足向全国、全球双向高效流动转变
体系融合	解决政策不健全、落实不到位问题,着力抓好"四个优先",促进政策由重制定、轻落实向党委政府统筹、政策与考核高度融合转变

(三)聚焦乡村振兴的突出问题,实施"五个一工程"化解矛盾和障碍

乡村振兴的"潍坊模式",不只是解决精准扶贫和农村环境治理等基础设施和公共服务问题,更致力于研究挖掘制约城乡融合发展的政府考核、干部晋升、财政投资、价值理念和体制机制等深层次的矛盾和问题。为此,经过几个月的座谈、调研和剖析论证,我们初步归纳提炼了制约潍坊市乡村振兴战略实施的11类突出问题,包括规划不完善、财政投资不足、政府业绩考核不够、城乡二元结构等。

表1-2　　潍坊市实施乡村振兴战略需要解决的11类突出问题

序号	问题类别	具体问题
1	顶层设计	乡村振兴的规划体系不完善,组织统筹不够,跨部门协作困难等问题突出
2	财政金融	财政投入不足,金融资本缺少引导机制和优惠政策,工商资本下乡氛围不浓、规模不大
3	产业融合	一、二、三产业割裂,产业链不完整,"新六产"基础薄弱。人才、资源流动和整合不够。现代农业产业园、田园综合体等同质化布局,存在系统性、市场性风险
4	文化挖掘	对农耕文化、乡村文化等开发利用不足,文化资源没有转化为文化资本和文化产业的发展优势,文化对经济社会的贡献度较低。乡村文明活动停留在"集—观—散"的层面,农民缺少参与感、体验感和代入感

续表

序号	问题类别	具体问题
5	城乡融合	城乡基础设施和公共服务差距大,产业要素流动性偏低,城乡利益协调机制、成果共享机制等尚未健全
6	基层党组织	基层党组织涣散,村支书和党员干部战斗力弱,示范带头能力有待提升
7	集体经济	部分村集体经济薄弱,项目选取不规范、示范带动作用差,典型经验推广效果不明显
8	科技进步	在科技创新和科技应用转化方面存在不平衡、不协调现象,设施农业、新型农业发展薄弱
9	利益机制	土地流转利益协调机制不健全,集体利益和村民利益之间的同向转化能力弱,利益联结机制松散,部分地区村民组织化程度低
10	品牌建设	特色产品、骨干企业和优势行业缺少品牌引领,产品、活动和模式低端运营,品牌转化力不足
11	改革开放	农业改革缺少系统化,国内国际开放融合不够

我们认为,上述问题既是潍坊市乡村振兴需要克服的难点,也是全国多数地区普遍存在、亟待解决的共性问题。解决上述矛盾与问题,无经验可循,前无古人,其阻力和困难极大。但是,它带有普遍性、实践性和示范性,需大胆探索,尽快破题。

(四)统筹规划乡村振兴路线图,不断满足人民群众对美好生活的更高需求

不忘初心、牢记使命,是推动乡村振兴战略的前提。各级党委政府要有"功成不必在我、功成必定有我"的政绩观,砥砺前行,久久为功,积极探索乡村振兴的路线图,不断满足农民群众对美好生活的更高需求。这既是各级党委、各级政府鼎力做好的政治任务,也是我们关注的终极目标。

在方式方法上,着力突出"十个更加重视",即更加重视一、二、三产业融合发展;更加重视新型乡村人才培养;更加重视乡村价值体系重塑;更加重视源汇并重、绿色循环的生态环境建设;更加重视党管农村和乡贤文化建设;更加重视集体经济和农民收入双提升;更加重视农村农业农村品牌塑造;更加重视农业技术研发和转化协同推进;更加重视制度供给和以改革促振兴、以改革促发展;更加重视对外开放,推动农业标准和农产品"走出去"。

表1-3　　　　　　　乡村振兴"潍坊模式"的"十大方面"

序号	十大方面	重点内容
1	产业振兴	发展种植业，促进粮食、经济作物、饲草料三元种植结构协调发展，大力发展种养结合循环农业，积极发展渔业和林下经济，形成产加销结合的产业结构；发展农产品加工业、农业商务服务业、农业冷链物流业、农业休闲旅游业和农业电商等产业；发展"农业+医养""农业+中医药""农业+设计""农业+养生"等新业态新模式，打造"4+3+N"现代农业发展体系
2	人才振兴	建立"国家—省—市—县"四级人才联动服务机制，推动信息共享和决策共商，优化人才流动服务体系。建立四层人才联动服务机制，即建立与相关领域专家的日常联系机制、与大型企业的定期联络机制、与相关产业园区的长效走访机制以及与人才不定向调查回馈机制，打造四级四层联动服务机制
3	文化振兴	坚持以社会主义核心价值观为引领，坚持教育引导、实践养成、制度保障三管齐下，结合乡村振兴战略目标要求和乡村发展实际，分析、研究、重塑和构建乡村价值观
4	生态振兴	以农村垃圾、污水治理和村容村貌提升为主攻方向，强化农村生活环境管理、保障农村用水安全，实施村容村貌改造工程，持续改善乡村生活居住环境
5	组织振兴	重点提升乡贤文化力量，培育壮大乡贤队伍，打造乡贤文化宣传教育阵地，将潍坊市打造成为乡贤文化典型示范城市，挖掘打造乡贤文化的全国性标杆
6	生活富裕	优先保障集体经济发展，加强农村"三资"管理，提升创业就业质量，推动城乡基础设施互联互通，建设美丽休闲宜居乡村
7	品牌兴农	打造"城市—行业—企业—产品"四层品牌建设体系，健全品牌传播机制，构建对外开放品牌体系，助力"品质城市"建设，打造潍坊农业"金字"招牌，全面提升潍坊品牌的知名度、美誉度和覆盖度
8	科技进步	重点构建科技成果信息整合与发布体系，完善科技成果转移转化市场化服务体系，打造科技成果转化协同体系，提升科技推广与转化对乡村振兴战略的贡献
9	全面改革	以完善产权制度和要素市场化配置为重点，激活主体、激活要素、激活市场，着力增强改革的系统性、整体性、协同性
10	对外开放	塑造"全省—全国—全球"递进的开放模式，构建全方位走出去体系，重点推动标准走出去，提高农业引进来水平，打造农业开放支撑网络，加强对外开放政策

通过确立并实施上述规划目标、主要任务、实施路径和策略，全面解答了乡村振兴战略"做什么"的重大课题。

（五）抓好重点难点，全面落实乡村振兴的"潍坊模式"

在确立潍坊市乡村振兴的"初心"（是什么）"使命"（为什么）和"潍坊模式"（做什么）三个重大战略话题之后，要全面推动落实乡村振兴的目标任务，各级党委、各级政府必须牢牢把握和全过程贯穿四大重点和要点。

一是党管农村、强化落实。严格落实"五级书记抓"，坚持各级党组织对乡村振兴的首要责任，坚持农民主体地位，坚持干部配备上优先考虑，要素配置上优先满足，资金投入上优先保障，公共服务上优先安排，确保财政资金、干部考核、政策措施等配套配足。

二是规划统领，创新发展。坚持乡村全面振兴，衔接好乡村振兴战略与供给侧结构性改革、新旧动能转换等规划，统筹推进市、县、镇、村四级乡村振兴战略规划，实现多规融合，一张蓝图绘到底。

三是统筹兼顾，突出重点。聚焦主要矛盾，着力解决不平衡、不充分的突出问题，加快推进农业农村现代化，让农业成为有奔头的产业，让农民成为有吸引力的职业，让农村成为安居乐业的美丽家园。

四是因地制宜，循序渐进。因地、因时、因势地推进乡村振兴战略，不搞统一模式，防止"一刀切"，不能层层加码，杜绝"形象工程"，充分尊重农民意愿，既要尽力而为又要量力而行，做到健康有序推进。

第二章
CHAPTER 2

乡村是国家强盛之根

"小康不小康,关键看老乡。"乡村振兴与农民富裕是我国经济社会发展要达到的重大目标,是走向全面小康、实现中华民族伟大复兴的重要标志。2013 年 7 月 22 日,习近平总书记在湖北省鄂州市考察农村工作时指出:"农村绝不能成为荒芜的农村、留守的农村、记忆中的故园。"乡村富裕是国家强盛的重要体现。基于乡村振兴战略的总目标,按照产业兴旺、生态宜居、乡风文明、治理有效、生活富裕的要求,推动乡村产业振兴、文化振兴、人才振兴、组织振兴等是当前乡村振兴工作和各级党委、政府开展决策与经济实践的头等大事。

翻开历史诗篇,品味陶渊明的《饮酒》一诗,会对乡村振兴别有感触。

饮酒

魏晋　陶渊明

结庐在人境,而无车马喧。
问君何能尔?心远地自偏。
采菊东篱下,悠然见南山。
山气日夕佳,飞鸟相与还。
此中有真意,欲辨已忘言。

这首诗的大意是:房屋建在了人世之间,却听不到车马的喧闹。问你为什么有这样的境界呢?心境远大而位置自然就偏僻。在东篱下采摘菊花,不经意抬头看到了南山(庐山)。在美好的黄昏中,飞鸟结伴飞返山林,万物自由自在,适性而动。从飞鸟、南山、夕阳、秋菊中,能悟出什么呢?是万物运转、各得其所的自然法则,还是对理想社会的向往呢?本打算谈谈想法,却忘了想说什么。

诗人以景为诗源,以情为诗缘,以理为诗尾,描写了一幅乡村美景。全诗清新自然,表达了诗人与世无争、怡然自得的感情。这可能是人们对乡村的美好情怀和对理想社会的憧憬吧!

一、乡村的社会地位

"郡县治,天下安。"从县域规模看,我国县域占国土面积的绝大部分,它是承载我国多样性、复杂性的自然生态、政治生态与文化生态的重要组成部分。截至 2016 年,除港澳台外,全国县级行政区划有 2851 个(945 个市辖区、361 个县级市、1374 个县、117 个自治县、49 个旗、3 个自治旗、1 个林区、1 个特区),

占全国国土面积的90%以上、总人口的85%左右、GDP总量的一半以上。县域是我国最大、最重要的行政单元,这决定了县域经济和乡村在中国经济社会发展中的重大功能。我国不能简单模仿西方发达国家的乡村发展道路,应该根据我国国情,探索县域与城域两元并存、城乡融合发展的国家治理新思路、新模式。

从国家治理来看,我国县域治理是解决"三农"问题的治理保障,是推动乡村振兴的最主要对象。

由于历史的、产业政策的,以及我国城镇化发展过程中的必然规律,已经导致了乡村衰败和村庄的"空心化"。农村衰落的主要表现是:乡村居民收入偏低、农村居住人口过度减少导致的村庄"空心化",农村居住人口和农业从业人口的"老龄化",农民社会地位偏低,以及青年农民大量进城而导致资源、要素、资金和人才过度流向城市的不利局面。同时,乡村治理特别是县域、镇村人才匮乏、县域治理、村级治理的低效率和不规范,农村生老病死等陈规陋习的严重存在、传统乡村优秀文化的低迷和消失,以及乡村治理中的村党组织瘫痪、村霸、宗族主义、村干部微腐败等问题和矛盾较为突出。

提升县域治理水平,包括村镇和村庄、街道治理,是我国当前县域治理的核心。要实行党委主体责任,强化各级党组织的示范带动作用,要完善体制机制,出台政策措施,优先解决农村居民参与治理与自治意识较弱、民主协商氛围不浓等问题。要加强基层党组织建设,完善县、镇和村级党组织建设以及领导班子建设,完善制度监督约束,规范镇村特别是村级干部的管理和考核,不断规范和提高县域、乡镇和村级党组织对农业、农村和农民的项目决策和综合服务能力,减少和逐步杜绝官本位意识,主动倾听并不断满足农民和村民的合理需求,加强农村基础设施和公共服务建设,大力发展村集体经济,创新农业经济发展新模式、新业态,增加农民创业就业,实现精准脱贫,不断提高农民人均收入水平。近年来,在各级党委、政府的努力下,我国"三农"工作包括精准扶贫、农民增收等工作取得了一定的成绩,从2013年至2017年,我国约6600万人在各级政府的帮助下实现了脱贫。2016年,农村居民人均可支配收入12363元,自2012年以来年均实际增长8.0%。2017年,农村居民人均可支配收入达到13432元,增速为7.3%,城乡居民收入倍差缩小至2.71:1。

二、乡村的经济地位

"县集而郡,郡集而天下;郡县治,天下无不治。"国民经济由多种类型的区域经济耦合而成。区域经济是我国经济发展的空间单元，大体可分为两类：一是跨行政的经济区域，如京津冀地区、环渤海经济圈；二是行政区域经济，如北京、山东等省域、市域，省、市、县、乡镇是行政管理的层次，行政辖区内的经济活动构成了省域经济、市域经济、县域经济和乡镇经济。其中县域经济是以县级行政区划为地理空间，以县级政权为调控主体，以市场为导向，优化配置资源，具有地域特色和功能完备的区域经济。从行政区划和经济布局看，我国县域人口占全国总人口的绝对比例，县域经济实现产值占据我国经济总量的较大部分，并且安置了全国大部分就业人口。当前，我国各级政府实行国务院、省、市、县、乡镇和村庄等不同层级管理制度。

县域经济及乡镇、村级经济是我国经济的主体。县域是农民的主要聚居地，县域经济的发展离不开农业的支撑。《国家新型城镇化规划（2014—2020年）》提出，到2020年我国常住人口城镇化率达到60%左右，户籍人口城镇化率达到45%左右，户籍人口城镇化率与常住人口城镇化率差距缩小2个百分点左右，努力实现1亿左右农业转移人口和其他常住人口在城镇落户。县域一头连着农村，一头连着城市，是"城"与"乡"之间的纽带，是乡村振兴和新型城镇化的重要载体。作为乡村振兴战略和新型城镇化进程的关键层次，县域城镇化、县域经济振兴将为县域经济持续健康发展注入新鲜血液和强劲动力。2017年，我国粮食产量达到12358亿斤，优质强筋弱筋小麦占比提高到27.5%，籽粒玉米调减1984万亩，大豆面积增加871万亩；牛肉和羊肉产量分别增长1.3%和1.8%，分别快于猪肉产量增速0.5个和1个百分点。全年农产品加工业主营业务收入达到21万亿元；农业农村电子商务发展进入"快车道"，农产品网络零售交易额保持两位数增长；休闲农业和乡村旅游业蓬勃发展，营业收入近6200亿元，新产业、新业态、新模式等成为农业农村经济发展的增长极。

2018年第一季度，国内生产总值198783亿元，按可比价格计算，同比增长6.8%。分产业看，第一产业增加值8904亿元，同比增长3.2%；第二产业增加值77451亿元，增长6.3%；第三产业增加值112428亿元，增长7.5%。第一季度，猪牛羊禽肉产量2316万吨，同比增长1.8%；其中，猪肉产量1543万吨，增长2.1%。生猪存栏41523万头，同比下降1.2%；生猪出栏19983万头，增长1.9%。3月，全国主要农区气候条件总体有利，大部分农区日照和墒情适宜，春耕春播进展顺利。第一季度末，外出务工农村劳动力总量17441万人，比上年同期增加188万人，增长1.1%。第一季度，全国居民人均可支配收入7815元，同比名义增长8.8%，扣除价格因素实际增长6.6%。按常住地分，城镇居民人均可支配收入10781元，扣除价格因素实际增长5.7%；农村居民人均可支配收入4226元，扣除价格因素实际增长6.8%。城乡居民人均收入倍差2.55，比上年同期缩小0.02。全国居民人均可支配收入中位数6580元，同比名义增长8.5%。

三、乡村的历史贡献

乡村是我国国土面积的主要组成部分，乡村经济是我国经济发展的重要贡献者和重要支撑。粮食、蔬菜、肉类的生产和供给等，以及城市工程建筑、城市护理和居家保姆、城市仓储物流等劳务服务等是乡村对城市发展和我国经济的重大贡献。农业稳定，国家才会稳定，经济才会安全。其中粮食生产安全是国家经济安全的重要保障。2017年，我国粮食总产量12358亿斤，比2016年增加33亿斤，增长0.3%。粮食生产再获丰收，属于历史上第二高产年，其中玉米4318亿斤，调减73亿斤，下降1.7%；稻谷4171亿斤，增加30亿斤，增长0.7%；小麦2595亿斤，增加19亿斤，增长0.7%；其他粮食作物1274亿斤，增加58亿斤，增长4.8%。

工业化和城镇化在历史进程中发挥了积极作用，增加了进城农民工的家庭收入，增加了社会总财富，提高了总福利，提高了发展效率；同时也产生了负面效应，出现了交通拥堵、房价高涨等"膨胀症"和农村要素、资源和人才流出等问题，导致了"马太效应"。

"三农"问题本质是乡村地域系统可持续发展与均衡的问题，当前，我国乡村面临农业生产要素高速非农化、农村社会主体老弱化、村庄建设用地空废化、农村水土环境污损化和乡村贫困片区深度贫困化等突出矛盾。在新型城镇化的过程中，传统村庄治理模式和文化传承日渐式微，乡村衰落的现象严重。各地应基于本地实际和地域经济的复杂性、综合性、动态性，探索推动解决"乡村病"，编制并实施乡村振兴战略规划和行动计划，确立乡村振兴路径，为实现新时代乡村振兴战略目标提供理论和决策参考。

四、乡村新时代要求

"建设好生态宜居的美丽乡村，让广大农民有更多获得感、幸福感。"十九大报告提出，带领人民创造美好生活，是我们党始终不渝的奋斗目标。必须始终把人民利益摆在至高无上的地位，让改革发展成果更多更公平惠及全体人民，朝着实现全体人民共同富裕不断迈进。这为乡村振兴战略指明了方向。

习近平总书记指出:"良好生态环境是最公平的公共产品,是最普惠的民生福祉。"振兴乡村经济,需要狠抓乡村环境。环境就是民生,青山就是美丽,蓝天就是幸福。必须让所有的村镇有绿水青山的"颜值",赋予"金山银山"的价值。

实施乡村振兴战略是新时代建成小康社会的要求。为解决人民日益增长的美好生活需要和不平衡不充分的发展之间的矛盾,特别是城乡发展不平衡、农村发展不充分的矛盾,必须积极推进乡村振兴战略,通过产业振兴、文化振兴、人才振兴等实施路径,促进产业兴旺、乡村文明、生态宜居和农民富裕等,让广大农民共同分享现代化成果。

实施乡村振兴战略,必须始终把解决好"三农"问题作为全党工作的重中之重,坚持以农民为中心,坚持农业农村优先发展,坚持"四个优先":在干部配备上优先考虑,选拔懂农业、爱农村、爱农民的干部。在要素配置上优先满足,重点破除体制机制障碍,完善农业农村发展用地保障机制,解决土地增值收益分配不均和流动不畅的问题,让农业、农村、农民公平公正地享有更多发展资源。在资金投入上优先保障,创新投融资机制,构建财政优先保障、金融重点倾斜、社会积极参与的投资格局,强化各级党委、政府对"三农"的投入,确保支农投入力度增强、总量持续增加、与乡村振兴的目标任务相适应。调整完善土地出让收入的使用范围,增加对农业农村的投入。在公共服务上优先安排,统筹推进城乡融合发展,增加农村公共服务供给,改善农村基础设施,优先发展农村教育、文化事业,推进社会保障制度,提升农村医疗、养老服务能力,加快补齐农业农村短板,尽快实现城乡基本公共服务均等化。

积极实施农业供给侧结构性改革,增加优质农产品供给,改善乡村绿色生态环境,充实从事农业、守护生态的新型职业农民,促进城市为留住乡愁、留住绿水青山而向农村提供更多、更好的服务。

城镇化的历史过程,一方面表现为在一定阶段内从事农业和居住农村的人口和要素资源大量向城市地区向心流动的郊区化聚集过程;另一方面,在一定阶段和一定政策环境下,也会出现城市人口和要素资源从城市中心向外围郊区、从城市化地区向非城市化地区的离心疏散的逆城市化的流动过程。上述两种疏散现象都是在城镇化发展到一定阶段的必然趋势。

从历史上看,乡村是传统文化的承载地,它为我国工业和城市发展作出了巨大贡献。为建设全面小康社会、实现"两个一百年"奋斗目标和中华民族伟大复兴的中国梦，必须抓乡村振兴的重点、补农业发展的短板、强乡村振兴的弱项。这就需要各级党委、各级政府厘清思路，统一认识，强化"四个意识"，坚持"四个全面"，落实"五位一体"，把握工作节奏，明确实施路径，分解战略责任，按照既定的时间节点，不断降低过剩产能，去除农产品的库存，补齐产业短板，科学谋划与统筹布局，确保乡村振兴战略目标任务的全面实现。

五、乡村振兴战略

乡村振兴战略是习近平总书记2017年10月18日在党的十九大报告中提出的战略。农业、农村、农民问题关系着国计民生和"中国梦"的顺利实现，它是全党工作的重中之重。

习近平总书记"三农"思想和乡村振兴战略是在中国经济发展与实践中逐步形成的。

习近平总书记自1985年起在福建省的特区厦门、山区宁德、省会福州和省委、省政府工作了17年多。十多年期间，他深入基层调研，统筹谋划改革与发展，实施了一系列符合科学发展规律，有战略性、前瞻性的重大举措，促进了福建省经济，特别是"三农"工作的改革与发展。如习近平提出"滴水穿石""弱鸟先飞"扶贫开发精神，在全国率先实施扶贫搬迁"造福工程"。推动山海协作、闽宁对口帮扶，统筹沿海与山区、东部与西部经济社会协调发展。在全国率先谋划生态省建设等。

习近平1996年就提出"农业兴、百业兴；农业衰、百业衰；农业萎缩、全局动摇。"1998年提出"经济越发展就越要稳定农业、加强农业"。1997年提出"在着力抓好'五通''五改'和绿化的基础上，要注意通过多种形式培育农民讲卫生、学科学、树新风的文明习惯"。1998年提出"如果在农业和农村经济发展中农民不能增收入、集体不能增实力，这种经济增长就是无效益的和虚假的"。习近平2001年2月批示，"餐桌污染是一个事关人民群众身体健康和生活安全，关系着我省农产品能否扩大国内外市场和不断增加农民收入的大问题，应引起我们的高度重视"。

1998年习近平提出，脱贫致富奔小康是一项功在当代、利在千秋的伟业，只有脚踏实地、真抓实干，才能取得经得起历史与实践检验的成就。

关于生态建设，习近平2002年提出，"通过以建设生态省为载体，转变经济增长方式,提高资源综合利用率,维护生态良性循环,保障生态安全,努力开创'生产发展、生活富裕、生态良好的文明发展道路',把美好家园奉献给人民群众,把青山绿水留给子孙后代"。

2014年11月,习近平到福建调研,对福建省聚焦特色现代农业,提高粮食生产能力、优化农业结构、转变农业发展方式、促进农民增收、建设新农村等工作,作出了重要指示,这为福建省推进"三农"工作描绘了新蓝图、新思路。

2017年10月,党的十九大提出,到2020年建成全面小康社会必须坚定实施"乡村振兴战略",以及2020—2035年显著缩小城乡差距、迈向共同富裕的战略目标。

2018年2月4日,中央1号文件《中共中央 国务院关于实施乡村振兴战略的意见》提出,到2020年,乡村振兴取得重要进展,制度框架和政策体系基本形成;到2035年,乡村振兴取得决定性进展,农业农村现代化基本实现;到2050年,乡村全面振兴,农业强、农村美、农民富全面实现。

上述地方实践和扶贫、生态等重要思想为乡村振兴战略的逐步形成奠定了基础。

2018年中央农村工作会议提出"三农"工作八大措施:

一是坚持加强和改善党对农村工作的领导,为"三农"发展提供坚强政治保障;

二是坚持重中之重战略地位,切实把农业农村优先发展落到实处;

三是坚持把推进农业供给侧结构性改革作为主线,加快推进农业农村现代化;

四是坚持立足国内保障自给的方针,牢牢把握国家粮食安全主动权;

五是坚持不断深化农村改革,激发农村发展新活力;

六是坚持绿色生态导向,推动农业农村可持续发展;

七是坚持保障和改善民生,让广大农民有更多的获得感;

八是坚持遵循乡村发展规律,扎实推进美丽宜居乡村建设。

2018年3月5日,国务院总理李克强所作的政府工作报告指出,大力实施乡村振兴战略。2018年全国"两会"期间,习近平在参加山东代表团审议时强调,激励各类人才在农村广阔天地大施所能、大展才华、大显身手,打造一支强大的乡村振兴人才队伍,在乡村形成人才、土地、资金、产业汇聚的良性循环。习近平论述了实施乡村振兴战略,强调推动乡村产业振兴、人才振兴、文化振兴、生态振兴和组织振兴，进一步明确了实施乡村振兴战略的主攻方向。"五个振兴"与习近平总书记在2017年12月召开的中央农村工作会议上提出的乡村振兴"七条道路"一脉相承，是习近平新时代"三农"思想的重要体现，是实施乡村振兴战略的行动指南。

乡村振兴，人才为先。乡村的产业、文化要靠人才来兴，生态要靠人才来建设，组织要靠人才来强化。实现乡村振兴，需要掌握关键技术、引领产业发展的领军人才、能工巧匠、有独门手艺的乡土人才、新告老还乡者或回乡新乡贤、返乡养老与创业的农民工、返乡创业大学生、城市到乡村养老和从事乡村产业经营的人，以及海外华侨同胞寻根回乡等。

乡村振兴战略与对外开放可以协调进行，系统解决市场经济体系运行深层次的矛盾。以国家主体功能区规划为依据，实施乡村分类规划与开发，明确目标定位，宜粮则粮、宜经则经、宜草则草、宜牧则牧、宜林则林、宜渔则渔、宜退则退、宜居则居。其中：

在粮食主产区和核心产区，稳定和确保粮食综合生产能力，维护国家粮食安全，把中国人的饭碗牢牢端在自己手中。

在重要农产品生产区和农业产业化发展区，按照"产业兴旺、生态宜居、乡风文明、治理有效、生活富裕"的要求，突出特色农业，发展新产业、新业态，拓展农业产业链、价值链和供应链，推进农村一、二、三产业融合发展。同时，着眼于开放共享，构建国际化平台，提高核心资源的聚集能力。

在不适宜粮食生产和农业加工的区域，采取退耕还林等措施，逐步减少农作物和畜牧业种养殖，不断完善生态保护，着力解决环境污染和基础设施建设问题。

在各功能区规划与实施方面，实行问题导向，按照党的十九大部署和乡村振兴战略要求，加强各级党委组织领导，明确目标任务，建立协调机构、工作台账、时间表、路线图和责任机制，优化资源配备，完善业绩考核，培育并保护性开发休闲旅游等特色农业，切实实现一、二、三产业融合发展，促进农业可持续、高质量发展，建设美丽宜居乡村，更好地满足农民日益增长的美好生活的较高需求。

从国家稳定和经济社会发展看，乡村振兴既是经济问题，也是社会和政治问题。如青壮年劳动力大批量地离开农村，老人、妇女、儿童成为农村的主体，留守儿童如何教育和成长成为农村家庭的重大难题。大量农村人口外流，传统农业生产生活方式的演变，导致了传统乡村文化凋敝，传统农村节庆、风俗、饮食、手艺、孝道等失去了健康传承的外部环境，乡村文化出现了异化，功利主义、重金主义盛行，农村亲情日渐淡薄，淳朴的民风逐渐消失。进城务工导致大量农村留守妇女和儿童等，对农村传统婚姻家庭带来了冲击，土地征用、拆迁等利益冲突和突发事件屡禁不止；生活垃圾、工业排放、农牧业污染，滥用激素和抗生素，过量使用化肥、农药和除草剂，非法种植转基因作物等问题积累。这些都加剧了社会性、群体性矛盾和冲突。为解决上述问题和矛盾，浙江省立足本地实际，持续推进"千村示范、万村整治"工程，建成了万千美丽乡村，取得了显著成效。截至2017年，浙江省累计有2.7万个建制村完成村庄整治建设，占全省建制村总数的97%；74%的农户厕所、厨房和洗涤污水得到有效治理；生活垃圾集中收集、有效处理实现了建制村全覆盖，41%的建制村实施了生活垃圾分类处理。浙江省的实践经验得到了习近平总书记的充分肯定，并被各省市学习和借鉴。

六、乡村富国家强

习近平总书记强调，乡村振兴战略不能光看农民口袋里票子有多少，更要看农民精神风貌怎么样。乡村振兴既要产业兴旺，更要文化繁荣兴盛，既要"口袋鼓起来"，又要"脑袋富起来"。

习近平总书记在2017年12月召开的中央农村工作会议上强调，农业、农村农民问题是关系国计民生的根本性问题。没有农业农村的现代化，就没有国家的现代化。农业强不强、农村美不美、农民富不富，决定着亿万农民的获得感和幸福感，决定着我国全面小康社会的成色和社会主义现代化的质量。如期实现第一个百年奋斗目标并向第二个百年奋斗目标迈进，最艰巨最繁重的任务在农村，最广泛最深厚的基础在农村，最大潜力和后劲也在农村。

实施乡村振兴战略，是解决人民日益增长的美好生活需要和不平衡不充分的发展之间矛盾的必然要求，是实现"两个一百年"奋斗目标的必然要求，是实现全体人民共同富裕的必然要求。

为实现农业振兴和农民富裕目标，可推动五个方面的重点工作：

一是以精准扶贫为特色的农村生产生活兜底保底；

二是由地方政府引导的特色小镇、农业公园和乡村振兴等示范试点；

三是满足城市中产阶级乡愁回归、种养殖体验和休闲旅游的美丽宜居乡村建设；

四是以城市中产阶级资本下乡等为目的的产业投资和以工促农等"逆城市化"的工商资本下乡与生态环境建设；

五是以返乡创业、乡贤回归和乡村治理等为重点的乡村文明、村级经济振兴与基层党组织建设。

在新的形势下，实施乡村振兴战略，应该采取以下的工作措施：

一是优先推进农业供给侧结构性改革，不断优化农村产业结构，增加和丰富农产品有效供给，延伸农业产业链、优化价值链和丰富供给链，建设农业现代化产业和运行体系。

二是遵循"绿水青山就是金山银山"的科学理念，优化三大产业结构，将调整农业和农村产业结构与生态建设相结合，因地制宜选择主导产业，大力发展有机农业、生态农业、观光农业、健康产业以及农村生产生活服务业等新产业，减少化肥、农药使用，提高对秸秆、畜禽粪便等农业废弃物的利用率，避免化工污染，培养全民环保意识，修复被破坏的农业生态，吸纳农村劳动力创业就业，提高农民收入。

三是培育农业新兴产业，加速农业产业升级，利用"互联网+""大数据+"等手段，建设一批智能农业、电商产业、现代金融、文化旅游、休闲观光、体育健身等特色产业集群。加大对农村的科技和金融投入，引进和培养先进科学技术、科研人员和新型职业农民。

四是深化农村土地制度改革，完善承包地"三权"分置，保持土地承包关系稳定并长久不变，第二轮土地承包到期后再延长三十年；深化农村集体产权制度改革，开展农村集体产权确权登记办证及农村集体产权流转交易市场等改革试点。

五是加强农村基层基础工作，完善农村基层党组织、村民组织和农村集体经济组织，健全自治、法治、德治相结合的乡村治理体系。

六是加快推动城镇公共服务向农村延伸，逐步消除城乡之间基础设施和公共服务差异，让广大农民过上幸福安康的生活。

专栏　36个大城市共同倡议大力推进质量兴农

农业农村部新闻办公室　2018-05-03

本网讯5月3日，北京等全国36个大城市在天津共同发布《质量兴农倡议书》，表示坚决贯彻落实党中央、国务院决策部署，在农业农村部的指导下，大力推进质量兴农，力争到2020年，基本实现按标生产，绿色生产与循环发展全覆盖，化肥、农药利用率达到40%、使用量实现"负增长"，养殖废弃物综合利用率达到75%，农产品质量安全监测合格率达到98%以上，群众对农产品质量安全总体满意度大幅提升。

《倡议书》指出，质量发展是兴国之道、强国之策，质量兴农是实现农业大国向农业强国转变的必由之路。在当前和今后一个时期，要顺应人民群众对美好生活新的期待，以乡村振兴战略为总抓手，以农业供给侧结构性改革为主线，全面推进农业高质量发展，全面唱响质量兴农、绿色兴农、品牌强农的主旋律，全面提升农业质量效益竞争力。

《倡议书》从7个方面对质量兴农提出倡议：

一是牢固树立质量第一、效益优先的理念。坚持抓农业一定要抓质量，尽快实现由增产导向向提质导向转变，加快农业转型升级。开展好2018年"农业质量年"工作，落实好八大行动，在农牧渔各业和农产品加工业方面，全面推进质量兴农。

二是全面提升"菜篮子"产品供给质量。落实"菜篮子"产品市长负责制，加强"菜篮子"工程建设，强化生产、市场流通、质量安全监管、调控保障能力，切实保障"菜篮子"产品持续稳定供应，有效满足城市居民日益提高的"菜篮子"产品消费需求，确保36个大城市"菜篮子"产品质量安全水平走在全国前列。

三是把好农产品生产源头关，把优质产出来。深入推进化肥农药使用量"零增长"行动，强化作物秸秆、畜禽粪污资源化利用。大力推进农业标准化生产，创建一批"菜篮子"产品标准化示范基地，严格落实间隔期、休药期规定，推广绿色防控技术。推进农村人居环境治理，建设美丽乡村，改善农产品产地环境。

四是强化农产品质量监管，把安全管出来。坚持问题导向和底线思维，牢固树立发现问题是业绩、解决问题是政绩的工作理念，加强投入品源头管控，推进农产品质量安全全过程监管，开展突出问题专项治理，严打违法违规行为，严防重大农产品质量安全事件。

五是实施品牌提升行动，把品牌树起来。深入开展农业品牌建设，培育优质、特色农产品，带动农产品质量提升。稳步推进绿色食品、有机农产品和地理标志农产品认证，提高绿色、有机农产品覆盖率。推动优质特色农产品进超市、进社区，满足市民对农产品的不同层次需求。

六是不断强化工作创新，把机制建起来。强化质量兴农技术创新，推广一批提质量、保安全的生产技术。运用信息化手段推动工作，推进互联网、大数据、人工智能等与农业深度融合，加快推进农产品追溯管理，实现与国家追溯平台对接和互联互通。推进农业诚信体系建设，实施违法失信主体"黑名单"制度。

七是切实加强工作保障，把能力强起来。建立以质量兴农为核心的政策保障机制，开展好农产品质量安全县市创建活动，加强体系队伍和能力建设，落实即将出台的《质量兴农战略规划》，将质量安全、绿色发展、环境友好、带动小农户增收作为重要考核指标，增加考核权重。

七、乡村振兴战略浙江省和山东省案例

编制乡村振兴战略，是各级党委的首要工作，应由各级党委牵头，农工办、发改、农业、畜牧、海洋、林业、组织等部门广泛参与，并引进高端智库，共同论证和深入探讨，反复修改并完善，自上而下、自下而上、上下结合，多次组织论证，征求社会各方的意见和建议，不断优化与调整，才能最终确定规划文本并颁布执行。

（一）浙江省乡村振兴战略

浙江省是全国乡村振兴的先进典型，也是全国农村生态环境建设和农民富裕的示范省。2017年，浙江省农村常住居民人均可支配收入24956元，比2016年增长9.1%，连续33年位居全国各省（自治区）第一。近十多年以来，浙江省立足于农业区域优势，深入推进农业供给侧结构性改革，加大农业结构调整，引入现代农业经营理念和网络信息技术，推进一、二、三产业融合发展，实现了由传统农业向现代农业、由传统农村向产业强村的转变。总结浙江省乡村产业振兴的实践经验，主要采取了三条重点工作措施：

一是优化和延伸农业产业链，大力发展农产品加工流通和生产服务业，健全完善农产品市场和流通设施；积极发展农业生产性服务业。

二是积极培育新型农业主体，重点扶持家庭农场、种养大户、农民合作社、农业公司等新型农业经营主体，完善农地所有权、承包权、经营权"三权分置"制度改革，提升土地要素流动性和集约利用水平。

三是加大互联网技术的广泛应用，实行"农业+互联网"计划。培育发展农产品电子商务，推动新型农业主体与电商对接，搞好农产品网络销售、众筹营销等营销体系；建立农产品电商平台，扶持农村电商服务机构，建立农村电商服务站点和农村物流体系。

四是完善农业休闲旅游等功能，着力发展观光农业、创意农业、体验农业、定制农业、分享农业等新业态、新技术；大力发展乡村旅游，优先培育休闲农庄、特色民宿、户外运动等旅游休闲度假产品和服务，培育建设农业教育和社会实践基地，积极发展乡村养生养老基地；建设田园综合体和特色小镇等。

（二）潍坊市乡村振兴战略

山东省是农业大省，潍坊市是农业大市，也是农业发展的典型。潍坊经验、寿光模式、诸城模式等曾经受到各方面较高认可。分析研究相关模式，创新乡村振兴的潍坊模式，是潍坊市委、市政府的重要战略目标。

为编制高质量、前瞻性的乡村振兴战略规划，2018年，受潍坊市委、市政府委托，笔者牵头组建了由国家发改委、农业农村部、资源环境部、国家海洋局、水利部、国家林业局、工信部等部委的专家学者和国内一流院所为主的专家团队，经过现场调研、行业论证和部委访谈等，以习近平新时代中国特色社会主义思想、党中央、国务院、国家发改委等政策文件为指针，在反复论证和分析潍坊市"三农"现状、"潍坊模式""寿光模式""诸城模式"等经验基础上，以问题为导向，以规划为引领，经过几个月的持续研究和修订，编制完成潍坊市乡村振兴战略（2018—2022年）和潍坊市乡村振兴三年行动计划（2018—2020年）初稿。多次与潍坊市委、市政府领导以及市直部门、各县市区对接和交流，提炼和创新各地区发展思路与优势产业，初步形成了"543"发展战略，立足于"五个一""2221工程"，围绕"五起来""五个力"，全方位推进产业振兴、人才振兴、组织振兴、乡村振兴等，并突出策划了科技研发、品牌建设和改革开放措施等，通过党委、政府的思想转变、主导产业创新发展、乡村文化深度挖掘、各种体制机制改革等，积极推动资源要素双向流动，提升城市、行业、企业、产品共四层级品牌的影响力和美誉度，进而为潍坊市产业振兴、乡村文明、生态宜居、组织振兴等指明了实施路径和行动方向，并提出了"832"等行动计划，将规划与具体工作紧密结合。

在完成潍坊市乡村振兴战略规划与三年行动计划的基础上，要求各县市区、各乡镇、各保留村庄等分别编制各自的乡村振兴战略规划或行动计划，并纳入各级党组织、政府和村"两委"的业绩考核,与日常工作同部署、同兑现,通过四个优先和制度考核等,强化了潍坊市(市、县、镇、村)四层级乡村振兴战略规划与实施的严肃性、前瞻性和规范性。通过实施规划引领,典型示范,潍坊市涌现出了现代休闲农业的"坊子模式""安丘模式""寿光模式"等新模式、新业态,潍坊市的各项农业农村工作力争走在全省、全国乡村振兴的前列。

八、专家谈乡村振兴战略

党的十九大将乡村振兴战略作为实现社会主义现代化强国的核心战略之一,提出了重点发展的思路和方向。实施乡村振兴战略,促进乡村新旧动能转换,是党的十九大作出的重大决策部署,是决胜全面建成小康社会、全面建设社会主义现代化国家的重大历史任务,是新时代做好"三农"工作的总抓手。2018年中央1号文件对乡村振兴战略提出了明确的目标和要求,为各地区编制和实施乡村振兴战略指明了具体方向和行动标准。

农业农村部副部长、原中农办主任韩俊,国家发改委农经司原司长高俊才,国家水利部农水司原巡视员姜开鹏,山东省农业厅原厅长、山东省原人大农委主任战树毅,山东省南水北调指挥部主任孙义福,国家发改委国际合作中心研究员兼国合华夏城市规划研究院执行院长吴维海等六位专家,分别就国家乡村振兴战略的实施要点难点、各地区实施乡村振兴战略的痛点与挑战,以及市、县、乡镇的乡村振兴策略和政策建议等提出了可操作性强、前瞻性、系统性的专家意见与建议。

农业农村部副部长、原中农办主任韩俊强调,所有乡村振兴工作的中心和出发点是农民、农业,而所有的乡村振兴规划必须紧紧围绕在促使农业产业化发展、融合化增长和农民获得感、幸福感增加上。习近平总书记指出,中国要强,农业必须强;中国要美,农村必须美;中国要富,农民必须富。农业、农村、农民问题是关系国计民生的根本性问题,必须始终把解决好"三农"问题作为全党工作的重中之重。

要坚持农业农村优先发展,按照产业兴旺、生态宜居、乡风文明、治理有效、生活富裕、城乡融合的总要求,建立健全城乡融合发展的体制机制和政策体系,加快推进农业农村现代化。巩固和完善农村基本经营制度,深化农村土地制度改革,完善承包地"三权"分置制度。保持土地承包关系稳定并长久不变,第二轮土地承包到期后再延长三十年。深化农村集体产权制度改革,保障农民财产权益,壮大集体经济。确保国家粮食安全,把中国人的饭碗牢牢端在自己手中。

图2-1 乡村振兴战略规划编制项目组和专家在寒亭区实地调研

构建现代农业产业体系、生产体系、经营体系，完善农业支持保护制度，发展多种形式的适度规模经营，培育新型农业经营主体，健全农业社会化服务体系，实现小农户和现代农业发展有机衔接。促进农村一、二、三产业融合发展，支持和鼓励农民就业创业，拓宽增收渠道。加强农村基层基础工作，健全自治、法治、德治相结合的乡村治理体系。培养造就一支懂农业、爱农村、爱农民的"三农"工作队伍。

为深度诊断和分析各地乡村振兴战略的痛点难点，提供针对性的实施对策，2018年3月5日至9日，由国家发改委原农经司司长、国合华夏城市规划研究院院长高俊才带队，国家水利部农水司原巡视员姜开鹏，山东省农业厅原厅长、山东省原人大农委主任战树毅，原山东省南水北调指挥部主任孙义福，国家发改委国际合作中心研究员兼国合华夏城市规划研究院执行院长吴维海等六位部委学者和规划专家，受邀走入潍坊市及各县市区、乡镇、村庄、田间地头以及农村和农民的身边，相继集中调研和走访了山东省潍坊市直30余个涉农部门及寿光、青州、诸城、临朐、高密等各县市区、乡镇，实地考察了寿光、昌乐、高密、诸城等示范镇村、龙头企业、蔬菜大棚项目、休闲旅游项目、特色小镇和田园综合体等，为潍坊乡村振兴战略的规划背景、当前现状、典型实践、存在难点痛点以及解决对策把诊号脉，深度探索全国乡村振兴战略的难点痛点，以及破局之道。

图 2-2　乡村振兴战略规划编制项目组和专家在高密田园综合体实地调研

调研过程中,我们初步认为,潍坊市为贯彻落实中共中央、国务院关于实施乡村振兴战略的总体部署,在规划引导、项目支撑、设施建设、资源整合、改革治理等方面实行了一系列措施,取得了一定的成果,在蔬菜大棚、城乡融合等方面具有示范试点作用,甚至走在了全国的前列。但是,存在的问题和挑战也不少。

国家发改委农经司原司长、国合华夏城市规划研究院院长高俊才指出,各省、市、县、乡镇编制乡村振兴战略,一定要上接"天线",下接"地气";要统筹兼顾、突出重点,自上而下,自下而上,发动各级党委、政府、企业、协会、农业合作社和农民等参与规划讨论和座谈;要充分听取各方面的意见和建议,编制出高水平、可操作的规划方案。他还谈到,目前,地方乡村振兴战略刚刚开始推进,相关规划的顶层设计不完善,党政部门统筹力度不够,沟通不及时,工作不协调,措施和分工不合理,跨部门协作不畅等问题突出。部分领导和职能部门对于乡村振兴的认识高度不够,局限于"农业+"的理解,对于"新六产"概念的理解有待强化。要素能动性差、资源转化能力弱已经成为各地区实施乡村振兴战略的现实挑战;现代农业产业园、田园综合体等项目开发存在运营同质化、市场同质化和机制同质化发展等问题。

要全面领会、贯通国家、省和市县关于乡村振兴战略实施的精神,深刻理解

图2-3 高俊才院长及调研组与潍坊市有关部门座谈

相关概念的内涵和外延,争取在乡村振兴战略编制与实施过程中实现理论创新、实践创新、战略创新和路径创新。高俊才提出了乡村振兴重点产业项目的筛选与设计原则:一是产业融合;二是政府引导;三是企业主体;四是市场运作。新型城乡融合性示范项目的筛选标准:一是要有一定规模;二是要有特色;三是朝阳产业,要有潜力;四是要有较好的盈利模式,可以持续运作等。产业振兴规划编制尤其要体现上接"天线"、下接"地气"。在编制和实施乡村振兴规划的过程中,既要吃透中央和省、市、区各级党委、政府的精神,又要全面和深入调查分析当地经济民生等各方面的具体情况,一切从实际出发。

规划引领、项目支撑、统筹兼顾、突出重点、因地制宜、注重实效,规划布局是项目建设的依据,规划目标和任务主要通过项目进行实施。项目决策要做到科学决策、民主决策、依法决策的有机统一。规划的编制和实施,既要有全面性和前瞻性,又要重点解决当前不平衡、不充分的突出问题,多点突破,以点带面。一切工作都要因地制宜、因时制宜、因事制宜,不搞"一刀切"和"花架子",衡量规划实施的效果,坚持实践标准、群众标准和时间标准。落实责任、形成合力,规划中的目标和任务,要逐步分解落实到责任单位和责任人,责任主体之间要加强协商配合,使各项工作协调、务实、高效。

实行魅力休闲富足乡村建设战略,以深度帮扶、精准服务、集中发力、激发热情、优化监督、强化责任等方式,完善农村精准扶贫和长效脱贫机制;通过扩渠道、优服务、全保障的方式促进乡村就业增收,通过强连接、专业化、系统化培育农村创客,建立宜居宜业生活工作环境;建设集教育、医疗、卫生、社保为一体的乡村公共服务体系,加快乡村基础设施标准化、一体化、均等化发展;实行城乡融合发展战略,推进特色小城镇建设,在此基础上强化城乡要素流动,积极推进城镇化发展;积极推进农地"三权分置"改革,发展多元化的经营形式,发展多种形式的统一经营,优化社会分工协作网络;深化推进农村宅基地改革、建立健全土地资产管理体系,优化土地流转运营机制;发展壮大农村集体经济,大力开展农村集体产权制度试点,分类推进农村集体相关资产改革,探索新型经济实现形式和模式;以乡村财政为引导,以金融资本和社会资本为支撑建立分层级、多领域、多元化的农村财政金融体制机制。

图2-4 国家水利部农水司原巡视员姜开鹏及调研组与潍坊市有关部门交谈

国家水利部农水司原巡视员姜开鹏一再强调,做好乡村振兴这篇文章,如果离开供水节水和水质、水环境的保障,无法谱写生产、生活、生态协调发展的幸福工程篇章。找水、治水、节水是乡村振兴的关键,潍坊等地区多采用地下水灌溉,地表水很少,水资源尤其是饮用水资源现状堪忧,有效灌溉面积不大,效率不高,农村饮水方面存在水源短缺和水质差等突出问题,有些乡村严重缺水,水质也不稳定。针对现有大小河流、大型水库、中小型水库等灌溉设施,尽管建立起了节水灌溉体系,但河道治理、综合治理推进较困难。他建议,进一步做好水资源保障专项规划,准备实施9大类工程,建立7个方面的水资源管理与开发体系，做好专项投资，农业用水规模与质量相协调，并力争达到国内领先水平。

在乡村振兴项目工程开发上，利用工商资本、社会化资本、金融化资本下乡发展"新六产"项目，节水灌溉设施公共资源下乡项目，河道综合治理项目，农村饮水安全，发展农田水利建设、高效节水灌溉，支持社会资本参与规模化节水灌溉工程，建立健全工业节水激励机制和河水环境治理PPP机制等。

山东省人大农委原主任、农业厅原厅长战树毅认为，在农村集体土地流转产权规范和粮食生产安全保障方面，要确保乡村振兴的粮食安全供应，防范农村群体效应的一哄而上。部分地区村集体经济薄弱，项目选取规范性不够、项目本身的带动作用不强，典型经验不能得到系统的推广借鉴。土地规模化流转的利益协调机制不健全，集体利益和村民利益之间的同向转化能力弱，利益联结机制比较松散，号召方式简单，部分地区村民组织化程度比较低。农村空心化问题日益严重，劳动力在不断流失。

为化解上述痛点难点，战树毅指出，要实行农业产业新动能发展战略，以"粮食生产提升+农业结构优化+强化农业装备技术"释放农业发展动能；加快"农业+融合"、产业全域融合和产城融合，推进三链重构，加快三层次产业融合发展创新，催生新业态新动能。推进小农户向农业创客、农业新势力、农力资本转变，培育壮大新型农业经营主体，健全农业社会化服务体系，完善现代"大农业"生产经营体系。打造"一体两翼"（以职业培训为体，以政企、园企合作为两翼）农业人才培养平台，以协同创新、研创联动、孵化优化、服务转化为功能的科技创新平台，对接省市、项目、企业、组织的联动服务平台，面向东亚、集成创新、智能建设、共享服务的城市农产品交易平台。规范推进特色小镇建设，实现粮食安全生产和田园综合体等新上项目统筹规划，均衡发展。

南水北调指挥部原主任、山东省水利厅原负责人孙义福特别强调了乡村振兴的财政供给和政策引导。他表示，积极适当的政绩观和财政投资是乡村振兴的核心动力。当前，潍坊乡村财政资金供求矛盾突出，财政资金供给不足，对于市场资金缺乏引导能力和创新模式，工商资本、社会资本和金融资本下乡融合农业发展开展情况不容乐观。鉴于此，他提出合理设计财政体制机制，引导二、三产业资本与农业资本融合、共担乡村生态循环经济建设与发展。提出以气、山、植、水为重点建立资源保护和修复机制，全面提升乡村人居环境。通过抓好肥药减量使用、建设绿色生态基地、生态涵养功能区等方式，推进绿色发展方式形成。坚持开发、保护一体化发展，探索新型生态服务机制，实施多元化生态补偿和可持续运营机制，构建乡村绿色循环经济生态圈。

国家发改委国合中心执行总监、研究员兼国合华夏城市规划研究院执行院长吴维海博士指出，各地在乡村振兴战略的产业融合发展中，如何整体规划统领，搞好顶层设计、资源开发整合、科技创新、品牌化建设与城乡一体化等痛点和难点，是进行基层调研和规划编制的核心问题。为此，他提出以问题为导向，聚焦乡村振兴规划编制的八个难点痛点：（1）重视规划编制的战略引领，一张蓝图绘到底。（2）真正让党组织"五级书记"抓乡村振兴。（3）财政支农的法治化和专项审计。（4）做好粮食安全与一、二、三产业融合发展的统筹。（5）乡村生态建设与振兴资金从哪里来。（6）镇村基层组织振兴与乡村文明。（7）构建村集体资产和农民收入均衡。（8）重大产业项目工程企业组织和村镇片区示范试点建设与三链重构。

吴维海博士指出，乡村振兴规划编制和实践中，基层党组织建设有待加强，镇村组织党的核心地位和统领作用体现不充分，乡村工作体系有待优化，镇村两级党员干部素质和执政履职能力需要培养。同时，不少县乡村干部队伍的视野不够开阔，前瞻性不强，思维惯性、传统发展理念亟须向愿景思维、势能转换思维转化。不少地区在科技创新和科技应用转化方面存在明显的不平衡、不协调现象，设施农业、新型农业发展薄弱，相关农业企业规模普遍不大。对文化资源的开发利用程度较低，文化资源没有转化为文化资本和文化产业的发展优势，文化对当地物质和精神生活的影响力没有充分体现。乡村文明活动依然停留在"集—观—散"的层面，没有调动起村民的积极性、参与感、体验感和代入感；大多数优秀产品、活动和模式没有形成品牌效应，已经具有品牌能力的产品、活动和模式低端化运营，品牌核心竞争力和影响力局限于文件和口头上，实际转化能力与品牌实际影响力不匹配。没有充分利用好"一带一路"倡议带来的发展契机，各地农业发展存在开放性不足等难点与问题。与周边其他地区也没有形成长效、稳定的良性互动体系；城乡一体化实质进展缓慢，城乡基础设施建设的"马太效应"有待加强，产业要素流动性偏低；城乡之间的利益协调机制、成效共享机制、精神物质交流机制等尚未健全。

吴维海建议各级党委、政府主要负责人要高度重视乡村振兴规划编制与实施工作，真正落实"五级书记"抓乡村振兴。各地区规划编制要遵循"统筹兼顾、突出重点、以点带面"的原则，既要照顾乡村振兴参与各方主体的利益诉求，又要权衡农民、农业、农村本位的生态生活生产全方位的发展均衡性、时效性；要实行新型乡村治理体系构建战略，强化农村基层党组织领导核心地位，加强内部组织和作风建设、创新党建带动群团工作机制、提升各级党员干部素质，提升执政履职能力，落实基层组织保障政策，加快形成国家到乡镇五级党组织书记主抓乡村振兴的责任与体系；推进法治服务型政府建设、财政支农的法治化和专项审计体系建设、智慧型平安乡村建设，强化财政审计专项管理、安全生产管理、夯实社会治安综合治理，提升基层依法办事能力，开展乡村法治宣传教育；建立健全党政群共商共治长效模式，构建示范型为民服务体系，完善乡村自治组织民主制度、推进乡村自治共治标准化规范化建设；构建乡村德治贤治服务体系，实行乡贤净化民风工程，强化道德教化作用，培养积极健康社会心态。

吴维海认为，在粮食生产方面，要制定短计划、长规划，要确定各地区耕地保护红线、健全主粮生产任务指标与"新六产"融合的协调机制，鼓励条件具备的村镇、涉农企业园区、新型经营主体加快开展适度规模的集成化、产业化、融合化的新型农业业态，同时，优化和限定主粮生产任务性财政奖补和惩处制度办法。

图2-5 吴维海与潍坊市有关部门座谈

吴维海指出，要实行生态平衡建设和乡村振兴资金多元化、多主体和多渠道融资模式，充分完善和调动财政、工商、企业组织、金融和国际化资本资金参与乡村振兴项目投融资和经济建设、乡村生态环境修复与补偿、政策性奖励与补偿，逐步建立覆盖全产业链条、全领域的城乡一体化涉农新型产业金融体系。

图 2-6　乡村振兴战略调研组专家与潍坊市有关部门座谈

关于村组织建设问题,吴维海表示,要切实发挥镇村基层组织在振兴乡村文明中的核心和创新带头作用,实施文教资源转化战略,连接省、市、县、乡、村,构建五级乡村文明行动;深度挖掘地域文化特色,开发优秀文化资源,在弘扬传统优秀文化的同时,建立文化资源到文化资本再到文化输出的多级多层文化展示和文化服务高地;建立多层次、多领域文化教育服务体系,打造差异化农村

图 2-7　乡村振兴战略规划编制项目组和专家在高密市调研

文化教育服务系统；加强乡村公共文化载体建设，提升乡村文化产品服务供给质量，培育"新三农"乡村文化服务组织。

关于扶贫、村集体资产和创收问题，吴维海认为，精准扶贫要分类实施，注重实效，一户一策，不搞形式。构建村集体资产和农民收入均衡协同体系，落实利益联结纽带，加强村民组织化程度，优先解决农村空心化问题，逐步扭转农村劳动力流失的局面，建立集体经济与农民收入同向转化与引导考核制度。

关于品牌化和标准化建设，吴维海提出，积极推进重大产业项目工程、企业组织和村镇片区示范试点品牌建设与三链重构，实行乡村品牌发展战略，以质量标准化、产业标准化、功能标准化等建立农业标准，推进品牌建设；通过全媒体、数字化宣传，建设乡村营销体系，打造乡村名片等方式，打造品牌标的，建立品牌根据地；打造新技术、新产业、新业态、新模式四大模块明星品牌；通过建立国际推广服务中心，定向宣传推广方案，打造国际多线推广方式，构建乡村品牌国际推广新体系。

吴维海认为，各地区、各企业要对接"一带一路"倡议，探索乡村振兴的国际化发展战略，通过智能化管理、云共享机制等打造外向型智慧农业；以产品创新、模式创新和渠道创新，推动当地农业融入"一带一路"倡议；打造高端国际农业交流合作平台、构建对外交流阵地；打造集创新引领、开拓争先、高配服务、高端品质、智能发展、规模集群等于一体的农业开放综合试验区。

图 2-8　乡村振兴战略规划编制项目组和专家在寿光市调研

针对潍坊市乡村振兴工作中存在的难点痛点，调研组认为，为贯彻落实党中央、国务院关于乡村振兴战略的精神，推进山东省以优先发展实现"四化"同步，以融合发展实现城乡均衡，以全面发展实现利益共享的乡村振兴理念，潍坊市既要以"七个聚焦"打造齐鲁样板，又要以"五个振兴"为指引，借鉴江浙等先进经验，创新乡村振兴新模式、新机制、新样板，开创出具有潍坊特色、可在全国示范推广和经验复制的乡村振兴战略道路。

图2-9　乡村振兴战略调研组在潍坊市潍城区调研麓台书院

图2-10　乡村振兴战略规划编制项目组在昌乐县水库调研

第三章
CHAPTER 3

乡村是社会发展之魂

第三章 乡村是社会发展之魂

乡村是我国社会生活的基本单元和重要组成部分。以经济建设为中心是兴国之要，发展是解决我国所有问题的关键。只有经济持续健康发展，才能实现国富民强、百姓幸福安康、社会和谐稳定。坚持以人民为中心，发展为了人民，是马克思主义政治经济学的根本立场。

马克思、恩格斯指出，无产阶级的运动是绝大多数人的、为绝大多数人谋利益的独立的运动。农民是我国人民群众的基础，大多数农民以乡村为居住环境。只有乡村发展了，农民富裕幸福了，社会才会真正发展和显著进步，国家才能真正强大繁荣。

乡村振兴和发展，就要环境优美、乡村文明、组织振兴、人才充足，农民有尊严，有体面的就业，有合理可观的收入……这一切，都需要乡村振兴战略的规划编制、规划实施和项目推进，需要社会各层面的共同努力。

唐代诗人杜甫描写流离失所贫民的诗篇《茅屋为秋风所破歌》，脍炙人口，它将人们的思绪导入人生与历史发展的思考之中。

茅屋为秋风所破歌
唐代　杜甫

八月秋高风怒号，卷我屋上三重茅。茅飞渡江洒江郊，高者挂罥长林梢，下者飘转沉塘坳。

南村群童欺我老无力，忍能对面为盗贼。公然抱茅入竹去，唇焦口燥呼不得，归来倚杖自叹息。

俄顷风定云墨色，秋天漠漠向昏黑。布衾多年冷似铁，娇儿恶卧踏里裂。床头屋漏无干处，雨脚如麻未断绝。自经丧乱少睡眠，长夜沾湿何由彻！

安得广厦千万间，大庇天下寒士俱欢颜，风雨不动安如山！呜呼！何时眼前突兀见此屋，吾庐独破受冻死亦足！

这首诗写在唐朝的安史之乱以后。当时，杜甫流离四川成都，得到好朋友的资助，在成都西郊的浣花溪畔找到了一块荒地，盖了一座小茅草房（"杜甫草堂"）居住下来。茅屋刚盖起来，就在那年的八月遭到一场暴风雨的洗劫，屋顶的茅草被刮走，屋内彻夜漏雨不止，诗人一家在寒冷中度过了一个难眠之夜。于是，诗人杜甫写下了这首《茅屋为秋风所破歌》。诗人杜甫由眼前的处境展开，由自己受到的苦难，推及天下穷苦人民的苦难。

这首诗立意很高,尽管是在唐朝,但是有很强的启发作用。它对于新时代改善农村农民的生活条件,推动农村住宅制度改革,实施精准扶贫和贯彻领会习近平总书记"房子是用来住的,不是用来炒的"思想,以及乡村振兴战略中如何设计土地使用权流转制度和运行机制,有较强的借鉴意义。

一、乡村振兴的难题

乡村是我国富强的基础,是数亿家庭生活生产和日常居住的地方,是祖祖辈辈的根基和文化之源。近年来,各类媒体不时爆出乡村土壤污染、留守儿童失学、农村老人流浪和少数恶性事件等,引起了各级党委、政府和社会各界的关注,必须从根本上研究并逐步解决。

从我国乡村振兴面临的挑战来看,既有国际因素,也有国内方面的原因。特别是全球农业竞争和贸易自由化等大背景下,我国农产品供给总量不足和产品质量不高的问题较为严重。大豆、玉米、土豆、蔬菜等农产品阶段性供过于求的现象屡有发生,城乡居民生活生产等急需的大豆、优质奶制品等农作物供给不足,果品、粮食、蔬菜、肉类等特色农业产品和服务供给质量较低等问题突出。

一方面,从全国农村劳动力供求来看,存在不少地区的农民适应生产力发展和市场竞争的能力较弱,新型职业农民队伍严重短缺等突出问题。另一方面,全国不少地区农村的道路、管网、能源、厕所等基础设施和医疗、教育、养老等民生领域欠账较多,农村"脏乱差"等环境污染和垃圾、污水等生态恶化的问题严重。从村集体资产和村民收入看,村集体资产过少,农民人均可支配收入偏低,乡村发展整体水平不高。

从国家和地方政府对于农村的政策和投资来看,尽管国家层面非常重视农业农村问题,但受到国家税收政策、地方财力、地方政府业绩考核、行业投资价值,以及产业政策等多种因素的影响,国家对于农业农村的投资总量和产业支撑体系相对薄弱,农业农村贷款难、农民致富项目融资难等问题长期得不到解决,农业金融产品不丰富,农村金融改革任务繁重。

从土地、人才和资金等要素分配与流动看,我国多数城乡土地、人才、资金等要素的流动机制不健全,农村土地、人才和资金单向流向城市的趋势严重,农村空心化和资源要素聚集难度大。同时,不少地区村党支部、村级组织管理涣散、党风不正,村委管理不规范,存在农村基层党建散漫、村委腐败、宗族主义,一些村庄的乡村治理体系和治理能力偏弱等。

二、乡村振兴关键点

乡村振兴工作事关执政党的执政能力、人民是否拥护,以及国家能否实现全面富强。它是我国新时代经济民生工作和改革的着力点和一项长期性的工作。党中央、国务院始终高度重视,将其作为最核心、最根本的战略性、全局性的工作,为此颁布实施了大量的政策文件,全面实施了精准扶贫、乡村振兴等重大战略。

乡村的工作千头万绪,必须提纲挈领,分析和抓住主要矛盾,梳理和聚焦核心问题,采取问题导向,制定乡村振兴战略规划和具体行动计划,出台针对性的财政、税收、土地、人才等引导政策和可操作的考核办法,才能有的放矢,久久为功,抓出成效。

习近平强调"如果在农业和农村经济发展中农民不能增收入、集体不能增实力,这种经济增长就是无效益的和虚假的",这深刻揭示了乡村振兴的关键是农民增收。只有农民增收和富裕,才会实现共同富裕,才能切实体现以农民为中心的乡村振兴的出发点和落脚点。

有序推进并最终实现农民富裕,是乡村振兴战略的焦点。我国6亿多农民,2亿多进城务工农民,农民人均可支配收入总量在全国处于较低水平。我国城乡居民收入差距较大,农业农村增收的路径不多,支持政策总量不足。如何突破发展,实现农业兴旺、农民富裕呢?习近平2018年3月6日在参加山东代表团审议时,对于乡村振兴战略作出了深入且全面的阐述,他提出的"六个推动",涉及产业振兴、人才振兴、文化振兴、生态振兴和组织振兴。其中,"推动乡村振兴健康有序进行"明确了乡村振兴和农民富裕的路径,那就是:乡村振兴战略的规划先行、精准施策、分类推进和均衡发展。

关于如何推动乡村振兴,逐步实现农民富裕,习近平在参加十三届全国人大一次会议山东代表团审议时指出:"实施乡村振兴战略是一篇大文章,要统筹谋划,科学推进""要充分尊重广大农民意愿,调动广大农民积极性、主动性、创造性,把广大农民对美好生活的向往化为推动乡村振兴的动力,把维护广大农民根本利益、促进广大农民共同富裕作为出发点和落脚点"。这句话言简意赅地为各级党委、各级政府的规划编制、任务落实、行动计划和重大决策确立了总方向。

实施乡村振兴战略,推动农民富裕,必须突出"人、地、钱"三大关键要素。人是乡村振兴的第一要素。必须转变各级党委、政府的执政理念，挖掘整合乡村生态环境和产业基础，弘扬良好的农村人文氛围，真正实施农业农村优先发展战略，持续引导并提升农民的社会地位，形成尊重农民的良好风气，不断聚集和提升农村人气，培育打造精干、有为的农业农村干部队伍，大力探索农业农村产业兴旺，抓好村镇综合治理，培育农村文明乡风，建设农村文化娱乐设施，让农民与市民一样，享受富裕文明的现代化生活。从"地"来看，重点完善农村基本经营制度改革，深化农村土地制度改革，落实土地住宅等权证制度，落实承包地"三权"分置，推动土地与农村产业、科技的高效匹配，提高土地效率和效益，培育壮大集体经济，稳步提高农民可支配收入。从"钱"来看，加大各级财政税收扶持力度，加大农业项目融资和金融扶持，促进财政、金融、工商资本和社会资源更多投向农业农村项目，改善农村公共服务水平，增加农民总体收入。

三、乡村振兴总要求

学习领会习近平新时代中国特色社会主义思想，研究习近平总书记关于乡村振兴重要讲话，以及中共中央、国务院2018年1号文件《关于实施乡村振兴战略的意见》，乡村振兴战略的总要求和指导思想如下：

全面贯彻党的十九大精神，以习近平新时代中国特色社会主义思想为指导，加强党对"三农"工作的领导，坚持稳中求进工作总基调，牢固树立新发展理念，落实高质量发展的要求，紧紧围绕统筹推进"五位一体"总体布局和协调推进"四个全面"战略布局，坚持把解决好"三农"问题作为全党工作重中之重，坚持农业农村优先发展，按照产业兴旺、生态宜居、乡风文明、治理有效、生活富裕的总要求，建立健全城乡融合发展体制机制和政策体系，统筹推进农村经济建设、政治建设、文化建设、社会建设、生态文明建设和党的建设，加快推进乡村治理体系和治理能力现代化，加快推进农业农村现代化，走中国特色社会主义乡村振兴道路，让农业成为有奔头的产业，让农民成为有吸引力的职业，让农村成为安居乐业的美丽家园。

上述乡村振兴战略的指导思想明确了工作总基调是稳中求进，不要搞"大跃进"和"一刀切"；要树立新发展理念，积极推进乡村振兴和产业发展模式的创新、绿色、协同、开放等；明确了党管农村的思想；提出了"产业兴旺、生态宜居、乡风文明、治理有效、生活富裕"的20字总要求；强调了"农村经济建设、政治建设、文化建设、社会建设、生态文明建设和党的建设"等统筹兼顾,五位一体;确立了"让农业成为有奔头的产业,让农民成为有吸引力的职业,让农村成为安居乐业的美丽家园"的振兴目标。这是各级党委、各级政府推动各个地区乡村振兴的总纲领和核心内涵。

关于乡村振兴战略的目标任务2018年1号文件的论述如下:

按照党的十九大提出的决胜全面建成小康社会、分两个阶段实现第二个百年奋斗目标的战略安排,实施乡村振兴战略的目标任务是:

到2020年,乡村振兴取得重要进展,制度框架和政策体系基本形成。农业综合生产能力稳步提升,农业供给体系质量明显提高,农村一、二、三产业融合发展水平进一步提升;农民增收渠道进一步拓宽,城乡居民生活水平差距持续缩小;现行标准下农村贫困人口实现脱贫,贫困县全部摘帽,解决区域性整体贫困;农村基础设施建设深入推进,农村人居环境明显改善,美丽宜居乡村建设扎实推进;城乡基本公共服务均等化水平进一步提高,城乡融合发展体制机制初步建立;农村对人才吸引力逐步增强;农村生态环境明显好转,农业生态服务能力进一步提高;以党组织为核心的农村基层组织建设进一步加强,乡村治理体系进一步完善;党的农村工作领导体制机制进一步健全;各地区各部门推进乡村振兴的思路举措得以确立。

到2035年,乡村振兴取得决定性进展,农业农村现代化基本实现。农业结构得到根本性改善,农民就业质量显著提高,相对贫困进一步缓解,共同富裕迈出坚实步伐;城乡基本公共服务均等化基本实现,城乡融合发展体制机制更加完善;乡风文明达到新高度,乡村治理体系更加完善;农村生态环境根本好转,美丽宜居乡村基本实现。

到2050年,乡村全面振兴,农业强、农村美、农民富全面实现。

从上文可知,中共中央、国务院2018年1号文件已经明确了乡村振兴战略的2020年、2035年、2050年三个阶段性目标,分别为全面建成小康社会、实现农业农村现代化和"乡村全面振兴,农业强、农村美、农民富全面实现"。这也是各级党委和政府未来30多年最重要、最根本的经济、民生发展目标和工作任务。

关于乡村振兴战略的基本原则2018年1号文件的论述如下:

——坚持党管农村工作。毫不动摇地坚持和加强党对农村工作的领导,健全党管农村工作领导体制机制和党内法规,确保党在农村工作中始终总览全局、协调各方,为乡村振兴提供坚强有力的政治保障。

——坚持农业农村优先发展。把实现乡村振兴作为全党的共同意志、共同行动,做到认识统一、步调一致,在干部配备上优先考虑,在要素配置上优先满足,在资金投入上优先保障,在公共服务上优先安排,加快补齐农业农村短板。

——坚持农民主体地位。充分尊重农民意愿,切实发挥农民在乡村振兴中的主体作用,调动亿万农民的积极性、主动性、创造性,把维护农民群众根本利益、促进农民共同富裕作为出发点和落脚点,促进农民持续增收,不断提升农民的获得感、幸福感、安全感。

——坚持乡村全面振兴。准确把握乡村振兴的科学内涵,挖掘乡村多种功能和价值,统筹谋划农村经济建设、政治建设、文化建设、社会建设、生态文明建设和党的建设,注重协同性、关联性,整体部署,协调推进。

——坚持城乡融合发展。坚决破除体制机制弊端,使市场在资源配置中起决定性作用,更好发挥政府作用,推动城乡要素自由流动、平等交换,推动新型工业化、信息化、城镇化、农业现代化同步发展,加快形成工农互促、城乡互补、全面融合、共同繁荣的新型工农城乡关系。

——坚持人与自然和谐共生。牢固树立和践行绿水青山就是金山银山的理念,落实节约优先、保护优先、自然恢复为主的方针,统筹山水林田湖草系统治理,严守生态保护红线,以绿色发展引领乡村振兴。

——坚持因地制宜、循序渐进。科学把握乡村的差异性和发展走势分化特征,做好顶层设计,注重规划先行、突出重点、分类施策、典型引路。既尽力而为,又量力而行,不搞层层加码,不搞"一刀切",不搞形式主义,久久为功,扎实推进。

上面提出了"党管农村、农业农村优先发展、农民主体地位、乡村全面振兴、城乡融合发展、人与自然和谐共生、因地制宜循序渐进"共七大基本原则,从而明确了各级党委、政府的政治站位、战略定位、行动路线、发展模式、工作手段等。

上述关于乡村振兴战略的指导思想、主要目标和基本原则等,初步明确了乡村振兴战略"是什么""为什么"的重大战略性命题,它是各级党委、各级政府和各行各业开展"三农"工作、编制乡村振兴战略规划、实施乡村振兴战略行动计划的基本方针和行动纲领,也是我国全面做好农业农村工作的战略性优化和重大调整。

四、乡村振兴总步骤

乡村振兴战略要有发展愿景和目标,也要有优化战略实施的宏观环境,更要有可操作的路径和策略。总体来看,乡村振兴战略可以实施如下的推进步骤:

(一)深化农业供给侧结构性改革,培育乡村发展新动能

以产业兴旺为基础,推动农业供给侧结构性改革。增强乡村振兴的危机感,全面树立质量兴农、绿色兴农的理念。深化农业供给侧结构性改革,积极推进现代农业产业体系、生产体系和经营体系。

突出地域特色,体现乡土风情,保护传统村落、民族村寨、传统建筑,不搞"一刀切",不搞统一模式,不搞层层加码,杜绝形象工程,推动农业创新和全要素生产率提高,增强农业发展的动力和支撑力。

以特色小镇、田园综合体和农业示范园等建设为依托,全面提升优化农村农业发展的产业链、价值链、利益链、创新链和创业链,形成示范带动效应。

(二)实施乡村绿色发展,建设人与自然和谐共生新环境

以生态宜居为支撑,持续改善农村生态环境。立足本地农业农村实际,以环境治理、污水处理、垃圾处理等为抓手,实施农村人居环境整治三年行动计划,推进农村"厕所革命",完善农村生活设施,打造农民安居乐业的美丽家园,建设人与自然的和谐、统一。

实施生态环境三年行动计划。分层次分地区编制并推进生态环境建设规划,着力解决农村道路改造、管网统筹建设、垃圾综合处理、污水治理、厕所改造等基础设施建设和环境治理工作。注重生态环境建设、产业培育和农民生产生活的协调融合。

(三)弘扬乡村优秀文化,建设乡风文明新气象

以乡风文明为保障,持续提升乡村文明水平。坚持物质文明和精神文明一起抓,实施示范带动,弘扬孝道,开展评选先进村干部、好党员、好村民等活动,致力于打造文明乡风、良好家风、淳朴民风,建设文明和谐的乡村良好氛围。

(四)完善农村基层基础设施,提升乡村治理水平

以治理有效为基础,增强乡村治理能力。实行党管农村,坚持各级书记抓乡村振兴,完善市、县、镇各级党组织建设。

夯实村级党组织和村民自治机制,健全村级党组织和村民自治运行制度。坚持自治、法治、德治相结合,构建充满活力、和谐有序的村级治理结构。

（五）改善农村民生保障，建设美丽宜居富裕乡村

以生活富裕为目标，提高农民收入。尊重农民的核心需求，聚焦农民富裕，进行乡村振兴产业兴旺的专项规划编制、项目设计和干部选拔。聚焦问题导向，研究产业优势和发展趋势，着力抓重点、补短板、强弱项，优先解决农民最关心、最直接、最现实的土地承包、产权落实、创业就业、村庄撤并、土地补偿等现实问题和根本利益，让农民真正分享改革与发展的红利，久久为功，撸起袖子真抓实干，持续推进2020年、2035年、2050年各个奋斗目标。

（六）打好精准脱贫攻坚战，提升贫困群众幸福感

以精准扶贫为前提，全面推进农民富裕。各级党委和政府牢记使命、不忘初心，聚焦精准扶贫、精准脱贫，设定目标和路径，分工明确，责任考核，采取更加有力的措施、更加集中的支持、更加精细的工作，坚决打好精准脱贫的攻坚战。

（七）创新体制机制，优化乡村振兴制度性供给

以制度建设为驱动，全面深化乡村振兴战略改革与实践。进一步完善产权制度，优化要素市场，激活主体、激活要素、激活市场，增强各地区改革的系统性、整体性和协同性。

（八）培育聚集人才，提升乡村振兴的人才支撑

以人才振兴为突破口，把人力资本开发放在首要位置。加快培育新型农业经营主体，让愿意留在乡村、建设家乡的人留得安心，让愿意上山下乡、回报乡村的人更有信心。制定政策与措施，畅通智力、技术、管理下乡通道，培育聚集更多乡土人才和乡贤，以人才促进乡村振兴。

（九）创新投融资渠道，加大乡村振兴要素投入

以融资创新为驱动，探索乡村振兴的资金来源和支撑。改革财政税收制度，健全资金投入机制，创新投融资渠道，财政优先保障农业农村发展，金融重点倾斜农业项目，社会资本聚集扶持农业项目。

五、案例：三穗县"三带"模式激活农村发展内生动力

在贵州省做大做强大数据、大旅游、大生态"三块长板"政策背景下，三穗县台烈镇颇洞村创新推行了"党支部＋合作社＋基地＋农户"的"党社联建"发展模式，取得了群众参与最广泛、扶贫效果最明显、群众受益最直接、党群关系最和谐的总体效果。2015年开始，全县围绕"两年全覆盖、三年全脱贫、同步

奔小康、双超有数量"的党建扶贫目标,以颇洞村为样板,在全县 15 个村试点推广"党社联建"模式,每个村分别成立了 1 个由村两委领办的示范合作社,共吸纳社员 1.6 万余人,注册资金 2480 余万元。目前,15 个试点村合作社已有 12 个实现盈利。逐渐形成了"支部带实体、强村带弱村、能人带群众"的"三带"模式,走出了一条农文旅"融合发展·抱团脱贫"的可持续发展之路。2016 年,全县借势发力,增加"党社联建村"至 55 个,中心村覆盖率达到 61%,"三带"模式已成为壮大村级集体经济、带动群众脱贫致富的"金钥匙"。

支部带实体,强基固本聚资源。一是抓引领办强社。由村两委牵头,鼓励群众用闲散资金、土地、劳动力等入股合作社,实现"三变"获"三金"(租金、股金、薪金),让合作社真正成为群众自己的合作社,杜绝出现"独家经营""私人老板"。目前,在全县 167 个村级合作社中,村两委牵头成立的 78 个,占 46.7%。同时,乡镇、村两级在充分征求贫困户意见的基础上,将部分扶贫资金注入合作社,按一定比例折算成贫困户入股金,实现"党社联建"对贫困户的全覆盖。其中,最具示范典型的颇洞村 2015 年实现土地流转租金收入 150 万元,户均收入 2000 元/年;合作社将注入的财政扶贫资金 230 万元,量化为 393 户贫困户的入股资金,户均量化股份 4.5 股 5850 元,带动 2800 名群众,实现 650 人脱贫,解决就业 1000 余人,年人均工资 2.2 万元。二是抓管理拓领域。坚持实行村两委班子与合作社管理层交叉任职,按照支部书记任合作社监事长,村党支部副书记任合作社理事长,村主任、支书、计生主任兼任合作社理事或监事的组织架构,确保村级党组织在农村经济社会发展中的核心引领地位。同时,突出市场导向,合作社采取自主经营、社员承包和分产统销等多种经营模式,不断拓宽合作社经营领域,有效推动农业产业规模化经营,并由第一产业向第二、第三产业拓展,实现产业发展的"接二连三"。如依托生态农业示范园区,颇洞村增加了生态农庄、水上游乐场、自行车租赁、农村电商等经营项目,扩大了精品水果(蓝莓、草莓、葡萄)采摘规模,推动龙头合作社——农峰合作社下辖的贵州富黔乡村旅游投资开发有限公司、贵州生态建筑工程有限公司、三穗县农峰生态养殖场等发展壮大。目前,生态农业示范园区共接待游客 16 万人次,收入约 1.36 亿元,颇洞村级固定资产增至 3400 万元。三是抓分配享红利。健全完善利益链接机制,实行红利"四分法",将合作社总创利的 60% 以上的比例作为群众入股分红,合理分配合作社滚动发展资金、村公益事业资金和村级集体经济积累资金,让改革成果惠及合作社、村集体、贫困群众。颇洞村农峰合作社将总创利的80%作为入股分红，12%作为合作社滚动发展资金，6%用于村公益事业资金，2%作为村级集体经济积累资金，实现了股民分红、村集体增收。

强村带弱村，融合抱团促发展。一是推动抱团发展"一盘棋"。以颇洞村为中心组建跨2个乡镇5个中心村共1.8万人的联合党总支，通过"1+4"的带动模式，在村级规划、产业布局、资源整合等方面推动5个村抱团共建。联合党总支成立后，在管班子建设、管产业发展、管资源整合"三管"方面主动作为，成立专业合作社18家，社员5000余人，带动群众1万余人。二是推动强强共赢"齐步走"。坚持市场导向、收益共享原则，以颇洞村为中心，联合瓦寨镇调洞村、长吉乡烧巴村等9个乡镇"党社联建"村开展合作社共建，组建覆盖全县167个社协的"合作总社"，涉及第一、第二、第三产业各种业态，实现产业联动升级发展。如颇洞村与其他村采取"联手"方式，实施产业"错位"发展，对颇洞村已有的蓝莓、草莓、餐饮产业，其他村不再"复制"，侧重于发展垂钓、稻田养鱼等"附属"产业，形成了"一村一品""一社一特"的片区四季皆可玩、可摘、可吃的产业发展格局。三是推动共建升级"不掉队"。依托颇洞村现代生态农业示范园，发展集颇洞村农业观光、滚马生态旅游、邛水土司文化、高铁经济等为一体的"农文旅"生态旅游扶贫经济带，引导群众以资金、土地、劳动力等方式入股参与到农文旅一体化建设中来，通过参与旅游经营、旅游商品生产、就业等，实现入股分红、就业增收，让"贫困户"变成了"小康户"。

能人带群众，结对帮扶共致富。一是建强村级"能人库"。按照"点亮一盏灯，照亮一大片"的思路，对有较强致富能力和开拓创新能力的种养殖大户、复转军人、返乡创业人员等"能人"进行全面摸排，建立"能人库"，引导参与村级发展，让能人的传、帮、带作用得到最大限度的发挥。全县涌现出了吴富才、吴佩文、费天坤、龙志坤等100余名创业带富致富能人，致富能人引领的台烈镇颇洞村农峰合作社、长吉乡长吉村鑫源生态养殖专业合作社、雪洞镇界牌村天麻种植合作社、八弓镇界牌村宏宇种植专业合作社均实现了较好盈利，直接带动1.2万名群众就业。二是精准帮扶"结对子"。采取"联一扶二帮三"（联系一户富裕户、扶持两户示范户、帮助三户贫困户）帮扶模式，利用"能人"的技术、销售渠道等优势，以"1对1联手发展、1+2技术扶持、1+3全面帮扶"为群众提供上门指导、资金扶持、产品帮销等服务，全县167个合作社理事长（监事长)、种养殖大户、致富带头人等与3800户农户结成了帮扶对子,实现了"滴灌式"的精准帮扶。三是凝聚发展"新效应"。结合"金种子"带富计划,大力实施"领头雁"工程,强化"能人培养成党员、党员培养成能人、党员能人培养成村干"的"三向"培养,着力开拓"资金跟着穷人走、穷人跟着能人走、能人跟着产业走、产业跟着市场走"的脱贫致富道路,推动创建了"吉态"大头菜、"红阳"猕猴桃等10余个品牌,示范带动效应进一步增强。比如,雪洞镇雪洞村两委按照"农文旅"一体化建设思路,重点打造"尚绿普吉"生态农业产业园,同时大力发展电商、快递、洗车场等服务业,发展稻田养鱼、林下鸡,辐射带动民主、界牌两村100余户贫困户实现精准脱贫。

第四章
CHAPTER 4

乡村产业兴旺路线图

第四章 乡村产业兴旺路线图

习近平总书记强调，要推动乡村产业振兴，紧紧围绕发展现代农业，围绕农村一、二、三产业融合发展，构建乡村产业体系，实现产业兴旺，把产业发展落到促进农民增收上来，全力以赴消除农村贫困，推动乡村生活富裕。

产业是乡村振兴的基础支撑。关于农业领域的茶叶产业，在唐代，白居易的《重题》中写到："药圃茶园为产业，野麋林鹤是交游"，贯休的《别杜将军》中写到："伊余本是胡为者，采蕈锄茶在穷野"等，说明当时茶园不只是中耕除草，茶园管理已相当精细。

关于农业种植描述的诗篇很多，较著名的有唐代白居易的《杜陵叟》。

杜陵叟

唐代　白居易

杜陵叟，杜陵居，岁种薄田一顷余。

三月无雨旱风起，麦苗不秀多黄死。

九月降霜秋早寒，禾穗未熟皆青乾。

长吏明知不申破，急敛暴征求考课。

典桑卖地纳官租，明年衣食将何如？

剥我身上帛，夺我口中粟。

虐人害物即豺狼，何必钩爪锯牙食人肉？

不知何人奏皇帝，帝心恻隐知人弊。

白麻纸上书德音，京畿尽放今年税。

昨日里胥方到门，手持敕牒榜乡村。

十家租税九家毕，虚受吾君蠲免恩。

这首诗描写了一位家住长安市郊的农民，世代以种地为业，守着一顷多的薄田，在大旱之年，过着衣食不继的日子。诗人同情农民生活的困苦，并大声呼吁为民请命。

人们非常熟悉的《悯农》，也是生动地描述农民辛勤种植的诗篇。

悯农

唐代　李绅

锄禾日当午，汗滴禾下土。

谁知盘中餐，粒粒皆辛苦。

无论从古代诗篇,还是现代农业发展来看,产业兴旺是农民过上富裕幸福生活的基础和前提,是乡村振兴的首要任务。

一、国家政策

"三农"是关系国计民生的根本性问题。1982 年,中央出台了第一个 1 号文件——《全国农村工作会议纪要》。自此以后,国家对"三农"的政策力度有增无减。

表 4-1 　　　　　　　　1982 年以来中央 1 号文件主要内容

年份	文件名称	主要内容
1982	《全国农村工作会议纪要》	1. 健全农业生产责任制; 2. 改善农村商品流通; 3. 发挥农业科学技术作用; 4. 提高经济效益、改善生产条件。
1983	《当前农村经济政策的若干问题》	1. 农村走农林牧副渔全面发展、农工商综合经营的道路; 2. 稳定和完善农业生产责任制,仍然是当前农村工作的主要任务; 3. 适应商品生产的需要,发展多种多样的合作经济; 4. 进行人民公社体制改革:实行生产责任制,特别是联产承包制;实行政社分设。在稳定和完善生产责任制的基础上,提高生产力水平,疏理流通渠道,发展商品生产。
1984	《中共中央关于一九八四年农村工作的通知》	1. 继续稳定和完善联产承包责任制,帮助农民在家庭经营的基础上扩大生产规模,提高经济效益; 2. 加强社会服务,促进农村商品生产的发展; 3. 抓商品流通,继续进行农村商业体制的改革,进一步搞活农村经济。进一步改革农村经济管理体制,在国家计划指导下,扩大市场调节,使农业生产适应市场的需求,促进农村产业结构的合理化。
1985	《中共中央　国务院关于进一步活跃农村经济的十项政策》	十项政策分别是:改革农产品统派购制度;大力帮助农村调整产业结构;进一步放宽山区、林区政策;积极兴办交通事业;对乡镇企业实行信贷、税收优惠,鼓励农民发展采矿和其他开发性事业;鼓励技术转移和人才流动;放活农村金融政策,提高资金的融通效益;按照自愿互利原则和商品经济要求,积极发展和完善农村合作制;进一步扩大城乡经济交往,加强对小城镇建设的指导;发展对外经济、技术交流

续表

年份	文件名称	主要内容
1986	《关于一九八六年农村工作的部署》	1. 进一步摆正农业在国民经济中的地位； 2. 依靠科学，增加投入，保持农业稳定增长； 3. 深入进行农村经济改革。
2002	《全面建设小康社会开创中国特色社会主义事业新局面》	1. 加强农业基础地位，推进农业和农村经济结构调整，保护和提高粮食综合生产能力，健全农产品质量安全体系； 2. 积极推进农业产业化经营，提高农民进入市场的组织化程度和农业综合效益； 3. 发展农产品加工业，壮大县域经济； 4. 开拓农村市场，搞活农产品流通，健全农产品市场体系； 5. 提高城镇化水平，坚持大中小城市和小城镇协调发展； 6. 长期稳定并不断完善以家庭承包经营为基础、统分结合的双层经营体制。
2004	《中共中央 国务院关于促进农民增加收入若干政策的意见》	1. 集中力量支持粮食主产区发展粮食产业，促进种粮农民增加收入； 2. 继续推进农业结构调整，挖掘农业内部增收潜力； 3. 发展农村二、三产业，拓宽农民增收渠道； 4. 发挥市场机制作用，搞活农产品流通。
2005	《中共中央 国务院关于进一步加强农村工作提高农业综合生产能力若干政策的意见》	1. 稳定、完善和强化扶持农业发展的政策，进一步调动农民的积极性； 2. 坚决实行最严格的耕地保护制度，切实提高耕地质量； 3. 加强农田水利和生态建设，提高农业抗御自然灾害的能力。
2006	《中共中央 国务院关于推进社会主义新农村建设的若干意见》	1. 统筹城乡经济社会发展，扎实推进社会主义新农村建设； 2. 推进现代农业建设，强化社会主义新农村建设的产业支撑； 3. 促进农民持续增收，夯实社会主义新农村建设的经济基础。
2007	《中共中央 国务院关于积极发展现代农业扎实推进社会主义新农村建设的若干意见》	1. 加大对"三农"的投入力度，建立促进现代农业建设的投入保障机制； 2. 加快农业基础建设，提高现代农业的设施装备水平； 3. 推进农业科技创新，强化建设现代农业的科技支撑； 4. 开发农业多种功能，健全发展现代农业的产业体系； 5. 健全农村市场体系，发展适应现代化农业要求的物流产业； 6. 培育新型农民，造就建设现代农业的人才队伍； 7. 深化农村综合改革，创新推动现代农业发展的体制机制； 8. 加强党对农村工作的领导，确保现代农业建设取得成效。

续表

年份	文件名称	主要内容
2008	《中共中央 国务院关于切实加强农业基础建设进一步促进农业发展农民增收的若干意见》	1. 加快构建强化农业基础的长效机制； 2. 切实保障主要农产品基本供给； 3. 突出抓好农业基础设施建设； 4. 着力强化农业科技和服务体系基本支撑； 5. 逐步提高农村基本公共服务水平； 6. 稳定完善农村基本经营制度和深化农村改革； 7. 扎实推进农村基层组织建设。
2009	《中共中央 国务院关于2009年促进农业稳定发展农民持续增收的若干意见》	1. 加大对农业的支持保护力度； 2. 稳定发展农业生产； 3. 强化现代农业物质支撑和服务体系。
2010	《中共中央 国务院关于加大统筹城乡发展力度进一步夯实农业农村发展基础的若干意见》	对"三农"投入首次强调"总量持续增加、比例稳步提高"，首次提出要在3年内消除基础金融服务空白乡镇。 1. 健全强农惠农政策体系，推动资源要素向农村配置； 2. 提高现代农业装备水平，促进农业发展方式转变； 3. 加快改善农村民生，缩小城乡公共事业发展差距。
2011	《中共中央 国务院关于加快水利改革发展的决定》	1. 突出加强农田水利等薄弱环节建设； 2. 全面加快水利基础设施建设； 3. 建立水利投入稳定增长机制。
2012	《关于加快推进农业科技创新 持续增强农产品供给保障能力的若干意见》	1. 加大投入强度和工作力度，持续推动农业稳定发展； 2. 依靠科技创新驱动，引领支撑现代农业建设； 3. 提升农业技术推广能力，大力发展农业社会化服务。
2013	《中共中央 国务院关于加快发展现代农业进一步增强农村发展活力的若干意见》	1. 建立重要农产品供给保障机制，努力夯实现代农业物质基础； 2. 健全农业支持保护制度，不断加大强农惠农富农政策力度； 3. 创新农业生产经营体制，稳步提高农民组织化程度。

续表

年份	文件名称	主要内容
2014	《关于全面深化农村改革加快推进农业现代化的若干意见》	1. 完善国家粮食安全保障体系； 2. 强化农业支持保护制度； 3. 建立农业可持续发展长效机制。
2015	《关于加大改革创新力度加快农业现代化建设的若干意见》	1. 围绕建设现代农业，加快转变农业发展方式； 2. 围绕促进农民增收，加大惠农政策力度； 3. 围绕城乡发展一体化，深入推进新农村建设。
2016	《关于落实发展新理念加快农业现代化实现全面小康目标的若干意见》	1. 持续夯实现代农业基础，提高农业质量效益和竞争力； 2. 加强资源保护和生态修复，推动农业绿色发展； 3. 推进农村产业融合，促进农民收入持续较快增长。
2017	《关于深入推进农业供给侧结构性改革加快培育农业农村发展新动能的若干意见》	1. 优化产品产业结构，着力推进农业提质增效； 2. 推行绿色生产方式，增强农业可持续发展能力； 3. 壮大新产业新业态，拓展农业产业链价值链； 4. 强化科技创新驱动，引领现代农业加快发展。
2018	《中共中央　国务院关于实施乡村振兴战略的意见》	乡村振兴，产业兴旺是重点。必须坚持质量兴农、绿色兴农，以农业供给侧结构性改革为主线。大力开发农业多种功能，延长产业链、提升价值链、完善利益链，通过保底分红、股份合作、利润返还等多种形式，让农民合理分享全产业链增值收益。实施农产品加工业提升行动，鼓励企业兼并重组，淘汰落后产能，支持主产区农产品就地加工转化增值。重点解决农产品销售中的突出问题，加强农产品产后分级、包装、营销，建设现代化农产品冷链仓储物流体系，打造农产品销售公共服务平台，支持供销、邮政及各类企业把服务网点延伸到乡村，健全农产品产销稳定衔接机制，大力建设具有广泛性地促进农村电子商务发展的基础设施，鼓励支持各类市场主体创新发展基于互联网的新型农业产业模式，深入实施电子商务进农村综合示范，加快推进农村流通现代化。实施休闲农业和乡村旅游精品工程，建设一批设施完备、功能多样的休闲观光园区、森林人家、康养基地、乡村民宿、特色小镇。对利用闲置农房发展民宿、养老等项目，研究出台消防、特种行业经营等领域便于市场准入、加强事中事后监管的管理办法。发展乡村共享经济、创意农业、特色文化产业。

总的来说，国家农业政策经历了三个阶段的变化和演进。第一个阶段（1982—2001年）强调农业生产，围绕农业市场化、规模化、体系化建设推行包括制度、要素投入等一系列改革。第二个阶段（2002—2016年）强调农业的经济和社会效应，要求农业发展在承担产业任务的同时，承担城乡统筹建设、资源调整、产业体系延伸等多种功能，建立起有保障、有质量、有产能、有效率、有格局的产业体系。第三个阶段（2017年至今）强调农业产业发展的综合力量，农业要有赋能的属性，能够在一切需要它发挥作用的地方展现应有实力。农业不再作为一种产业体系而存在，而是超越了这种体系，成为全产业、全社会、全生态的体系。乡村产业不再局限于农业或者"农业+"，而是充分发挥农业的力量，实现"农业+"，成为衔接不同产业、不同格局的力量。在未来一段时间内，国家农业政策将聚焦于精准扶贫、农产品增质提效、绿色生产、产业结构和空间调控。

党的十九大报告提出，实施乡村振兴战略要坚持农业农村优先发展，按照产业兴旺、生态宜居、乡风文明、治理有效、生活富裕的总要求，建立健全城乡融合发展体制机制和政策体系，加快推进农业农村现代化。

习近平总书记强调，要推动乡村振兴健康有序进行，科学把握各地差异和特点，注重地域特色，体现乡土风情，特别要保护好传统村落、民族村寨、传统建筑，不搞"一刀切"，不搞统一模式，不搞层层加码，杜绝"形象工程"。把产业发展落到促进农民增收上来，全力以赴消除农村贫困。

习近平在海口考察时表示，乡村振兴要靠产业，产业发展要有特色，要走出一条人无我有、科学发展、符合自身实际的道路。

《中共中央　国务院关于实施乡村振兴战略的意见》（2018年中央1号文件）提出了乡村振兴战略的实施意见。乡村振兴，产业兴旺是重点。必须坚持质量兴农、绿色兴农，以农业供给侧结构性改革为主线。大力开发农业多种功能，延长产业链、提升价值链、完善利益链，通过保底分红、股份合作、利润返还等多种形式，让农民合理分享全产业链增值收益。实施农产品加工业提升行动，鼓励企业兼并重组，淘汰落后产能，支持主产区农产品就地加工转化增值。重点解决农产品销售中的突出问题，加强农产品产后分级、包装、营销，建设现代化农产品冷链仓储物流体系，打造农产品销售公共服务平台，支持供销、邮政及各类企业把服务网点延伸到乡村，健全农产品产销稳定衔接机制，大力建设具有广泛性地促进农村电子商务发展的基础设施，鼓励支持各类市场主体创新发展基于互联网的新型农业产业模式,深入实施电子商务进农村综合示范,加快推进农村流通现代化。实施休闲农业和乡村旅游精品工程,建设一批设施完备、功能多样的休闲观光园区、森林人家、康养基地、乡村民宿、特色小镇。对利用闲置农房发展民宿、养老等项目,研究出台消防、特种行业经营等领域便利市场准入、加强事中事后监管的管理办法。发展乡村共享经济、创意农业、特色文化产业。

按照党中央、国务院决策部署,国家发改委2018年牵头编制《乡村振兴战略规划(2018—2022年)》,按照程序上报党中央、国务院。2018年5月31日,中共中央政治局召开会议审议《规划》。国家发改委根据本次会议要求,对《规划》进行修改完善,并报请印发实施。

《农业农村部 财政部关于深入推进农村一、二、三产业融合发展开展产业兴村强县示范行动的通知》(农财发〔2018〕18号)提出:全面贯彻落实党的十九大精神,以习近平新时代中国特色社会主义思想为引领,以实施乡村振兴战略为总抓手,以农业供给侧结构性改革为主线,以产业融合发展为路径,以乡土经济、乡村产业为核心,以农业产业强镇(含乡,下同)示范建设为载体,以资金资源统筹、投融资机制创新为动力,推动农业转型升级,推进产业全面振兴,带动农村全面进步、农民全面发展,走出一条中国特色社会主义乡村振兴道路。

二、对标对表

(一)国际产业振兴对标对表分析

全球各国农业实践可以为我国乡村振兴战略实施提供借鉴。本文系统梳理世界范围内重点国家的实践做法,按照效果显著、模式创新、有普遍参考价值的原则,进行了归纳提炼,总结出日本、韩国、德国等7个典型国家的乡村产业发展案例。

1. 日本——精致、品牌、融合。发展精致农业、品牌农业,提高农副产品品质。实施"六次产业",挖掘农业多种功能。推动专业化分工、工厂化生产,有效保障农副产品商品化率。依靠农协组织提供的全产业链服务,协调并支持各地农业生产。获得政府大力支持并实施高强度的农业贸易保护政策,保护国内农产品市场。

2. 马来西亚——创汇、外资技术。实施农业经济多样化发展战略,重点支持橡胶、棕榈油、可可、热带水果、海产品等外向型、创汇型特色农业发展;积极利用新加坡等国家的外资和技术,促进农业与农产品加工业发展。

图 4-1　7 个典型国家的产业振兴案例

3. 意大利——观光、有机。发展有鲜明地域特征、显著比较优势的蔬菜、瓜果等特色品种，优化农业养种结构；推动观光农业（世界上最早提出休闲农业概念）与有机农业（欧盟有机农业生产面积最大的国家之一）发展，提高农业生产增加值；实施欧盟共同农业政策，加大对提高农业竞争力等支持力度。

4. 德国——规模、人力、科技、加工。加大土地整治力度，改善农业基础条件，提高农场经营规模；注重高素质、高技能农业劳动力培养，鼓励发展各类农业联合体和合作社，改善农场经营管理水平；拥有高度发达的农业科技，保障德国农业竞争力；拥有非常发达的农产品加工业，提高农业生产附加值；实施欧盟共同农业政策，加大对提高农业竞争力等支持。

5. 荷兰——出口、技术、优质高产。立足欧盟、着眼全球，大力发展出口导向型农业；建有高度发达的设施农业，利用资金密集的先进农业技术来取得较高的农业产出；因地制宜发展大田种植、园艺、畜牧与农产品加工业，凸显优质、高产特色；实施欧盟共同农业政策，加大对提高农业竞争力等支持。

6. 韩国——特色、区域性产业。实行新村运动，采用政府主导、农村提出申请的方式进行精准建设；以提高农民收入为核心，着力改善农民生产生活环境，引导农村发展特色产业、区域性产业。

7. 美国——高端、全金融服务。对农业制定全方位扶持保护政策，促进农业规模化、高端化、品牌化发展；政策性、商业性和合作性金融机构三足鼎立，分别发挥引导、核心和扶持作用。

对筛选出的上述案例进行归纳发现，成功的乡村产业发展都遵循以下原则：

一是注重可持续的规划管理，协调产业与生态、社会之间的发展关系。

产业始终围绕"生态"和"以人为本"两个中心推进。强化可持续发展理念，尊重规划的权威性，规划一旦得到批准，就必须实施，不能随意更改，同时也兼顾规划的综合性、超前性、科学性和务实性。

二是因时、因地、因势制宜，上下结合，充分发挥乡村主体的主观能动性。

因时制宜，就是把握历史发展风口，推动乡村产业发展。农业濒临崩溃，工农业、城乡差距大，农村在经济、文化等各领域均远远落后于城市。乡村发展到了需要突破的关口。韩国因时制宜，发起新村运动，以提高农民收入为核心，引导农村发展特色产业、区域性产业。

因地制宜，就是充分利用资源禀赋，发挥本国比较优势带动乡村产业发展。马来西亚自然资源丰富，区位优势显著，以特色产业开局，以国际市场支撑多样化发展，充分利用毗邻新加坡的区位优势，引进外资和先进技术实行链上整合，提高附加值。

因势制宜，就是对产业发展方向进行精准判断，顺势而为，带领乡村产业占领新高地。美国乡村产业发展一直采用因势利导的政策，农业与制造业、服务业一直"友好相处"，并通过双向资源、技术、资金输出建立完整农业体系。日本首次提出"新六产"概念，在农业未来发展中抢占"跑道"，进行全链服务。

另外，各类乡村产业发展成功的国家，无一不是在政府和市场双重努力下快速发展，尤其是在乡村产业发达的国家，政府的规划布局起到了关键作用。

三是重视乡村基础设施建设。

各国乡村发展普遍经历了从单一目标向多元目标综合推进的转变，如基础设施建设、人居环境改善、乡村产业振兴等。乡村产业振兴始终是核心，改善乡村居住环境和基础设施条件是普遍的首选，始终把基础设施和公共服务设施建设作为重中之重。

在日韩等的发展规划中，优先将学校、医院、图书馆、广场、公园等公共基础服务设施放在重要位置，不断改善交通设施、通信设施及能源供给设施，以满足农村居民的生活与工作要求。

适应信息化发展形势，不断完善乡村互联网，大力发展信息服务平台建设，为农产品销售、人才培训、农业信息资源开发等提供服务，全面普及农业信息化。基础设施作为有利的支撑条件不断推动产业发展，产业振兴后又反哺基础设施建设，形成良性循环。

四是鼓励大众参与，充分发挥群众的积极性和创造性。

在典型案例中，公众不仅可以在规划阶段参与，还可以通过座谈会、规划展示论证等多种方式参与规划的前期研究。

为了鼓励公众参与，各国各地区均十分注重公众参与的法律权威，为公众参与提供了法律保障，没有经过公众论证的规划得不到主管部门审批。

公众在规划执行和建设阶段，积极履行监督责任，必要时可以对不合乎规划要求的行为进行申诉。

（二）区域产业振兴对标对表分析

1. 浙江省产业精致发展模式。浙江省是习近平新时代中国特色社会主义思想的重要萌发地，也是习近平总书记新时代"三农"思想的重要发源地。2005年，习近平系统总结了改革开放以来浙江"三农"发展的实践经验，提出了以"执政为民重'三农'、以人为本谋'三农'、统筹城乡兴'三农'、改革开放促'三农'、求真务实抓'三农'"为核心要义的"三农"思想。在此基础上，浙江省进一步发挥自身优势，扬长避短，逐渐形成了特色鲜明、管理创新、规模集群、品牌生态、技术支撑于一体的产业精致发展模式。具体来说，就是坚定一个长期发展目标，以农业产业、特色产业和新兴产业发展为核心，以平台体系、生产体系和评价体系为支撑，打造乡村产业品牌，构建面向新时代的产业生态。

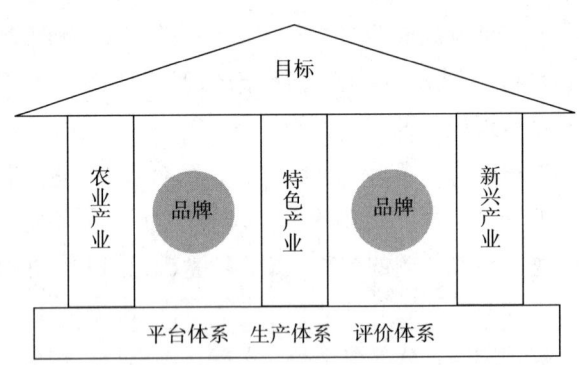

图4-2 浙江省产业精致发展模式

2018年，浙江省委、省政府出台《全面实施乡村振兴战略高水平推进农业农村现代化行动计划（2018—2022年）》，提出了实施乡村振兴战略的总体目标。到2020年，建成与小康社会相适应的产业体系；到2022年，现代化高水平产业体系持续建设；到2035年，农业现代化率先实现；到2050年，乡村全面振兴，乡村产业体系实现生态化发展。

> **专栏　浙江省乡村振兴战略中长期目标**
>
> 到2020年，乡村振兴制度框架和政策体系基本形成，乡村振兴取得实质性进展，广大农村与全省同步高水平全面建成小康社会；到2022年，乡村振兴取得重大进展，以人为核心的现代化高水平推进；到2035年，乡村振兴目标基本实现，农民共同富裕走在全国前列，农业农村现代化率先实现；到2050年，乡村全面振兴，农民共同富裕高标准实现，农业农村现代化高水平实现。规划了"五万工程"（万家新型农业主体提升、万个景区村庄创建、万家文化礼堂引领、万村善治示范、万元农民收入新增）、五大行动（乡村产业振兴、新时代美丽乡村建设、乡村文化兴盛、自治法治德治"三治结合"提升、富民惠民）、30个重大项目，吹响了推动乡村全面振兴的冲锋号。

农业产业、特色产业和新兴产业精致发展。构建高层次的产业体系，立足浙江省气候多宜、地貌多样、物种丰富的资源禀赋优势，坚持做稳战略产业（粮食）、做强特色产业（蔬菜、茶叶、果品、畜牧、水产养殖、竹木、花卉苗木、蚕桑、食用菌、中药材十大主导产业）和做亮新兴产业（休闲观光农业等），加快推进农村一、二、三产业融合发展。全省共建成55个产值10亿元以上的示范性农业全产业链。

平台体系、生产体系和评价体系精致建设。着力构建现代农业产业平台，创新制定实施农业"两区"建设规划，在全省布局建设800万亩粮食生产功能区、800个现代农业园区，打造农业发展主平台、主阵地。"两区一镇"建设经验在全国推广，在全省布局建设国家级现代农业产业园、国家级特色农产品优势区、农村一、二、三产业深度融合的省级现代农业园区、特色农业强镇和农业全产业链，打造高规格的载体抓手。组织开展全国首个现代生态循环农业试点省、首个农产品质量安全示范省、首个农业"机器换人"示范省、首个畜牧业绿色发展示范省、首个整省推进的国家农业可持续发展试验示范区暨农业绿色发展试点先行区和全国土地确权登记颁证、信息进村入户等系列"国字号"试点示范省创建。构建高标准的生产体系，大力推进农业标准化、绿色化发展，全面建立以绿色生态为导向的财政支农政策体系，集成推广种植业主推技术、畜牧业科学生态养殖模式、新型农作制度，构建"主体小循环、园区中循环、县域大循环"三级生态农业循环格局。着力优化农业农村现代化评价体系，探索构建农业现代化评价指标体系（包括农业产出水平、要素投入水平、可持续发展水平三个方面共26项指标），并纳入省委、省政府对各地党委、政府考核内容。根据乡村振兴战略，出台农业农村现代化评价体系。

打造高水平的农业品牌。坚持"产出来、管出来"两手抓，推广全程标准化生产和全产业链安全风险管控，农产品质量安全水平稳居全国前列。推进农业品牌振兴，组织实施浙江农业品牌百强榜行动计划，每年开展系列"十大"品牌农产品推选，办好中国国际茶博会、浙江农博会等系列展会并向线上拓展，"丽水山耕"等一批区域农产品公共品牌进一步做大做强。

目前，浙江省已经编制乡村振兴规划，下一步将全面启动省部共建乡村振兴示范省工作。

浙江省是我国"三农"工作开展较早且成效显著的省份，其在特色小镇建设、美丽乡村和休闲旅游等新兴产业开发方面形成了独有的模式。总体来看，有以下的实践和借鉴①。

一是因地制宜创新产业发展模式。总体来说，主要有六种模式：依托历史传统和特色资源发展传统文化和旅游相结合的模式；依托当地资源发展特色农业及农产品加工业；依托美丽乡村建设，按混合融合方式发展"第六产业"；通过"互联网+"发展农村电子商务带动村庄发展；以兴办市场带动村庄发展；把海洋、海岛、渔业、海运业、旅游业有机结合，形成渔村独特的产业发展模式。具体如表4-2所示。

表4-2　　　　　　　　　浙江省因地制宜产业发展模式

模式	内容
传统+旅游	结合古村落保护利用，挖掘古村落的历史文化内涵，与旅游相结合，在促进古村落活态保护的同时，带动村民增收，形成古村落保护与产业发展、村民增收的良性互动，如建德市新叶村等。
资源+农业	根据当地的资源状况、产业基础和市场需求，在专业化分工的基础上，发展"一村一业"，促进村庄产业发展。如"一片叶子富了一方百姓"的安吉县黄杜村就是通过发展白茶产业带动了村庄发展。

---

① 借鉴：乡村产业振兴的浙江探索，浙江省中国特色社会主义理论体系研究中心，2018-04-23。

续表

模式	内容
生态+旅游	将创意农业与乡村休闲旅游等有机结合,创新探索农业与二、三产业融合的发展模式,促进村庄产业发展、村民增收。如安吉县鲁家村打造田园综合体,实现一、二、三产业融合发展。
互联网+农业	临安市白牛村、缙云县北山村等依托电子商务带动村庄产业发展。
市场+产业	台州市路桥区方林村建立了浙江方林汽车城,奠定了以市场为中心、工业为重点、农业为辅业的产业格局,为经济发展打下了基础。
渔业+农业	宁波象山东门村发挥海岛、海洋资源优势,结合美丽渔村建设,大做"渔、港、景"文章,发展集旅游、休闲、海洋渔业于一体、融合发展的美丽渔村。

二是以绿色生态发展引领产业发展。浙江省乡村产业发展过程中多种模式并存,相互借鉴、相互补充、相互融合。如农旅融合、文旅融合产业发展模式,就是在原有的农业产业基础上演化而来并加以深化的。浙江省秉持"绿水青山就是金山银山"理念,积极探索把生态优势转化为经济优势的路径。"两山"理论发源地安吉县余村从以破坏环境换取高增长的传统发展模式,转变为依靠绿水青山发展生态经济实现村美民富的典型。浙江省以"两山"理论为指导,探索各具特色的美丽、和谐、生态、文明的可持续的美丽经济发展之路,形成了一批宜居、宜业、宜游的美丽村庄。

三是尊重农民首创精神与政府引导相结合。尊重农民的首创精神。浙江省农民开拓进取、注重创新,有吃苦耐劳、脚踏实地的品格。40年改革开放实践中,浙江省农民创造了很多全国第一,如全国第一个集资建设的"农民城"、第一个农民专业合作社、第一个"淘宝"村、第一个美丽乡村评价标准等,发展优质高效生态农业、"一村一品""一村一业"、专业市场、个体私营经济、村级集体经济股份合作制改革、土地有偿承包和农田规模经营及农村土地承包经营权流转、建设美丽乡村发展美丽经济、探索村级集体经济发展路径等改革,是浙江省农民群众的创造,也是浙江省各级党委和政府尊重人民群众创新精神、提炼和推广实践经验的结果。浙江省政府制定了《统筹城乡发展推进城乡一体化纲要》和《全面推进社会主义新农村建设的决定》,连续多年出台促进农民收入增长的政策文件,统筹城乡发展,不断深化农村改革。在全国率先实施"千村示范、万村整治"工程,把生态文明建设贯穿到美丽乡村建设中;促进产业转型升级,建设产业兴旺的富裕乡村;探索村级集体经济发展路径,实现村民共富共享;培育新型农民，培育新型现代经营主体。通过制度创新释放农村发展活力，让农民成为独立的市场主体，激发农民创业创新的活力。

浙江省诸暨市、安吉市、嘉兴海宁市梁家墩、杭州市荻浦村、宁波奉化滕头村等也很有特色，值得借鉴。

表4-3　　　　　　　　浙江乡村产业发展借鉴措施

借鉴地区		模式工程	（借鉴地区）措施
浙江	浙江省	"千村示范、万村整治"工程	坚持生态文明理念，促进生态、生活、生产环境改善。
		"五万工程"	万家新型农业主体提升、万个景区村庄创建、万家文化礼堂引领、万村善治示范、万元农民收入新增。
		三级生态农业循环格局	集成推广一大批种植业主推技术、畜牧业科学生态养殖模式、新型农作制度，构建起了"主体小循环、园区中循环、县域大循环"三级生态农业循环格局。
	湖州市安吉县	林下经济模式	将林业与农业结合，创造附加收益，实现从单纯利用林木资源向综合利用林地资源、生态资源的转变。因地制宜，发展了林禽、林畜、林茶、林药、林蔬、林花、林粮、竹笋培育8种发展模式，并延伸、对接产业链，形成林中培植、竹林养殖、林下休闲三大模式。
	嘉兴海宁市梁家墩	梁家墩模式	实施党建引领，与专业旅游管理运营公司合作，以专业化团队执行专业化景区运营管理模式，以制度建设为基础，以活动营销为推手，以项目推进为重点，以标准化管理为保障，形成一套乡村旅游景区化运营体系。
	宁波奉化滕头村	生态立村模式	坚持在保护、优化生态环境的基础上，提升乡村形象，打造观光载体，把乡村变景区，打造旅游区；提升产业能级，重点打造旅游休闲、生态餐饮等高附加值产业。
	嘉兴秀洲光伏小镇	光伏产业链塑造模式	利用自身资源优势，按照"以应用促创新，以创新促发展"的路径，全力深化光伏产业"五位一体"创新综合试点工作，力争形成光伏绿色全产业链。

2. 广东省点面结合发展模式。广东省 2018 年计划安排 616.8 亿元支持实施乡村振兴战略，比 2017 年增长 125.9%，规模为历年最大、幅度为历年最高，成为增幅最大的省级重点支出。

2018 年，广东省发布了乡村振兴战略规划，对广东省乡村发展进行了全方位的部署。

表 4-4　　　　　　　　　　广东省乡村振兴重点举措

举措	具体措施
着力在学懂、弄通、做实上下功夫	深入开展现代农业发展改革"重中之重"课题调研，认真谋划实施乡村振兴战略的思路举措，推动农业供给侧结构性改革稳健起步。严格落实全面从严治党"两个责任"，扎实推进"两学一做"学习教育常态化制度化，深入开展了"走在前、作表率"活动，加强政风行风建设和监督执纪问责。
着力加强政策制度供给	出台关于推进农村一、二、三产业融合发展、完善农村土地所有权承包权经营权分置、集体产权制度改革、深化屠宰行业改革等方面的政策性文件。推进农业"三项补贴"改革，首次实行农机购置补贴资金年度内动态调剂，开展植保无人飞机补贴、农机报废更新补贴"两个试点"。加强农业法治建设，《广东省荔枝产业保护条例》和新修订的《广东省动物防疫条例》正式颁布实施。
着力优化农业结构布局	实施"藏粮于地、藏粮于技"战略，大力建设 5 个现代粮食示范区，举办水稻产业大会，重点建设了一批岭南特色水果种苗繁育场和品种改良示范基地，支持岭南中药材加快发展，推动 48.7 万个特色产业扶贫帮扶项目精准到户。新增畜禽标准化规模养殖示范场 27 个，将畜禽养殖规模化率提高到 63%。根据环境容量调减生猪养殖 213 万头（占 6%）。部署推进粮食生产功能区、重要农产品生产保护区划定工作，组织实施了雷州半岛农业现代化三年行动计划。
着力培育新型经营主体	推进培育千家省重点农业龙头企业和百家农业龙头企业上市计划，培育省重点龙头企业 820 家（含国家重点龙头企业 56 家）、上市涉农企业 65 家，认定国家级和省级农民合作社示范社 1651 家。培育新型职业农民 3 万人。各类新型经营主体带动 620.5 万农户拓宽就业增收渠道，发展多种形式的农业适度规模经营。
着力强化农业科技支撑	实施农业科技创新联盟专项，认定 116 个省级现代农业产业科技创新及转化平台。实施现代种业提升工程，育成农作物优良新品种 97 个，新增种苗繁育能力 1 亿多株，建立优良新品种示范基地 60 个，示范推广优良新品种 370 个（次）。保存农作物种质资源 7.2 万份，新建狮头鹅、华南中蜂国家级保种场。

续表

举措	具体措施
着力发展新产业、新业态	建设12个国家和省级现代农业示范区、8个粤台农业合作园区、14个国家农村产业融合发展试点示范县，打造产业融合平台。推进农村"双新双创"，组织申报了20个全国农村创业创新园区（基地）。加快发展农产品加工，支持建设台山、电白省级农产品加工示范区。创建省级广东农业公园24个，认定和建设了一批农业旅游示范点，拓展了农业功能。
着力推进农业绿色发展	深入实施世界银行贷款农业面源污染治理项目，高床养殖试点基本实现污水零排放。扎实开展化肥农药使用零增长行动，推广测土配方施肥4167万亩次、减少不合理施肥5.1万吨，实施绿色防控1664万亩、专业化统防统治813多万亩。推进畜禽养殖废弃物资源化利用，清理整治禁养区养殖场（户）22240家。加强农产品产地土壤污染防治，初步建成覆盖全省的农产品产地土壤环境污染监测体系。
着力强化质量安全监管	坚持"产""管""控"并举，全省种植业、畜禽产品质量安全例行监测合格率分别达到98.3%、99.7%。在"产"方面，制定、修订省级农业地方标准727项，建成省级以上农业标准化示范区871个。开展广东省第二届名特优新农产品评选推介活动，成功举办了以"粤品牌越健康"为主题的第八届广东现代农业博览会及第16届种业博览会、养猪产业博览会。在"管"方面，建设国家农产品质量安全追溯体系试点省，推动落实新修订的《农药管理条例》。加强农业综合行政执法，查处案件1221起。在"控"方面，加快建立健全病死畜禽无害化处理、动物疫病监测预警体系，重大动物疫病群体免疫率达到90%以上，柑橘黄龙病等重大植物病虫疫情防控有力有效。
着力夯实农业发展基础	建成高标准农田1535.78万亩，划定全域永久基本农田3200万亩，全省农机总动力2410.8万千瓦，水稻生产机械化率70%，新建了一批温室大棚、农产品产地田头冷库、水肥一体化智能节水设施和现代农业生物灾害与气象综合监测站。推进信息进村入户试点省、农业大数据试点省、农业电子商务试点省"三省联创"。农业社会化服务加快发展，统防统治、农机社会化服务组织分别增加到535个、1000个。
着力深化农业农村改革	加快推进农村土地确权，全省耕地实测率、颁证率分别达到106.36%、93.95%，有效化解涉地矛盾纠纷5191宗。稳步推进农村集体产权制度改革，在全国率先基本完成农村集体资产清产核资。中山市、东莞市、澄海区、顺德区、新会区、博罗县等6个全国农村集体产权制度改革试点工作进展有序，完成南海区集体资产股份权能改革国家试点任务。设立全国首只农业供给侧结构性改革基金，政策性农业保险新增6个险种，保费收入12.91亿元、增长19.7%。

2017年下半年开始，全省各地陆续出台乡村振兴规划方案和行动计划，部分地区进入实际操作阶段。广东省湛江市审议了《湛江市乡村振兴战略实施方案（2018—2020年）》；佛山市高明区提出年内建成15个美丽乡村，形成4条美丽乡村示范带；汕头市提出因地制宜建设美丽乡村，坚持"先规划后建设，无设计不施工"原则，发挥规划引领作用。早在实施乡村振兴战略之前，广东省的部分乡村已经形成了独有特色，如揭阳市军埔电商村、佛山市陈村"花卉之都"、德庆县新农村发展模式等。基于此，2017年11月，广东省委宣传部启动开展"广东改革开放百村探索"重大理论工程，系统研究广东百村的发展历程和经验，进行示范推广，实行以点带面、点面结合的发展模式，综合理论与实践，创新发展路径。因此，广东省的乡村振兴战略模式不同于其他地区，属于自下而上、以点带面、点面结合的发展模式。

广东省通过激发各方面的热情，充分发挥各乡村的主观能动性，让各乡村扬长避短，形成优势产业。然后，通过自下而上的方式进行查漏补缺、示范推广、以点带面、良性发展，推动乡村振兴战略的实施。广东省的点面结合发展模式值得借鉴。

3. 山东省潍坊市独具特色的"诸城模式"。习近平参加十三届全国人大一次会议山东代表团审议时指出，"改革开放以来，山东创造了不少农村改革发展经验，贸工农一体化、农业产业化经营就出自诸城、潍坊，形成了'诸城模式''潍坊模式''寿光模式'"。

诸城有改革创新的优良传统，特别是改革开放以来，诸城市围绕解放和发展生产力、加快县域经济发展、推进富民强市，坚持问题导向，积极探索创新，相继创造了商品经济大合唱、贸工农一体化、农业产业化、中小企业产权制度改革、农村社区化等一系列享誉全省全国的经验做法，奠定了"诸城模式"形成的基础。[①]

"诸城模式"从形成到成形主要经历了四个阶段，总的来说，在历史发展的每一阶段，诸城都能找准改革风口，振兴核心产业以点带面，畅通市场渠道以面扩存（量），促进产业融合以存（量）促增（量），提升综合实力。由此，"诸城模式"是诸城改革开放以来推动农业振兴、发展县域经济、解决"三农"问题一系列创新实践的概括，是坚持以市场为导向、以效益为中心、以服务为引领，涉及农业和工业、城

---

① 资料来源：诸城市政府关于乡村振兴的"诸城模式"专题研究，2018年。

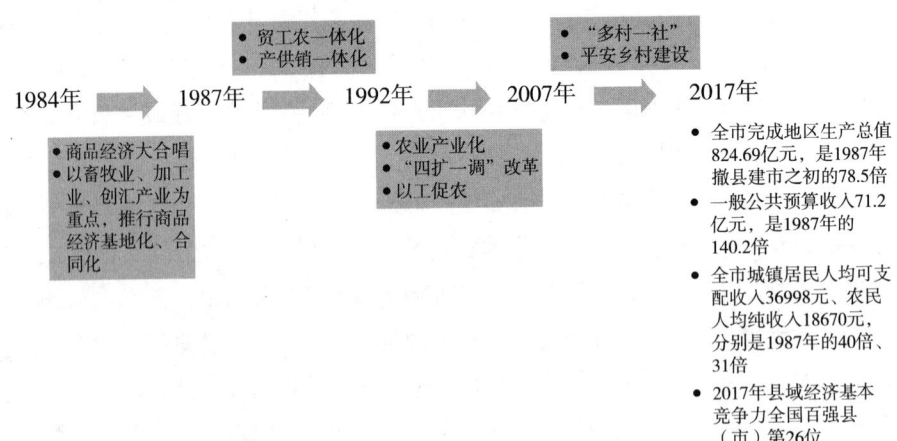

图 4-3 诸城市改革历程

市及乡村、政府与市场等多个领域改革发展经验的统称。其主要特征包括：

创新是"诸城模式"的关键。在经济发展的每个重要阶段，诸城市都以"敢为天下先"的智慧胆识，争做改革探路者。

融合是"诸城模式"的导向。不管农业、工业还是社会管理领域的创新，都紧盯融合发展大格局，这与习近平总书记在中央农村工作会议讲话中提出的"坚持以工促农、以城带乡，推动形成工农互补、全面融合、共同繁荣的新型工农城乡关系"的要求是完全相符的。

统筹是"诸城模式"的手段。诸城市的系列改革不是分割独立的，而是一个梯次渐进、环环相扣的有机整体。这种从农业入手、以产权突破、将社会治理创新作为保障，农业、工业、社会治理梯次展开、系统推进的改革做法，体现了统筹的理念和思维。

聚焦是"诸城模式"的根本。诸城改革不是单一的就事论事，而是始终着眼县域经济发展大局，聚焦关键核心，把握问题本质，牵稳抓实"牛鼻子"。每次改革都促进了农村生产力的飞跃。聚焦农民增收、产业兴旺，推行商品经济大合唱、贸工农一体化和农业产业化，让广大农民直接从农业生产中获得更多收益。每次改革都聚焦政府与市场关系这个关键，既发挥市场在资源配置中的决定性作用，又充分发挥政府作用，体现了政府在推进改革、引领发展中的大作为。

"诸城模式"的探索与实践，一定程度上契合了乡村振兴战略以产业兴旺为重点、生态宜居为关键、乡风文明为保障、治理有效为基础、生活富裕为根本的要求,为实施乡村振兴战略提供了有益启示。

一是实施乡村振兴战略,要持续不断改革创新。立足实际,统筹谋划,选准突破口,大胆创新,吸收借鉴先进地区的成功经验,取长补短,汇集众智,推陈出新,丰富潍坊乡村振兴实践。

二是实施乡村振兴战略,要牢牢抓住产业振兴不放松。把乡村振兴的着力点放在农民增收上,加快培育新型农业经营主体,发展多种形式的规模经营,推进农业终端型、体验型、循环型、智慧型发展。注重农村一、二、三产业融合、农业农村农民融合、农业内部产业融合、城乡融合,靠融合提高农业效益,带动农民增收。延伸产业链条,完善经营方式,加快构建现代农业产业体系、生产体系、经营体系,推动农业由增产导向转为提质导向。

三是实施乡村振兴战略,要搭建和利用好社区平台。完善社区规划,提升档次标准,拓展服务内容,培育区域特色,使其成为乡村产业、人才、文化、生态、组织振兴的重要支点。注重传统村落保护,做到生产、生活、生态"三生融合",宜居、宜业、宜游"三宜一体",社区、园区、景区"三区同建"。

四是实施乡村振兴战略,要坚持不懈地推进融合发展。完善城乡融合发展的体制机制和政策体系,加快推动人口、土地和资本等要素在城乡之间合理流动。按照"以产兴城、以城聚产、产城联动、融合发展"思路,将产业发展、城镇建设同步规划、同步推进,构建层次清晰、布局合理、功能协调、多重互补的产城融合城镇体系。推进一、二、三产业融合、农业农村农民融合、农业内部融合,发展田园综合体、采摘篱园、休闲农庄等农业"新六产",打造市民旅游休闲地、农民创业就业地、社会资本投资地。

五是实施乡村振兴战略,要高度重视人才建设。按照习近平总书记推进人才振兴的要求,着力构建农村"育才、引才、留才、用才"良好环境。靠产业承载人才,坚持产城融合,有计划地规划建设一批农业产业园区,搭建吸纳人才的舞台。靠政策吸引人才,出台鼓励城市人才、城市资本参与乡村振兴的意见,引导更多的工商资本、人才参与乡村振兴。靠培养拓展人才,加强专业技能人才培训。靠环境留住人才,坚决守住生态保护红线,全面整治农村人居环境,把生态环境打造成为乡村振兴吸聚人才的重要"名片"。

三、实施路线图

"小康不小康,关键看老乡"。党的十九大报告要求,建立健全城乡融合发展体制机制和政策体系。产业发展是实现乡村振兴的核心。农村产业发展是农村可持续发展的内在要求。

初步归纳,关于乡村振兴战略的产业兴旺实施路线图如下:

一是编制乡村振兴战略规划、产业振兴专项规划和三年行动计划。各级党委、政府要加强组织领导,明确各级发改、农业、工业和信息化、畜牧、林业等部门职责,加强协调互动,分工负责,研究制定和分解落实乡村振兴战略规划与三年行动计划。各部门制定文化旅游、乡村文明、组织建设、人才建设、科技研发等专项规划,完善各级乡村振兴的政策环境和产业政策,为产业兴旺提供科学的决策依据。

二是积极推动并探索乡村振兴的产业兴旺模式。我国农村过去强调农业生产发展,目标在于解决农民的温饱问题。党的十九大以来,农业必须从生产发展到产业兴旺,其主要目标是实现农业农村现代化。产业兴旺从过去单纯追求产量向追求质量转变、从粗放型向精细型经营转变、从不可持续发展向可持续发展转变、从低端供给向高端供给转变。

三是采取问题导向,制定有序推进的步骤和策略。党的十九大将产业兴旺作为乡村振兴战略的核心。为解决我国农村产业发展的诸多问题,包括但不限于:地方特色和核心优势不明显、产业布局同质化、产业结构单一、产业缺少竞争力、效益增长乏力等,必须加强调查研究,改进管理决策水平,创新振兴模式和思路,优化农业产业结构,补短板,降成本,打通农村产业发展的"最后一公里"。

四是确定优势产业和培育产业。根据各地区资源和优势,运营分析模型,确立产业组合和主导产业,明确产业发展的主要任务。积极探索农村产业模式和新业态,制订具体行动计划,推动农村一、二、三产业融合发展。严守耕地红线,大规模推进高标准农田建设和农村土地综合整治,加强永久基本农田保护,全面落实永久基本农田质量建设,建立健全耕地保护补偿和激励机制,构建数量、质量、生态协调发展的耕地保护体系。运用物联网、大数据、云计算、人工智能等技术改造提升传统农业,发展智慧农业、设施农业、都市农业。大力培育家庭农场,鼓励有条件的种养大户、农村经纪人和投身现代农业的高校毕业生登记注册成立家庭农场,开展示范创建,打造特色农场、美丽农场和智慧农场。

五是落实责任分工和重点任务。以推进供给侧结构性改革为主线,明确产业兴旺的路线和主要责任,分工落实到各部门、各行业和重点农业示范园等,与重点项目相结合,不断优化、提升供给质量和效益,推动农业农村发展提质增效,实现农业增产、农村增值、农民增收。

六是完善产业兴旺的要素配置和激励机制。重点是出台要素资源流动和优化配置的政策，制定出台财政、税收、金融和产业政策，发行产业扶持基金或乡村振兴战略基金，出台人才培育、引进和科技研发激励政策，制定各级党委、政府与乡村振兴、产业兴旺挂钩的政策与考核细则。加大责任考核和业绩兑现，提升规划制定和产业落地的力度和监督约束，推动产业兴旺目标的顺利实现。

四、特色小（城）镇建设

特色小（城）镇建设是特色小镇的发展方向。2017年5月14日，笔者在深圳举办的特色小镇高峰论坛上阐述了有关观点①。

（一）国家鼓励和倡导小城镇建设

1. 核心概念

我国狭义上的小城镇指除设市以外的建制镇，包括县城。

建制镇是农村一定区域内政治、经济、文化和生活服务的中心。

特色小镇指城乡地域中地理位置重要、资源优势独特、经济规模较大、产业相对集中、建筑特色明显、地域特征突出、历史文化保存相对完整的乡镇。它介于城乡之间，地位特殊，特色鲜明。

城镇化指人口向城镇集中的过程。这个过程表现为两个方面，一方面是城镇数目的增多，另一方面是城市人口规模不断扩大。

新型城镇化是以城乡统筹、城乡一体、产业互动、节约集约、生态宜居、和谐发展为基本特征的城镇化，是大中小城市、小城镇、新型农村社区协调发展、互促共进的城镇化。新型城镇化讲求城乡互补、协调发展。2014年12月29日，国家新型城镇化综合试点名单正式公布。2015年，中国城镇化率为56.1%。"十三五"规划纲要提出，到2020年中国常住人口城镇化率目标达到60%，户籍人口城镇化率达到45%。

2. 特色小镇概况

特色小城镇指以传统行政区划为单元，特色产业鲜明、具有一定人口和经济规模的建制镇。

国家部委文件赋予美丽特色小（城）镇"两个定位"和"三个作用"。"两

---

① 吴维海，因地制宜开发产业小城镇，第三届中国文旅产业资源对接大会暨中国特色小镇模式创新与项目实操高端峰会，地点：深圳，2017年5月14日。

个定位"是推进供给侧结构性改革的重要平台，是深入推进新型城镇化的重要抓手。"三个作用"是有利于推动经济转型升级和发展动能转换，有利于促进大中小城市和小城镇协调发展，有利于充分发挥城镇化对新农村建设的辐射带动作用。

分类施策，探索城镇发展新路径。大城市周边的重点镇，要加强与城市发展的统筹规划与功能配套，逐步发展成为卫星城。具有特色资源、区位优势的小城镇，要通过规划引导、市场运作，培育成为休闲旅游、商贸物流、智能制造、科技教育、民俗文化传承的专业特色镇。远离中心城市的小城镇，要完善基础设施和公共服务，发展成为服务农村、带动周边的综合性小城镇。

突出以镇区常住人口5万以上的特大镇、镇区常住人口3万以上的专业特色镇为重点，兼顾多类型多形态的特色小镇。

2016年2月，习近平总书记对新型城镇化建设作出重要指示：城镇化是现代化的必由之路。党的十八大以来，党中央就深入推进新型城镇化建设作出了一系列重大决策部署。下一步，关键是要凝心聚力抓落实，蹄疾步稳往前走。2016年是"十三五"开局之年，新型城镇化建设一定要站在新起点、取得新进展。

2016年，中共中央政治局常委、国务院总理李克强作出批示："城镇化是现代化的必由之路，是我国最大的内需潜力和发展动能所在。"

3. 国务院关于小城镇有关政策文件

（1）国务院关于新型城镇化政策。2014年3月《国家新型城镇化规划（2014—2020年）》发布。2014年12月，国家发展改革委等11个部委联合下发《关于印发国家新型城镇化综合试点方案的通知》，将江苏、安徽两省和宁波等62个城市（镇）列为国家新型城镇化综合试点地区。2015年政府工作报告提出，"加强资金和政策支持，扩大新型城镇化综合试点"。按照国家新型城镇化综合试点方案明确的时间表，2014年底前开始试点；到2017年各试点任务取得阶段性成果，形成可复制、可推广的经验；2018年至2020年，逐步在全国范围内推广试点地区的成功经验。

《国家新型城镇化规划（2014—2020年）》关于新型城镇化的指导思想：高举中国特色社会主义伟大旗帜，以邓小平理论、"三个代表"重要思想、科学发展观为指导，紧紧围绕全面提高城镇化质量，加快转变城镇化发展方式，以人的城镇化为核心，有序推进农业转移人口市民化；以城市群为主体形态，推动大中小城市和小城镇协调发展；以综合承载能力为支撑，提升城市可持续发展水平；以体制机制创新为保障，通过改革释放城镇化发展潜力，走以人为本、四化同步、优化布局、生态文明、文化传承的中国特色新型城镇化道路，促进经济转型升级和社会和谐进步，为全面建成小康社会、加快推进社会主义现代化、实现中华民族伟大复兴的中国梦奠定坚实基础。

新型城镇化的基本原则：以人为本，公平共享；四化同步，统筹城乡；优化布局，集约高效；生态文明，绿色低碳；文化传承，彰显特色；市场主导，政府引导；统筹规划，分类指导。

新型城镇化的主要特点：新型城镇化是以人为核心，注重保护农民利益，与农业现代化相辅相成。强调产业支撑、人居环境、社会保障、生活方式等实现由"乡"到"城"的转变，实现城乡统筹和可持续发展，最终实现"人的无差别发展"。

新型城镇化的四个协调：工业化、农业现代化相协调；人口、经济、资源和环境相协调；大、中、小城市与小城镇相协调；人口集聚、"市民化"和公共服务相协调。

有重点地发展小城镇。按照控制数量、提高质量、节约用地、体现特色的要求，推动小城镇发展与疏解大城市中心城区功能相结合、与特色产业发展相结合、与服务"三农"相结合。对吸纳人口多、经济实力强的镇，可赋予同人口和经济规模相适应的管理权。

《国务院关于深入推进新型城镇化建设的若干意见》（国发〔2016〕8号）主要内容如下。

加快特色镇发展。因地制宜、突出特色、创新机制，充分发挥市场主体作用，推动小城镇发展与疏解大城市中心城区功能相结合、与特色产业发展相结合、与服务"三农"相结合。发展具有特色优势的休闲旅游、商贸物流、信息产业、先进制造、民俗文化传承、科技教育等魅力小镇，带动农业现代化和农民就近城镇化。提升边境口岸城镇功能，在人员往来、加工物流、旅游等方面实行差别化政策，提高投资贸易便利化水平和人流物流便利化程度。

加快推进新型城镇化综合试点。鼓励试点地区有序建立进城落户农民农村土地承包权、宅基地使用权、集体收益分配权依法自愿有偿退出机制。有可能突破现行法规和政策的改革探索，在履行必要程序后，赋予试点地区相应权限。

扩大试点范围。按照向中西部和东北地区倾斜、向中小城市和小城镇倾斜的原则，组织开展第二批国家新型城镇化综合试点。有关部门在组织开展城镇化相关领域的试点时，要向国家新型城镇化综合试点地区倾斜，以形成改革合力。

（2）国家发展改革委关于小城镇的政策文件。2015年2月，国家发展改革委印发国家新型城镇化综合试点方案，将江苏、安徽两省和宁波等62个城市（镇）

列为国家新型城镇化综合试点地区。2015年11月，国家发展改革委公布第二批国家新型城镇化综合试点地区名单。2016年12月，国家发展改革委公布第三批国家新型城镇化综合试点地区名单。北京市顺义区等111个城市（镇）列为第三批国家新型城镇化综合试点地区。

《国家发展改革委办公厅关于开展第三批国家新型城镇化综合试点工作的通知》（发改办规划〔2016〕1858号）要求：

适当增加试点数量。每个省（区、市）申报试点数量为2~3个，新增试点数量适当向中西部和东北地区倾斜，优先考虑改革意愿强、发展潜力大、特色较鲜明的中小城市、县、建制镇。

突出试点内容特色。坚持突出地方特色，在农民工融入城镇、新生中小城市培育、中心城市建设、城市（镇）绿色智能发展、产城融合发展、地方文化保护传承、城乡统筹发展等领域就一个或多个主题开展试点。

《国家发展改革委关于加快美丽特色小（城）镇建设的指导意见》（发改规划〔2016〕2125号）提出：

特色小（城）镇包括特色小镇、小城镇两种形态。特色小镇主要指聚焦特色产业和新兴产业，集聚发展要素，不同于行政建制镇和产业园区的创新创业平台。特色小城镇是指以传统行政区划为单元，特色产业鲜明、具有一定人口和经济规模的建制镇。特色小镇和小城镇相得益彰、互为支撑。发展美丽特色小（城）镇是推进供给侧结构性改革的重要平台，是深入推进新型城镇化的重要抓手，有利于推动经济转型升级和发展动能转换，有利于促进大中小城市和小城镇协调发展，有利于充分发挥城镇化对新农村建设的辐射带动作用。

按照控制数量、提高质量、节约用地、体现特色的要求，推动小（城）镇发展与疏解大城市中心城区功能相结合、与特色产业发展相结合、与服务"三农"相结合。大城市周边的重点镇，要加强与城市发展的统筹规划与功能配套，逐步发展成为卫星城。具有特色资源、区位优势的小城镇，要通过规划引导、市场运作，培育成为休闲旅游、商贸物流、智能制造、科技教育、民俗文化传承的专业特色镇。远离中心城市的小城镇，要完善基础设施和公共服务，发展成为服务农村、带动周边的综合性小城镇。

统筹地域、功能、特色三大重点，以镇区常住人口5万以上的特大镇、镇区常住人口3万以上的专业特色镇为重点，兼顾多类型多形态的特色小镇，因地制宜建设美丽特色小（城）镇。

专栏 《国家发展改革委办公厅关于印发新型城镇化系列典型经验（国家新型城镇化综合试点地区探索实践）的通知》（发改办规划〔2016〕2873号）提出：总结提炼18条经验，供各地学习借鉴。

新型城镇化系列典型经验

（国家新型城镇化综合试点地区探索实践，18条）①

一、推进农业转移人口市民化

1. 围绕"进得来"，着力深化户籍制度改革，降低农业转移人口进城落户门槛。根据城市综合承载能力和功能定位，区分主城区、郊区、新区等区域，分类制定差别化落户政策和梯次设置准入条件，降低超大城市、特大城市落户门槛。优化积分结构，逐步提高社保、居住服务年限等项目分值，取消积分落户年度限额。以放宽落户申请条件为核心，加快突破大城市落户。允许租赁房屋居住的常住人口在公共户口落户。探索省域内城市群不同城市间户籍政策统一和人口自由迁移。

案例：重庆市、湖北襄阳、广东省东莞市、河北省、四川省泸州市、湖南省、广西壮族自治区等。

2. 围绕"过得好"，着力提升农业转移人口生活质量。按照"低门槛、广覆盖""分步推进、稳步提高"的原则，着力扩大居住证覆盖面、拓展互认区域范围、丰富公共服务内容，不断提高居住证含金量。在外来人口集中地区，鼓励通过引导社会力量办学、政府购买学位、发放"教育券"等方式，为农业转移人口随迁子女提供教育服务。推进保障性住房对城市常住人口全覆盖，探索公共租赁住房保障货币化。加快构建促进外来人口融入城市的体制机制，增强外来人口在城市的获得感。

案例：江苏省、福建省晋江市、广东省东莞市、重庆市、广东省广州市。

3. 围绕"离得开"，着力保护农民在农村的各项合法权益。加快推进确权工作，明晰农村产权。扩大确权范围，加快包括农村土地承包经营权、宅基地使用权和集体建设用地使用权、房屋所有权等确权登记颁证。推动农村集体资产股份化改革，让进城农民带权、带资进城。

---

① 资料来源：根据国家发展改革委网站整理，2017年1月。

案例：四川省成都市、山东省武城县。

4. 围绕"可持续"，着力完善农业转移人口市民化成本分担机制。开展农业转移人口市民化成本测算，明晰政府、企业、个人分担比例，建立多主体、长周期、可负担的长效成本分担机制。逐步将常住人口作为财政转移支付的重要依据。

案例：重庆市、广东省东莞市。

二、促进城乡要素高效配置

5. 完善农村产权制度，提高农民财产性收入。建立农村产权交易所，搭建区域性农村产权交易平台。用好用活增减挂钩政策，积极支持扶贫开发及易地扶贫搬迁。有序推进农村承包土地的经营权和农民住房财产权抵押贷款试点，鼓励银行业金融机构在风险可控和商业可持续的前提下扩大农业农村贷款抵押物范围。探索设立农民住房财产权抵押贷款风险补偿基金，分担贷款风险和保障抵押物处置期间农民基本居住权益。

案例：贵州省湄潭县、浙江省德清县、重庆市、湖南省浏阳市。

6. 推动易地扶贫搬迁与新型城镇化有机结合，同步建设集中安置点基础设施和配套产业，完善公共服务，实现搬迁群众就地就业，确保搬得出、稳得住、能致富。探索"易地扶贫搬迁配套设施资产变股权、搬迁对象变股民"，给集体经济组织留用部分产业用地和商业设施，增加农民和村集体经济收入。

案例：西藏自治区曲水县、湖南省资兴市。

7. 盘活城乡闲置资源，提高城乡土地利用效率。健全城镇低效用地再开发激励机制。建立进城落户农民农村土地承包权、宅基地使用权、集体收益分配权自愿有偿退出机制。积极探索盘活农村资产资源的新方式，鼓励农村集体经济组织与工商资本合作，整合集体土地等资源性资产和闲置农房等，发展民宿等新型商业模式。

案例：广东省深圳市、重庆市巴南区。

三、推进城乡一体化发展

8. 推进城乡教育、医疗、养老等公共服务资源城乡共享和均衡配置。探索集团化办学、办医，组建城乡教育和医疗共同体。构建"有档次之差、无身份之别、可自由转换"的城乡社会保障体系。实现省内社会保险自由转移接续。

案例：山西省孝义市、四川省成都市。

9. 坚持规划引领，推动各类基础设施向农村延伸，促进城乡基础设施互联共享。实行"以企带村"模式，推动家庭作坊、散户向企业、园区集中。建立健全农村基础设施及生态环境的长效管护机制。

案例：浙江省嘉兴市、江苏省、山东省威海市。

10. 加大对农民工返乡就业创业支持力度，促进农业转移人口就近就地城镇化。畅通农业转移人口自愿返乡落户通道。探索农村新型社区和产业园区同建，带动农村产业发展和农民增收。整合培训机构和培训资金，加强农业转移人口就业创业培训。

案例：云南省红河哈尼族彝族自治州、湖北省仙桃市、山东省德州市。

11. 积极建设美丽乡村。延续乡村历史文脉，保留乡村特色风貌，通过农旅文融合、发展精品生态农业等多种方式，促进城市专业人才、金融资本、现代规划设计理念进入乡村，把乡村美丽资源优势转化为美丽经济。

案例：浙江省桐庐县、贵州省湄潭县。

四、推进新型城市建设

12. 推动智慧城市建设。加快促进大数据、"互联网＋"融入城市建设，促进城市各类数据整合、开放、共享，增加市场化便民、惠民新应用的供给，实现提升城镇管理精细化水平与培育新经济新动能有机结合。

案例：山东省威海市、江西省鹰潭市。

13. 加快绿色城市建设。加强生态保护和修复，改善环境质量。以集约紧凑、节能降耗为导向，开展城镇规划、设计和建设，推广绿色交通、绿色消费，形成低碳生产方式和城市建设运营模式。发展绿色经济，提升城市生活品质。

案例：四川省遂宁市、广东省深圳市光明新区、福建省永安市。

14. 推动创新城市建设。充分发挥企业和企业家的创新主体作用。把产业转型升级的重点落到品质提升、掌握自主知识产权和技术上来，补齐设计、品质、技术短板。顺应消费需求变化规律，释放新的产业发展空间。壮大人才队伍，推进创新体制机制改革，降低企业创新成本，尽快实现经济发展动能转换。

案例：广东省深圳市、浙江省。

五、拓宽投融资渠道

15. 完善政府与社会资本合作机制。鼓励引导社会资本重点参与提供医疗、教育等供给有瓶颈、需求较强烈的基本公共服务。通过风险救助及再商议条款等方式，加大对社会投资人合法权益的保护。

案例：重庆市、河南省洛阳市、浙江省台州市。

16. 探索成立股权结构清晰、资金来源可靠的地方性政府投资基金，吸引社会出资、引导资金投向，强化产业支撑，服务中小微企业发展。

案例：湖南省浏阳市、浙江省台州市。

17. 建立多元化融资平台。整合自然资源、基础设施及其他政府资产，在确权基础上开展城市信用评级和资产证券化。建立新型城镇化建设基金。用好用足各类债券融资工具。

案例：河北省威县、贵州省都匀市、河南省新郑市。

18. 充分利用政策性金融产品期限长、成本低，与城镇基础设施建设投资回报周期相匹配的优势，支持城镇开发建设。引导保险等资金投入城镇基础设施建设。

案例：山东省德州市、江苏省。

小结：新型城镇化试点的18个经验：（1）进得来；（2）过得好；（3）离得开；（4）可持续；（5）提高收入；（6）与扶贫结合；（7）盘活闲置资源；（8）公共服务资源城乡共享和均衡配置；（9）城乡基础设施互联共享；（10）返乡就业创业；（11）美丽乡村；（12）智慧城市；（13）绿色城市；（14）创新城市；（15）PPP；（16）政府投资基金；（17）多元化融资；（18）政策性金融。

《住房和城乡建设部　国家发展改革委　财政部关于开展特色小镇培育工作的通知》（建村〔2016〕147号），提出了指导思想、原则和目标等。

基本原则：一是坚持突出特色。从当地经济社会发展实际出发，发展特色产业，传承传统文化，注重生态环境保护，完善市政基础设施和公共服务设施，防止"千镇一面"。依据特色资源优势和发展潜力，科学确定培育对象，防止一哄而上。二是坚持市场主导。尊重市场规律，充分发挥市场主体作用，政府重在搭建平台、提供服务，防止大包大揽。以产业发展为重点，依据产业发展确定建设规模，防止盲目造镇。三是坚持深化改革。加大体制机制改革力度，创新发展理念，创新发展模式，创新规划建设管理，创新社会服务管理。推动传统产业改造升级，培育壮大新兴产业，打造创业创新新平台，发展新经济。

目标：到2020年，培育1000个左右各具特色、富有活力的休闲旅游、商贸物流、现代制造、教育科技、传统文化、美丽宜居等特色小镇，引领带动全国小城镇建设，不断提高建设水平和发展质量。

2017年，住建部公布10项要求，规范特色小镇建设。要求的内容包括：坚持小城镇大战略，加大投入，扭转重城轻镇的观念；坚持有重点发展，科学确定重点镇和特色小镇，合理控制数量，有序有效推进，避免重点镇、特色小镇培育工作一哄而上；坚持有特色发展，培育特色鲜明的产业形态，防止产业发展跟风；坚持有特色建设，尊重山水环境和原有街区机理，控制建设高度、密度和体量，突出特色风貌，避免"千镇一面"；坚持乡村中心主要职责，补齐基础设施和公共服务的短板，防止脱离农村、农业和农民；坚持产业市场主导，以就业为基础规划人口和用地，力求项目空间落地，避免盲目造镇；坚持集约节约，坚持以人为本，坚持突出文化与内涵，坚持多规合一等。

（二）我国小城镇建设的特征

1. 小城镇建设主体多元化。从创新社会治理模式角度，政府、社会、市民三大主体职责各不相同。

政府：主要负责提供美丽特色小（城）镇制度供给、设施配套、要素保障、生态环境保护、安全生产监管等管理和服务，营造更加公平、开放的市场环境，深化"放管服"改革，简化审批环节，减少行政干预。

企业：充分发挥社会力量作用，最大限度地激发市场主体活力和企业家创造力，鼓励企业、其他社会组织和市民积极参与城镇投资、建设、运营和管理，成为美丽特色小（城）镇建设的主力军。

市民：调动市民参与美丽特色小（城）镇建设热情，促进其致富增收，让发展成果惠及广大群众。逐步形成多方主体参与、良性互动的现代城镇治理模式。

2. 小城镇建设需要创新机制体制。户籍制度改革：要全面放开小城镇落户限制，全面落实居住证制度，不断拓展公共服务范围。

用地制度改革：积极盘活存量土地，建立低效用地再开发激励机制。建立健全进城落户农民农村土地承包权、宅基地使用权、集体收益分配权自愿有偿流转和退出机制。

投融资机制创新：大力推进政府和社会资本合作，鼓励利用财政资金撬动社会资金，共同发起设立美丽特色小（城）镇建设基金。研究设立国家新型城镇化建设基金，倾斜支持美丽特色小（城）镇开发建设。鼓励开发银行、农业发展银行、农业银行和其他金融机构加大金融支持力度。鼓励有条件的小城镇通过发行债券等多种方式拓宽融资渠道。

行政管理体制改革：按照"小政府、大服务"模式，推行大部门制，降低行政成本，提高行政效率。深入推进强镇扩权，赋予镇区人口 10 万以上的特大镇县级管理职能和权限，强化事权、财权、人事权和用地指标等保障。推动具备条件的特大镇有序设市。

3. 特色小镇由部委共同审批。各地特色小镇由国家发展改革委、住建部、财政部等共同审批，由各地区发改、住建和财政等部门申报。

4. 特色小镇以产业为特色。我国倡导的特色小镇主要立足资源和环境禀赋，通过挖掘产业的内容和活力，制定产业扶持政策，用产业活力带动产业链发展，构建良好的供求关系和盈利模式。

5. 特色小镇打造要遵循经济和市场规律。成功的特色小镇，需要从优势资源出发，进行统筹规划，确定特种制造、文化旅游、健康养老等主导产业，形成拳头产品；通过推动产业聚集，凸显比较优势，提高规模效应；通过培育龙头企业，发挥带动作用，构建特色产业链条；注重培育产业配套，拓展产业功能，提高综合发展能力，实现产业融合互动；突出特色优势，创新品牌市场；推动产城融合，实现公共服务一体化，以产带城，以产兴城。

6. 把握特色小镇与新型城镇化的关系。我国特色小镇、小城镇和新型城镇化三者的关系：包含与被包含关系。新型城镇化是国家大力发展与推进的重点方向。小城镇是新型城镇化的重要内容和载体。特色小镇是小城镇的特殊业态，是体现新型城镇化建设思想和特征的重要载体，是实现新型城镇化的重要抓手。

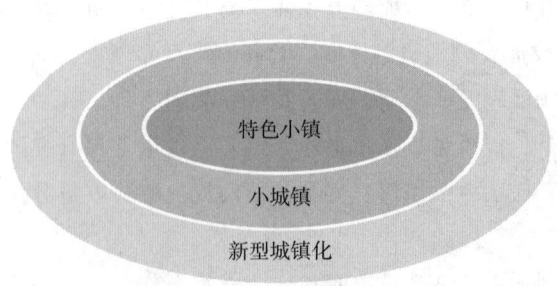

图 4-4 特色小镇、小城镇和新型城镇化的关系

（三）我国小城镇建设的七大问题与五大误区

1. 我国小城镇建设的七大问题。

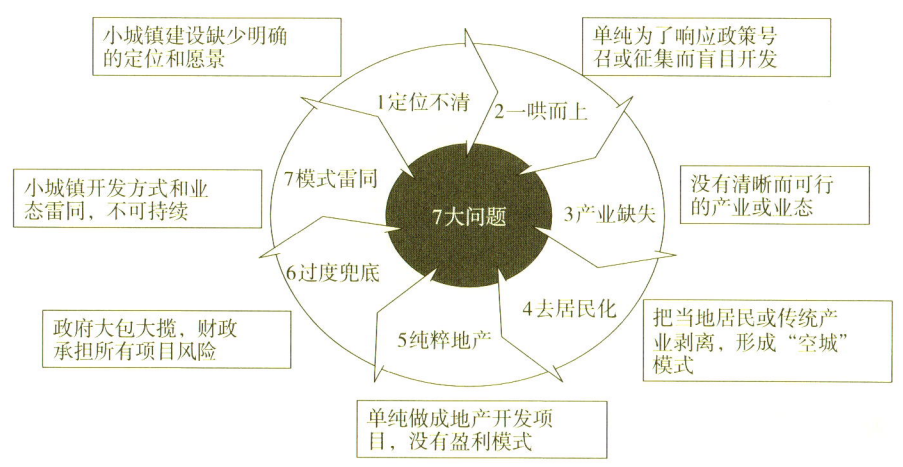

图4-5 小城镇建设的可能问题

2. 我国小镇建设的五大误区。

误区一：特色小镇＝特色镇。

特色小镇是一个位于城市周边、相对独立于市区，有明确产业功能、文化功能、旅游功能和社区功能的重要功能平台。

特色镇是一个行政区域的概念，以某种主体功能或产业特色，或人文自然风光等的全域范围，由居民社区和村庄构成，按照政府组织架构体系来管理的行政区域。

误区二：特色小镇＝新城建设。

发展特色小镇不是建新城，特色小镇追求集聚效应、集约利用；特色小镇是创新创业的空间，是新产业、新动能；特色小镇追求全要素生产率，追求发展质量和效益；特色小镇遵循产城融合的发展路径。

误区三：特色小镇＝园区开发。

特色小镇不是以工业制造业为主的园区开发。特色小镇的产业以高端制造等战略性新兴产业、文化旅游等第三产业为主，重点在于研发设计；或者，以传统产业转型升级为主，从加工制造向设计、品牌、展示转变，重点在于营销服务，或休闲旅游等。

误区四：特色小镇＝景区开发。

以旅游功能为主导的特色小镇活力十足，可以发展成景区，但它不同于传统景区开发模式。

特色小镇强调满足周边大城市中高收入人群特定需求,强调体验和参与,强调目的地和集散地,突出互融互动。

误区五:特色小镇=美丽乡村。

特色小镇与乡村的形态和功能有着本质的差别。特色小镇集聚了资本、技术、人才等高端要素,它体现了利益主体多元、公众参与的现代社会治理体系。

美丽乡村强调乡村发展的一、二、三产业融合,依靠村民自治、管理和运营等。

(四)因地制宜,适度开发,杜绝大跃进

1000个特色小镇的建设目标,对全国来说,是巨大的发展机会。对特定地区来说,如果不具备条件就一哄而上,或许是个诱人的陷阱。到头来竹篮打水一场空,劳民伤财。

特色小镇建设标准是重点研究与探索的内容,具体如下。

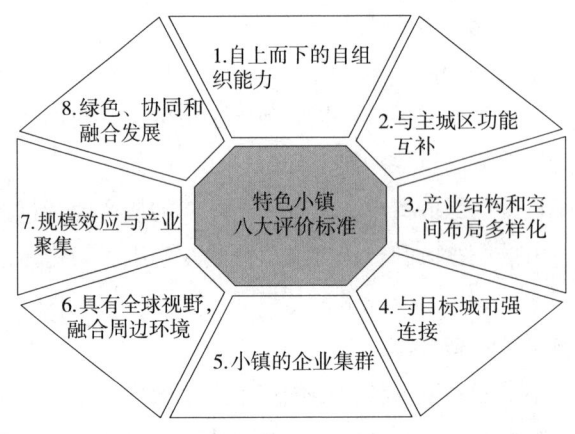

图4-6 我国特色小镇的评价标准

各地区在特色小镇建设方面,探索出了一些实践经验,具体如图4-7所示。

我国特色小镇开发的三大基础:

一是可持续的产业;

二是以人流聚集和引导的消费聚集;

三是人口聚集,由此带来的生产、生活、休闲、娱乐、居住、教育、健康、医疗等需求,催生了生产、商业、社区、度假、学校、医院、金融以及会展、论坛等公共活动。

我国特色小镇建设的七点建议:

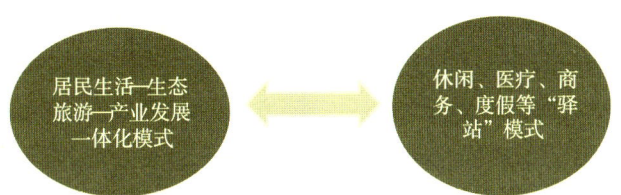

建设基于资源禀赋或开发潜力的居民生活、健康医疗、就业创业、文艺表演等产业为支柱,环境优雅、民俗特色、就业创业、产业聚集和旅游互动的自适应、协调发展、规模适度的特色小镇。	建设生态、文化和历史等为基本要素,聚集特定投资人、运营商(企业家、艺术家等)、消费者、企业家等"进驻"的特色小镇,重点满足社会各界旅游、创新、娱乐、度假等休闲需求,以及商务谈判、国际交流等特殊活动的驿站和基地。

图 4-7 地方政府推进小城镇建设的两大模式

1. 因地制宜,特色发展:遵循经济规律、市场规则和城镇化规律
2. 适度规模,集约打造:杜绝泡沫,讲求可行性、有需求、集约化
3. 政府引导,创新模式:规划引导,政府提供基础服务,市场化开发
4. 完善机构,优化政策:成立开发机构,出台必要的扶持政策
5. 创新融资,完善机制:产业引领,创新融资模式和机制为驱动
6. 以人为本,产镇融合:紧跟居民和发展需求,产业与城镇化融合
7. 多方参与,宣传引导:鼓励公众和专业机构参与,注重宣传引导

图 4-8 特色小镇的建设思路

特色小镇建设的规划思路与全产业链管理(休闲旅游型)如图 4-9 所示。

归纳我国特色小镇产业选择的四大要求:

(1)符合政策趋势。特色小镇的产业定位应符合国家和产业商机布局与政策要求。

(2)贴近消费市场。产业应与市场需求相融合,并且具有前瞻性与适应性,能被市场所接受。

(3)关联性强。特色小镇主导产业之间应该有关联和资源互补等特点。

图4-9 特色小镇开发战略

（4）规模化并可持续。主导产业应有较大的产业发展空间和规模预期性，并且可以持续、健康发展。

五、田园综合体盈利模型

田园综合体是集现代农业、休闲旅游、田园社区为一体的特色小镇和乡村综合发展模式。它是我国乡村振兴战略实施的重要载体，也是实现农业兴旺、农村美丽、农民富裕的主要抓手。

（一）田园综合体用地政策

为贯彻落实党的十九大精神和中央有关要求，国土资源部、国家发展改革委印发《关于深入推进农业供给侧结构性改革做好农村产业融合发展用地保障工作的通知》（以下简称《通知》）。《通知》指出，将安排一定比例年度土地利用计划，专项支持农村新产业新业态和产业融合发展。对存量建设用地用于小微创业园、休闲农业、乡村旅游、农村电商等农村二、三产业的市、县，可给予新增建设用地计划指标奖励。《通知》从八个方面明确了保障农村产业融合发展用地的政策。

1. 发挥土地利用总体规划的引领作用。明确优先安排农村基础设施和公共服务用地，做好农业产业园、科技园、创业园用地安排。乡（镇）土地利用总体规划可以预留少量（不超过5%）规划建设用地指标，用于零星分散的单独选址农业设施、乡村旅游设施等建设。

2. 因地制宜编制农村土地利用规划。统筹农业农村各项土地利用活动，优化耕地保护、村庄建设、产业发展、生态保护等用地布局，细化土地用途管制规则，加大土地利用综合整治力度，引导农田集中连片、建设用地集约紧凑，推进农业农村绿色发展。

3. 加强建设用地计划指标支持。安排一定比例年度土地利用计划，专项支持农村新产业新业态和产业融合发展。对利用存量建设用地进行农产品加工、农产品冷链、物流仓储、产地批发市场等项目建设或用于小微创业园、休闲农业、乡村旅游、农村电商等农村二、三产业的市、县，可给予新增建设用地计划指标奖励。

4. 规范设施农用地类型。对于农业生产过程中所需各类生产设施和附属设施用地，以及由于规模经营必须兴建的配套设施，纳入设施农用地管理，实行县级备案。

5. 改进设施农用地监督管理。加强执法监察和土地督察，防止擅自将设施农用地"非农化"。

6. 鼓励土地复合利用。允许在不破坏耕作层的前提下，对农业生产结构进行优化调整，仍按耕地管理。鼓励农业生产和村庄建设等用地复合利用，发展农村新产业新业态，拓展土地使用功能，提高土地节约集约利用水平。

7. 夯实基础工作。开展耕地质量等别调查评价与监测，定期更新耕地等农用地土地等别数据库，推进农用地基准地价制定和发布，加快"房地一体"的农村宅基地和集体建设用地确权登记颁证工作。

8. 强化部门协同配合。加强部门协同联动，共同开展本地区农村产业融合发展用地现状和需求的调查分析，确定各业各类用地标准和用地保障方式，健全政策体系。联合执法监管，做好风险防控，推动新时期农业农村发展。

根据该《通知》精神，充分适应农村地区地域广阔、布局分散的特点，发挥规划统筹作用，允许预留少量（不超过5%）规划建设用地指标，用于零星分散的单独选址农业设施、乡村旅游设施等建设。

《通知》扩大了设施农用地范围，将农业生产的配套设施由"规模化粮食生产"延伸为"规模经营必须兴建"范畴。进一步优化设施农用地范围，明确因地制宜保护耕地；鼓励土地复合利用，对农用地，在严格保护耕地和保护生态环境、坚持农地农用的前提下，可以复合休闲农业、乡村旅游、农业教育、农业科普、农事体验等功能；对农村集体建设用地，在促进节约集约用地、保障农民权益的前提下，可以复合民宿民俗、创意休闲等功能。

（二）田园综合体的主要类型

休闲旅游类型。该种类型的前提是农业产值特别高，如高端有机农业、精品水果等，提高产业价值。

农业旅游类型。以南方丘陵山区最为典型。一般耕地较少而分散，但山地植被与空气环境好。这种地区开发乡村旅游，农业是旅游的辅助产业，如强调"花色""采摘"、农家餐饮、度假山庄等。

综合发展类型。此类型主要是大面积的现代农业园区（一般5000亩以上），园区业态包括农业科研、农业物流、农业深加工、高效农业种植、农业旅游、餐饮体验等，实现农业与旅游结合。

（三）田园综合体的盈利点

1. 餐饮盈利。

特色早茶。如水煮花生、煨芋头、煨红薯、现制豆浆、手工米粉、甜酒等。

农家饭菜。将农家饭菜与酒店相结合。

特色预订。全羊、三鞭药膳等特色菜。

宴会接待。承接生日宴、聚会宴、会议宴、培训宴等。

自助烧烤。游客游乐、特色餐饮服务。

特色外卖。现场制作的烤鸭、臭豆腐、麻辣香干等。

2. 住宿盈利。

乡村别墅。近水独栋休闲别墅等。

标准客房。楼层套间等。

青年旅馆。按照国际青年旅馆模式建设，适合旅游爱好者。

露营基地。大规格的帐篷出租等。

特色住宿。人工窑洞、石屋、鸟巢屋、木船旅馆、微型别墅、茅草居等。

其他服务。如钟点房、午夜房等。

3. 加工盈利。

自酿谷酒。大坛封装自制标签；黄酒、甜酒、米酒、南瓜酒、地瓜酒、葡萄酒等。

熏制腊味。如腊肠、腊鸡、腊鸭、腊鱼、腊兔、腌辣椒、腌萝卜、腌黄瓜、腌茄子等。

干菜系列。如笋干、豆角干、紫苏干、剁辣椒、萝卜干等。

粮油系列。如大米、大豆、红薯和玉米加工等。

4. 康乐休闲盈利。

乡村茶馆。茶艺表演、茶水服务、茶叶茶具出售及游客采茶、制茶等。

乡村KTV。以大包厢为主，平时也可作为聚会、培训、会议用。

乡村酒吧。要精致，轻音乐为主、安静的清吧。

花园足浴。微风吹来，花香沁鼻等。

草坪瑜伽。会员制，临时体验。

乡村温泉。温泉。

乡村高尔夫练习场。会员制。

乡村马术俱乐部。会员制的骑马游玩项目。

拓展训练基地。户外拓展训练。

短程亲水漂流。短程安全浅水漂流。

乡村游泳池。天然浴场、游泳池。

狩猎场。喂养动物，狩猎活动。

5. 游乐盈利。

水上运动系列。如水上步行球、水上飞机、水上滑道、情侣脚踏船、水上摩托艇等。

山地运动系列。如滑草、迷宫、攀崖、速降、山地自行车等。

场馆游乐系列。如水族馆、秋千、木马、碰碰车、古堡、动感影院等。

空中游乐系列。如空中单轨列车、空中自行车、大荡船、飞碟等。

有奖游乐系列。如射击、寻宝、猜谜、动漫等。

体验盈利。私家菜园；出租、合租。

果蔬茶采摘。生态瓜果蔬菜。

钓鱼捕鱼。钓鱼、抓鱼、捞鱼、捕鱼、钓虾、钓鳖等。

特种养殖。如养鹿、养孔雀、养狐狸、养野猪、养蜂等，农家小菜、反季节蔬菜、葡萄、莲藕等。

农副产品加工。如红薯粉丝、茶籽油、环保竹篮、草鞋、干花等。

药材茶叶。药材基地或茶叶基地。

花卉苗木。苗圃、花卉、苗木、盆景、树桩等。

天然矿泉水。瓶装或桶装水等。

野菜野果。野菜、野果、野磨菇等。

6. 服务盈利

会议中心。农庄等。

展览中心。艺术收藏品展览、农耕文化等。

婚纱摄影基地。自然风光、婚纱等。

旅游纪念品商场。风情小街、老字号工艺品店等。

土特产超市。特色产品。

电缆。电动游览车和班线车等。

医疗保健。特色保健服务等。

通信及其他公共服务。如商务中心、预订机票、代客租车等。

7. 手工制作盈利。

风筝制作。提供材料，游客自作。

手工棉被。观赏性、现场预订、竹艺编织等。

陶艺制作。陶泥作品。

女红针线。手工鞋垫、手套、刺绣等。

其他体验。各类手工工艺、土房木屋等。

8. 集体活动盈利。

集体婚礼。中式集体婚礼、欧式婚礼等。

交友派对。交友派对、未婚联谊等。

夏令营。夏令营或冬令营。

纪念林植树活动。古树名木认养、纪念果林、企业形象林等。

农民趣味运动会。展示农耕文化等。

其他节庆活动。泼水节、重阳节、圣诞节、情人节等。

9. 艺术类盈利。

收藏展馆。艺术家创作基地，收藏品、艺术品。

工艺品趣味拍卖。游客制作并现场拍卖。

根雕盆景。园艺师现场指导创作。

窗花剪纸。制作剪纸、风筝等。

10. 地产盈利。

乡村别墅。建设乡村高档别墅。

幸福公寓。老人定居或度假、养老等。

老字号商业街。特色商业街等。

国际幼儿园。英语和中文教学等。

武术培训基地。学习和表演参观等。

艺术家创作基地。画家、作家、雕刻家等创作。

11. 技术盈利。

珍稀观赏鱼繁殖推广。如中华鲟、娃娃鱼、锦鲤等。

优质种苗培植推广。如优质油茶、红豆杉、兰花等。

宠物繁殖训导。如狐狸、荷兰猪、藏獒、观赏龟等。

有机肥料生产推广。为种植大户服务。

无公害养殖垫料推广。为养殖大户服务。

大棚温室推广。大棚、温室育苗、沼气等。

12. 表演盈利。

绝活表演。民间绝活。

农家动物表演。训导动物,如猪、猴等。

传统艺术表演。如魔术杂技、皮影戏、西洋景等。

演出团体。民俗风情表演。

13. 教育盈利。

农科教中心。乡村农科教培训中心等。

假日培训班。青少年特长培训等。

市民大学。武术、舞蹈、烹调等。

幼儿教育。双语幼儿园等。

14. 管理盈利。

专业合作社。设立专业合作社。

品牌连锁和委托管理。项目输出、复制、连锁,托管等。

15. 广告盈利。

酒水供应商广告。农庄广告。

当地房产广告。户外广告等。

其他旅游景区广告。农庄广告牌等。

农庄消费指南折页。农庄快报广告。

企业形象林。农庄纪念林、企业形象石。

主题活动。主题活动冠名、招商等。

16. 其他盈利。

门票或最低消费。

工业用地，厂房出租。

农机服务，体验种植。

科研实验项目，如湿地保护。

（四）案例：漓渚镇"花香漓渚"田园综合体

按照"政府引导、市场主体、农民受益"的总体要求，浙江省绍兴市柯桥区"花香漓渚"以农业综合开发为平台，加快土地流转，调整种植结构、提升花木档次，推进花市提档升级，引进优质农文旅类项目。

漓渚镇现有6个花卉专业村，250多家花卉企业，花木基地4万余亩，拥有绿化苗木、名优兰花等8大系列2900个品种。

漓渚镇将"花香漓渚"建成集休闲农业集群发展区、宜业宜居宜游美丽新家园、品质型高效生态农业样板区、高水平建成全面小康社会的示范区等为一体的田园综合体，打响"花木集群看漓渚""高端兰花看漓渚""全域美丽看漓渚"的金名片，为全国田园综合体建设创造"柯桥经验"。

建成以高端花木农业为主导产业，集循环农业、创意农业、农事体验于一体的田园综合体，在三产融合上走出新路子，将"花香漓渚"田园综合体打造成全国田园综合体建设的样本。

六、沪浙乡村产业振兴案例

（一）浙江省安吉县高家堂村的生态保护产业发展模式

高家堂村位于浙江省安吉县山川乡境内，全村区域面积7平方公里，其中山林面积9729亩，水田面积386亩，是一个竹林资源丰富、自然环境保护良好的浙北山区村。

高家堂村将自然生态与美丽乡村完美结合，围绕"生态立村—生态经济村"核心，在保护生态环境的基础上，充分利用环境优势，把生态环境优势转变为经济优势，实现了生态经济快速发展，形成了竹产业生态、生态型观光型高效竹林基地、竹林鸡规模养殖，农家生态旅游等生态经济对财政的贡献率达到50%以上。高家堂村把发展重点放在做好改造和提升笋竹产业上，形成特色鲜明、功能突出的高效生态农业产业布局。从1998年开始，实施封山育林，禁止砍伐。2003年，投资修建了环境水库——仙龙湖，对生态公益林水源涵养起到了显著作用，配套建设了休闲健身公园、观景亭、生态文化长廊等。新建林道5.2公里,方便了农民生产、生活。同时,搞好竹产品开发,如将竹材经脱氧、防腐处理后应用到住宅的建筑和装修中,开发竹围廊、竹地板、竹层面、竹灯罩、竹栏栅等产品,为农户提供信息、技术、流通方面的服务。鼓励农户进行竹林培育、生态养殖、开办农家乐,使旅客亲身感受到看生态、住农家、品山珍、干农活的乐趣,亲近自然环境,体验农家生活、休闲和度假,深受旅客的喜爱,增加了农户收入。

(二) 浙江省安吉县林下经济发展模式

安吉为浙江省湖州市下辖县,位于长三角腹地。天目山脉自西南入境,分东西两支环抱县境两侧,呈三面环山、中间凹陷、东北开口的"畚箕形"的辐聚状盆地地形。地势西南高、东北低。属亚热带海洋性季风气候。辖15个乡镇(街道)。

安吉县利用丰富的林地资源发展林下经济,使山林成了农民的"摇钱树",解决了国家要"被子"、农民要"票子"的矛盾。用好71.1%的森林覆盖率,做好林业与农业结合,创造附加收益,实现从单纯利用林木资源向综合利用林地资源、生态资源的转变。因地制宜,发展林禽、林畜、林茶、林药、林蔬、林花、林粮、竹笋培育8种发展模式,并延伸、对接产业链,形成林中培植、竹林养殖、林下休闲三大模式,走出了"不砍一棵树,一样能致富"的路子,实现了生态效益与经济效益的双赢。

(三) 浙江省海宁市梁家墩"网红"旅游发展模式

梁家墩位于浙江省海宁市丁桥镇新仓村,为省级"美丽乡村"建设试点,总面积480亩,3个村民小组105户人家。梁家墩人按照"现居居民保留原状、两新居民回购房屋、空置家庭合约租赁"的分类处理原则,保留了村庄的原生态面貌。家家户户庭院整洁,粉墙黛瓦,质朴淡雅,犹如水墨之画。

2013年以前,海宁市梁家墩只是一个默默无名的农耕村落。梁家墩从整治环境入手,探索了"村总支全面引领,公司运营管理,村民自主经营"的乡村旅游新模式——村集体引入社会资本成立旅游管理开发公司,负责整个景区的建设、推广、营销和管理,村民利用自家闲置住房经营餐馆、民宿等旅游业态,以制度建设为基础,以活动营销为推手,以项目推进为重点,以标准化管理为保障,形成一套乡村旅游景区化运营体系。2018年春节假期,梁家墩仅"新春品乡年"大型年俗活动就接待游客约5万人次,旅游综合收入270万元,其中民宿入住率

74.6%，村民直接旅游收入60万元，成为浙江省首批3A级景区村庄（示范村）。

（四）上海市松江区泖港镇城郊集约型产业模式

松江区泖港镇地处上海市松江区南部、黄浦江南岸，是松江浦南地区三镇的中心，东北距上海市中心50公里，北距松江区中心10公里。该镇依托"气净、水净、土净"的独特资源优势，大力发展环保农业、生态农业、休闲农业，成为上海的"菜篮子""后花园"，服务于以上海为主的周边大中城市。

该镇加强环境卫生的治理，开展村庄改造和基础设施建设，使全镇生态环境和市容卫生状况显著改善，成功创建国家级卫生镇，并成为上海市第一家创建成功的市级生态镇。泖港镇以创建高产田为抓手，大力发展环保农业；以"三净"品牌为优势，大力发展农副经济；以节能环保为标准，淘汰落后工业产能。泖港镇鼓励兴办家庭农场，2007年起走上了以家庭农场为主要经营模式的农业发展道路，基本实现了家庭农场的专业化、规模化经营。

具体做法：一是规范土地流转，实行家庭农场集中经营；二是完善服务管理，提高家庭农场运行质量；三是推动集约经营，优化家庭农场运行模式。截至2012年上半年，泖港镇有20324亩土地交由家庭农场经营，占全镇粮田面积的87%。

为满足大城市休闲度假需求，泖港镇借助自然资源优势，发展生态旅游。该镇开发和引进了大批中高档旅游项目，从旅游项目空白镇发展成农村休闲旅游镇。同时，以乡土民俗为核心，以市场需求为导向，充分整合生态农业、生态食品、农业观光、农业养殖、村落文化、会务培训、疗养度假、农家餐饮等各类乡村旅游资源，实现了农村休闲产业的功能集聚。目前，乡村旅游已成为该镇农业经济新的增长点，实现了旅游总收入增长，带动农副产品销售，解决了当地农民就业。

第五章
CHAPTER 5

乡村生态宜居路线图

乡村，是古今中外文人墨客描绘的景物，也是多数人留恋的故乡。清代高鼎的《村居》描绘了一幅杨柳青青、儿童放风筝的美丽乡村情景。

村居
清代　高鼎
草长莺飞二月天，拂堤杨柳醉春烟。
儿童散学归来早，忙趁东风放纸鸢。

这首诗的意境：农历二月，村子前后的青草已经渐渐发芽生长，黄莺飞来飞去。杨柳披着长长的绿枝条，随风摆动，好像在轻轻地抚摸着堤岸。在水泽和草木间蒸发的水汽，如同烟雾般凝集着。杨柳似乎都陶醉在这浓丽的景色中。村里的孩子们放了学急忙跑回家，趁着东风把风筝放上蓝天。

乡村的美丽是多数人良好的愿望与憧憬，但是，现实的乡村并不都是美丽的。由于诸多原因，我国很多的乡村是贫穷、萧条和污水横流的场景，让人痛心，亟待治理。而美丽中国、美丽乡村建设和乡村振兴战略已经吹响了让乡村再次美丽、令人向往的号角。

美丽中国的起点和基础是美丽乡村。乡村振兴战略的重点是建设生态宜居的美丽乡村，这更加突出了新时代生态文明建设与人民日益增长的美好生活需要的内在联系。乡村生态宜居是对"生产、生活、生态"为一体的内生性低碳经济发展方式的乡村探索。

一、国家政策

保护和利用生态环境是实现我国绿色协调目标，贯彻落实党的十八大、十九大会议精神，为全面建成小康社会补齐短板的关键举措，是我国经济社会可持续发展的内在逻辑与要求，也是增进民生福祉、建成美丽中国的基本保障。

习近平总书记强调，要推动乡村振兴全面系统进行，要统筹把握生产兴旺、生态宜居和生活富裕，生产兴旺是主体，生态宜居是关键，生活富裕是目标和落脚点。新时期实现经济转型发展，全面建成小康社会，关键在于农村和"三农"问题，而乡村振兴的重大环节在于生态环境的保护利用和可持续发展。

《中共中央　国务院关于实施乡村振兴战略的意见》（2018年中央1号文件）、《农村人居环境整治三年行动方案》《中共中央　国务院关于全面加强生态环境保护坚决打好污染防治攻坚战的意见》以及《国务院办公厅关于转发国家发展改革委　住房和城乡建设部生活垃圾分类制度实施方案的通知》（国办发〔2017〕26号）指出，环境问题突出，资源保护培育机制匮乏，生活垃圾产生量迅速增长，环境隐患日益突出，成为新型城镇化发展的制约因素。实施乡村振兴战略，遵循减量化、资源化、无害化的绿色发展原则，是改善城乡环境、促进资源循环利用、加快"两型社会"建设、提高新型城镇化质量和生态文明建设水平的关键举措。

《国务院关于开展第二次全国污染源普查的通知》（国发〔2016〕59号）要求，开展全面系统的全国污染源调查与分析。《国务院关于印发土壤污染防治行动计划的通知》（国发〔2016〕31号）是推进生态文明建设和维护国家生态安全的重要内容。《国务院办公厅关于健全生态保护补偿机制的意见》（国办发〔2016〕31号）以及《国务院关于全民所有自然资源资产有偿使用制度改革的指导意见》（国发〔2016〕82号）提出，合理健全生态补偿、调动各方积极性、保护好生态环境的重要手段，是生态文明制度建设的重要内容。

农村道路建设是生态环境的重要组成部分。习近平在十九大报告中指出，加快生态文明体制改革，建设美丽中国。要想富，先修路。农村没有路，致富有难度。"四好农村路"是习近平亲自总结提出、领导推动的一项重要民生工程、民心工程、德政工程。打造生态宜居的美丽乡村必须要把乡村生态文明建设作为基础性工程扎实推进，让美丽乡村看得见未来，留得住乡愁。习近平指出，交通运输部等有关部门和各地区要认真贯彻落实党的十九大精神，从实施乡村振兴战略、打赢脱贫攻坚战的高度，进一步深化对建设农村公路重要意义的认识，聚焦突出问题，完善政策机制，既要把农村公路建好，更要管好、护好、运营好，为广大农民致富奔小康、为加快推进农业农村现代化提供更好保障。要结合实施农村人居环境整治三年行动计划和乡村振兴战略，进一步推广浙江省好的经验做法，建设好生态宜居的美丽乡村。

二、对标对表

（一）日本北九州"官、产、学、民"绿色发展模式

日本北九州市在20世纪60年代经历了严重的环境污染，为此付出了巨大的代价。经过几十年的生态城建设，环境迅速恢复，成为著名的绿色生态城市。北九州市"绿色城市"的实践经验，值得我们在生态环保工作中借鉴。

一是创新发展模式，构建"绿色城市"。日本北九州市政府注重和企业、市民等携手，实施"官、产、学、民"联合模式，全面推动生态环境建设。北九州市政府采取了一系列措施：主动立法，设立公害对策部门；成立公害动态监视中心；与企业联合构建舒适的生态环境。1988年，提出"北九州市复兴计划"，恢复被污染的自然环境。鼓励企业参与公害防治工程。引导家庭妇女走上街头，提醒社会关注环境问题。成立环保组织，借助媒体宣传报道及居民监督运动，促进了环保建设。

二是实施循环经济，建设生态工业园区。从1997年开始，实施以环境产业建设、环境新技术开发、减少垃圾、实现循环型社会为主要内容的生态城市建设计划，推动"从某种产业产生的废弃物为别的产业所利用，地区整体的废弃物排放为零"的生态城市建设计划。

三是拓展新兴产业。注重优化固有的产业结构，利用区位优势重构产业，培育新兴产业，实现产业结构的多元化和高度化。推动制造业由钢铁、造船为代表的重工业型产业向以半导体、汽车相关产品为主的加工、组装型产业转换，打造高科技产业、新兴工业的主要基地。优先发展集成电路（IC）、汽车、陶瓷、环境、机器人、食品、生物科技等新兴产业。为了建设资源循环型社会，实施了生态工业园区工程，设立三大区域：实证研究区、综合环保联合企业群区和响滩循环利用区。

四是推动环境国际合作，输出环境技术。广泛开展国际合作，实施环境技术输出。

（二）潍坊市乡村循环案例

潍坊市在乡村振兴战略推进过程中，全面推广资源再生模式，对各县市区因地制宜，分类实施。高密、诸城、寿光、昌邑、安丘、临朐、昌乐等养殖大县、产粮大县推进种养结合循环农业示范县建设，实施秸秆、畜禽粪便等种养业废弃物处理工程，试点探索种养业废弃物循环利用技术模式、筹资建设与运营机制等。实施"过程+末端"治理模式，推进畜禽养殖排泄物资源化利用与无害化处理。推广坊子玉泉洼循环农业、峡山新盛和鸡产品产业、康净园真菌生产科技等县市先进循环利用生态经营模式，推行畜禽粪污处理循环利用模式，推进畜禽养殖业主、种植业主之间的有效连接。推进农作物秸秆资源化综合利用，加快构筑秸秆收集贮运体系。推进食用菌种植和农产品加工废弃物的资源化利用。集成推广现代绿色农业先进实用技术，集成推广新型农作制度、节水灌溉、旱粮生产及节水、节肥、节药、节能、节地等节约化生产技术。推进"互联网+"集成推广现代农业绿色智能信息技术等智能化远程服务技术及实时监管技术。

三、实施路线图

关于乡村生态振兴工作，2018年中央农村工作会议明确指出，必须坚持人与自然和谐共生，走乡村绿色发展之路。以绿色发展引领生态振兴，统筹山水林田湖草系统治理，加强农村突出环境问题综合治理，建立市场化多元化生态补偿机制，增加农业生态产品和服务供给，实现百姓富、生态美的统一。这为建设美丽宜居乡村指明了方向和行动路线图。

一是编制并实施绿色生态、可持续发展的乡村振兴战略规划和行动方案。以绿色发展为引领，统一各级党委、各级政府的思想，增强"绿水青山就是金山银山"的科学发展理念。让"绿水青山""蓝天白云""沃土千里"成为守护美丽宜居示范村的环境摇篮，形成生态系统平衡发展的"动力"系统。

二是制订实施山水林田湖草系统治理方案。坚决打赢蓝天、碧水、净土保卫战，加快生态保护与修复，改革完善生态环境治理体系，统筹实现"蓝天碧水绿草地"。对现有生态资源和山、水、林、田等进行全面规划和有序治理，不断优化生态环境。加强生态生物多样性保护，持续推进治水兴渔、护草守牧、荒山绿化行动。实施水污染防治行动计划，推进河长制湖长制，坚持污染减排和生态扩容两手发力，加快工业、农业、生活污染源和水生态系统整治，保障饮用水安全，消除城市黑臭水体，减少污染严重水体和不达标水体。全面提升乡村空间治理，改善农村人居环境，以循序合理的乡村建设与改造、治理，实现乡村生活"田园式"栖居。从"村村通"到"户户通"，持续推动基础设施与基本公共服务的升级保障，实施村容村貌改造工程。

三是倡导绿色发展和低碳生活方式。生态宜居作为实现乡村振兴的底层和根本要素，全领域综合污染治理是关键先导工程，以攻为守，夺取和恢复人居环境的宜居，实现"业有所栖"是基础保障工程。构建生态宜居振兴的"免疫动力系统"，从工业污染物排放监测和综合治理、移动机动排放监测整治、家庭生活用能排放与锅炉排放、建筑扬尘、秸秆燃烧等重点领域的监测整治、综合防治工业固废及噪声、危险废物、辐射环境污染的治理分类防治大气污染。加快调整乡村能源利用结构，鼓励使用高效清洁用能和新能源推广利用，推行激励与约束并举的节能减排新机制，完善农村环境税收价格政策，多渠道拓宽乡村节能改造、能源投融资渠道。实施生态发展提升工程，倡导绿色低碳办公、绿色出行，大力发展公共交通和骑行生活方式。推进循环生态体系和绿色建筑，减少能耗，增加森林覆盖率。

四是全面治理农村污水、垃圾、道路、厕所等环境，打造美丽宜居乡村。分类管控防治大气污染，多措并举治理土壤污染，源汇并重实现流域水体防治，多方参与规范农村生态监管，全面建设美丽宜居示范村，强化乡村生态环境综合治理。强化区域联防联控，减少重污染天数，改善大气环境质量，增强人民的蓝天幸福感。以农村垃圾、污水治理和村容村貌提升为重点，治理农村人居环境。强化农村生活环境管理、保障农村饮用水安全，实施村容村貌改造工程，持续改善乡村生活居住环境。

五是形成绿色低碳发展的产业体系。遵循新发展理念，优化产业结构、能源结构、运输结构、用地结构。全面实施土壤污染防治行动计划，突出重点区域、行业和污染物，有效管控农用地和城市建设用地土壤环境风险。坚持自然恢复为主，统筹开展全国生态保护与修复，全面划定并严守生态保护红线，提升生态系统质量和稳定性。加大土地污染综合治理与生态修复。实施监测"三公开"制度，建立属地监测中心站与上级及国家土壤环境信息化管理平台联动机制，加大年度定期自行土壤监测行动频率。以农业"两区"土地为重点，实施农田土壤污染防治行动计划，健全农田土壤污染监测预警体系，推进重金属污染耕地防控和修复，开展土壤污染治理与修复技术应用试点。在污染耕地集中区域，开展受污染土地综合治理与修复试点示范，探索土壤修复新技术、新模式。制定农用地污染防治相关技术规范，加快形成标准修复技术和科学治理推广模式。

落实问题清单、危险废物转移办结公示情况等全域污染源调查，采取重点问题式清单导向治理。实施流域环境和近岸海域综合治理，完善"四边三化""三改一拆"等治污措施，确保水质达到五类，力争达到四类。

六是完善生态补偿机制和监督约束办法，实现生态产业化、产业生态化。建立山水林田湖草生态系统首长责任制。实施山水林田湖草生态修复计划，推进生态系统有序治理。完善以奖促治政策，探索建立生态产品购买、森林碳汇等市场化补偿制度。推行生态建设和保护以工代赈做法，提供更多生态公益岗位。

七是实施农产品生态化工程，为社会各界提供生态、有机农产品和综合化的生产生活服务。大力发展绿色产业，关注调整改造传统产业和发展新能源、节能环保等新兴产业。推动产业绿色化发展，建设一批示范主体，打造生态循环农业新型农作模式。

四、浙江省"千万工程"案例

浙江省自2003年实施的"千村示范、万村整治"工程有力支撑了浙江乡村面貌、经济活力、农民生活水平走在全国前列，为我国建设美丽中国、实施乡村振兴战略等带来实践经验。截至2017年，浙江省累计有2.7万个建制村完成村庄整治建设，占全省建制村总数的97%；74%的农户厕所污水、厨房污水、洗涤污水得到有效治理；生活垃圾集中收集、有效处理实现建制村全覆盖，41%的建制村实施生活垃圾分类处理。

习近平指出，浙江省15年间久久为功，扎实推进"千村示范、万村整治"工程，造就了万千美丽乡村，取得了显著成效。农村环境整治这个事，不管是发达地区还是欠发达地区都要搞，但标准可以有高有低。要结合实施农村人居环境整治三年行动计划和乡村振兴战略，进一步推广浙江好的经验做法，因地制宜、精准施策，不搞"政绩工程""形象工程"，一件事情接着一件事情办，一年接着一年干，建设好生态宜居的美丽乡村，让广大农民在乡村振兴中有更多获得感、幸福感。

第 六 章
CHAPTER 6

乡风文明和谐路线图

"风俗,天下之大事也。"乡风文明是乡村振兴的重要标志。乡风是维系中华民族文化基因的重要纽带,农耕文明是中华民族对人类文明的重要贡献,是乡风文明的根和魂。

我国祖先对文明、礼仪有很深的学习和实践。三国时诸葛亮谈到:"夫君子之行,静以修身,俭以养德,非淡泊无以明志,非宁静无以致远。"孔子认为:"不学礼,无以立。"由此可见,文明和社交礼仪等在我国社会生活中具有重要的地位。唐代孟郊的《慈母吟》描述了母亲和子女之间的浓浓亲情。

慈母吟
唐代 孟郊

时梦返故园,庭院草木侵。
痛不见慈颜,长留带泪吟。
慈亲养育我,眷眷鞠劳心。
耕作一何苦,持家一何殷。
教诲严有道,仁义秉忠勤。
为人须良善,读书惜寸阴。
但求业有就,非图步青云。
懿德尊为鉴,遗言作家训。
平生当奋力,不负慈母心。

诗歌的大意:诗人时常做梦回到了日思夜想的故乡,庭院已经荒芜,再也见不到慈爱的母亲了,只有落泪和伤心。母亲悉心地养育了自己,时时挂念并为自己操心,农耕很是辛苦,劳作很是忙碌,对子女教诲很是严格,母亲一再教导子女要做事仁义忠厚,做人善良忠厚,读书须刻苦上进,只希望子女有一些进步和成就,并不图做什么大官。母亲的品德是做子女的榜样,母亲的教诲是最好的家训,在生活中要不断努力,不辜负母亲的教诲。这首诗在某些方面蕴含了乡村文明和良好的家风。

乡村文明是乡村振兴的重要内容,是我国传统农耕文化和优秀乡村文化的传承与融合。乡风文明是乡村文化建设和乡村精神文明建设的重要目标,培育文明乡风是乡村文化建设和乡村精神文明建设的主要内容。

一、国家政策

文化是乡村的灵魂，文化兴，乡村兴。2018年3月8日，习近平在参加山东代表团审议时强调，要推动乡村文化振兴，加强农村思想道德建设和公共文化建设，以社会主义核心价值观为引领，深入挖掘优秀传统农耕文化蕴含的思想观念、人文精神、道德规范，培育挖掘乡土文化人才，弘扬主旋律和社会正气，培育文明乡风、良好家风、淳朴民风，改善农民精神风貌，提高乡村社会文明程度，焕发乡村文明新气象。这是乡村文明建设的指导思想。

2018年中央1号文件提出，要培育文明乡风、良好家风、淳朴民风，不断提高乡村社会文明程度。文明的乡风、家风和民风是乡村振兴的重要内容和有力保障。

二、对标对表

山东省《关于在全省农村实施"乡村文明行动"的意见》提出：实施"乡村文明行动"要重点抓好六项任务：

（1）村容村貌建设。以硬化、绿化、净化为重点，美化村庄庭院环境，建设村居整洁美观的新家园。（2）村风民俗建设。以村风、民俗、习惯为重点，积极推进移风易俗，形成文明进步向上的新风尚。（3）乡村道德建设。以关爱、互助、诚信为重点，开展多种形式的道德教育和实践活动，培育和睦友善的新关系。（4）生活方式建设。以科学、卫生、健康为重点，广泛开展科学知识普及活动，建设科学文明健康的新生活。（5）平安村庄建设。以守法、有序、安全为重点，广泛开展平安村庄建设，营造安全稳定的新秩序。（6）文化惠民建设。以服务、设施、阵地为重点，加强农村公共文化基础设施建设，形成多样、便民、共享的乡村特色文化服务新体系。

《山东省实施"乡村文明行动"责任分工》提出了村容村貌、村风民俗、农村道德、农村生活方式等建设思路。

村容村貌建设。搞好村庄发展规划，推进农村环境综合整治，实施村庄清洁工程，组织开展"百镇千村"建设示范活动。实施村庄清洁工程，进一步推进改水、改厕、改厨、改圈等工作，消除脏乱差；推进村庄通沥青（水泥）路工程，加强交通安全设施设置，不断提高农村公路畅通水平；加大秸秆等农业废弃物综合利用项目的实施力度,大力推广生态循环农业新技术、新模式,加快构建秸秆等农业废弃物资源循环利用的良性机制;建立完善"户集、村收、镇运、县处理"的农村生活垃圾收集处理体系和中转运输机制,初步建立起城乡一体的垃圾收集处理体系;加强农村污水处理设施配套建设;实施村庄绿化工程,以创建文明生态村等活动为载体,积极推进村庄庭院绿化创优活动,搞好村庄生态保护;建立卫生保洁制度,聘请卫生保洁员,清理"三大堆",庭院卫生整洁,物品摆放有序,村居环境整洁美观;加强农村自然历史风貌、历史文化名村保护工作,鼓励有条件的地方建设地域文化特色鲜明、经济实用、生态环保的新民居;加强农村通信、邮政、电力、有线电视、网络等基础设施建设,实施亮化工程。

村风民俗建设。制定完善村规民约,充分发挥村级自治组织的作用,规范村民行为,引导农民自我教育、自我管理,培育文明新风;实行村级民主决策、民主管理,普遍实行"五会制",建立规范、直观、可操作的农村基层民主政治工作流程;建立村民议事会、道德评议会、禁毒禁赌会、红白理事会等群众组织,广泛开展"讲文明、讲科学、讲卫生、讲法制、改陋习"活动,引导农民群众崇尚科学,抵制封建迷信,杜绝黄赌毒,反对邪教,破除陋习;倡导积极向上的婚恋观、家庭观、消费观,重视对婚丧嫁娶等民间习俗的引导,提倡移风易俗,文明理事,婚事新办,丧事简办,反对婚丧事大操大办;以村风、民俗、习惯为重点,积极推进移风易俗,形成文明进步向上的新风尚。

农村道德建设。利用各种宣传教育阵地,深入开展社会主义核心价值体系教育,广泛宣传倡导社会主义道德规范,大力推进公民基本道德行为40则,引导农民自觉践行社会主义道德规范;积极倡导读书学习之风,普及与农民生产生活相关的文明礼仪知识,引导农民遵守社会生活中的礼仪规范;开展道德模范和身边好人评选表彰活动,引导广大农民争当"星级文明户""文明信用户"和"好儿女""好婆媳""好夫妻",自觉遵守社会公德、家庭美德,养成良好的个人品德,使文明和谐的道德风尚融入千家万户;增强绿色环保意识、质量安全意识,严格遵守生产规程和技术规范,在农产品生产、畜牧养殖、食品加工以及农副产品运销过程中,不掺杂使假,不以次充好,不破坏环境,不非法添加和滥用食品添加剂;组织农民就近就便开展送温暖献爱心活动,大力弘扬勤劳节俭、诚信谦和、尊老爱幼、助人为乐的传统美德,努力做好孤寡老人、残疾人和留守儿童、留守妇女的帮扶工作,倡导邻里和谐、互帮互助。

农村生活方式建设。扎实开展农业科技知识、实用技术和创业技能培训,大力培养农村科技骨干和实用人才，努力使每个农民都掌握一两门农业先进实用技术；加强农村科学知识教育和普及工作，引导广大农民增强识别和抵御封建迷信、各种伪科学的能力；开展爱国卫生运动，积极推进"亿万农民健康促进行动"，充分利用多种手段开展卫生防病知识宣传教育活动，引导广大农民养成人人讲卫生、处处讲卫生的好习惯，提高健康意识和卫生防病能力；加强农村卫生服务体系建设，切实保障农民群众得到优质、方便、价格合理的基本卫生服务。关注农民心理健康，广泛普及计划生育、优生优育、生殖健康知识，引导农民树立正确的生育观；开展农村文明集市建设，不断改善农村集市服务经营环境，加大商品质量和食品安全检查力度，满足农村群众日常生产生活需要；引导农民开展低碳消费，革除铺张浪费等不良习俗；鼓励多种形式建立农村文体健身设施，满足农民群众参加体育健身活动的需要，不断丰富农村（农村社区）文化大院、文体广场等健身设施；利用重要纪念活动和传统节日，以"我们的节日"为主题，开展节日民俗、文化娱乐活动，弘扬优秀文化。

农村平安建设。搞好农村普法工作，推进法制宣传进乡村、进学校、进家庭，增强农村基层干部和群众的法制观念；解决农村突出治安问题，重点打击危害群众生命财产安全的严重刑事犯罪、黑恶势力犯罪和多发性侵财犯罪，依法查处封建迷信、黄赌毒、打着宗教旗号的各种违法犯罪等活动，切实增强农民群众安全感；预防和妥善化解农村社会矛盾，建立健全矛盾纠纷排查调处工作机制，把人民调解、行政调解和司法调解有机结合起来，把矛盾和问题尽量解决在基层、内部和萌芽状态；加强农村信访工作，建立健全以群众工作统领信访工作新机制，创建无"非正常上访"村；加强农村治安防控体系建设，深入实施农村警务战略，建立适应新农村建设要求的农村警务工作新机制；发挥群防群治组织的作用，多渠道解决农村治安防范经费保障问题；强化农村交通安全综合治理，加强农村交通安全宣传教育，积极倡导安全出行、文明出行，着力解决农村交通安全问题；创新农村社会管理机制，加强对进城务工人员、留守老人、儿童等的服务管理教育工作；以创建平安村庄、平安家庭、平安校园等为载体，深入开展农村平安创建活动，不断提高创建实效和水平。

文化惠民建设。继续实施广播电视村村通、乡镇综合文化站、文化信息资源共享、农村电影放映、农家书屋等重点文化惠民工程，大力推进农村广播电视户户通、有线数字整体平移工程、手机电视等，基本普及互联网信息服务，建立完善农村公共文化服务新体系；推广建设乡村学校少年宫（社区教育中心）、农村文化广场等做法，推动每个行政村建立一处面向农民开放、富有特色、"一室多用"的文化活动室（社区教育中心），整合好管理好运用好各类文化资源，充分发挥板报橱窗、文化墙、文化大院、农家书屋、乡情村史陈列室等思想文化阵地作用，加强公益性上网场所建设与管理，不断拓展农村精神文明建设阵地；按照业余自愿、形式多样、健康有益、便捷长效的要求，广泛开展庙会歌会、花会灯会、文艺演出、体育健身、书画摄影等活动，利用重要节庆日、纪念日，以"我们的节日"为主题，开展节日民俗、文化娱乐活动，让农民在参与中抒发情感、愉悦身心；制定并落实相关文化惠民政策，努力为农民提供更多更好的精神文化产品和服务；实施乡土文化品牌战略，发掘农村优秀文化资源，弘扬优秀民族民间文化，注重农村非物质文化遗产的保护和发展；广泛开展各种形式的群众文化活动，继续开展好"三下乡"活动，不断满足广大农民群众日益增长的精神文化需求。

三、实施路线图

乡风文明是乡村振兴的关键。文明中国根在文明乡风，文明中国要靠乡风文明。乡土社会是中华民族优秀传统文化的主阵地，传承和弘扬中华民族优秀传统文化必须注重培育和传承文明乡风。推进乡村乡风、家风和民风文明，应重点实施如下路线图。

一是加强思想引领。把习近平新时代中国特色社会主义思想作为实施乡村振兴战略，建设文明乡风、家风和民风的思想引领，持续传播党的十九大精神。聚焦脱贫攻坚、绿色发展、共建共治共享社会治理等农村热点问题，研究制定解决问题的思路和方法，引导农村干部群众坚定信心、鼓足干劲，自觉投身乡村振兴的伟大实践。

二是建设文明新风。积极推动和塑造农村新风尚，杜绝厚葬薄养、人情攀比等陈规陋习。传播科学健康生活方式，移风易俗、敦风化俗，引导农民享受现代文明生活。落实村民议事会、道德评议会、红白理事会等村民组织，开展乡风评议，推动自治、法治、德治的融合，整治黄赌毒、封建迷信等陋习，打击黑恶势力和涉农犯罪，树立良好风尚。

三是塑造良好乡风。"君子之德风，小人之德草，草上之风必偃。"开展乡村精神文明创建活动，培育和践行社会主义核心价值观。"一家仁，一国兴仁；一家让，一国兴让。"倡导良好家庭、家教、家风，加强农村家庭文明建设。开展

"星级文明农户""五好文明家庭"等评选活动,关爱农村留守儿童、留守妇女、留守老人,开展农村志愿服务活动。

四是抓好环境整治。将乡风文明与生态环境建设紧密融合,坚持人与自然和谐共生,践行"绿水青山就是金山银山"的理念,以建设美丽宜居村庄为指引,落实农村人居环境整治工程。加大农村垃圾污水治理和村容村貌建设,推进农村厕所革命,改善农民生产生活条件。深化农业供给侧结构性改革,主动补齐农村人居环境短板。树立现代生态文明观,倡导人与自然和谐共生,尊重自然、顺应自然、保护自然,建设生态宜居和谐的美丽乡村。

四、潍坊与铜仁乡村文明实践案例

案例1:潍坊市实施乡村文明城乡环卫一体化行动

潍坊市2011年启动实施乡村文明行动,到2018年经历了7年时间。全市以乡村文明行动为统领,推进农村精神文明建设,取得了明显的成效,全市城乡环卫一体化实现全覆盖,农村人居环境显著改善;移风易俗扎实开展,红白理事会基本实现对村居全覆盖;"新农村新生活"农村妇女培训和各类学雷锋志愿服务活动、群众性文化活动蓬勃开展,乡风文明程度有了显著提升。170个镇村入选全省"百镇千村"建设示范工程文明家园示范村,1807个村镇被评为县级以上文明村镇,全市63.8%的村居达到县级以上文明村标准。

潍坊市深入推进城乡环卫一体化工作,重点抓好五项工作:一是进一步强化组织领导。组织推动的层次和力度,是决定乡村文明行动成效的关键。深化乡村文明行动,必须从强化组织领导入手。二是进一步压实部门责任。各主要责任部门是推进乡村文明行动的重要工作力量。要进一步明确职责分工,消除依赖心理和空白地带。三是进一步树立问题导向。要坚持问题导向,把发现问题、解决问题作为提升工作水平的着力点。从群众反映强烈、测评中反馈出来的突出问题入手,抓整改,强基础。四是启动开展乡村文明行动"大调研、大宣传、大改进"活动。结合市委、市政府提出的"大学习、大调研、大改进"活动,启动乡村文明行动"大调研、大宣传、大改进"活动。五是进一步强化督察督导。始终聚焦现实问题,以强有力的检查督促推动问题整改、工作提升。

案例2:吴维海:"五转五策"铸就"数智铜仁"新时代

数字中国是国家战略部署,数字城市、数字乡村是乡村文明建设的重要内容和基础支撑。

在2018年5月28日中国国际大数据论坛铜仁分论坛上，国家发改委国际合作中心研究员兼国合华夏城市规划研究院执行院长吴维海作为论坛嘉宾进行发言，并指出，当今世界，数字化、智能化、全球化是基本趋势，无论是生产、生活，还是军事领域，大数据引领的智能时代全面来临。面对新技术、新机遇，铜仁市委、市政府高瞻远瞩，精准把握党中央、国务院和国家部委"数字中国"等战略部署，结合乡村振兴战略、新旧动能转换战略、创新驱动战略、区域发展战略和"西部大开发"战略等，发挥独有优势，全面打造绿色、低碳、智能和共享的"数智铜仁"。总体来说，大数据将给铜仁、贵州和我国经济社会带来五大转变和建设目标。

一是形成大数据支撑的数字产业。依托大数据，逐步实现生产、生活、生态信息和数据资源共享、数字的生产、数字的生活将让你我拥有便利、舒适的工作与休闲。

二是形成大数据研发和应用为特征的数字经济和数字共享服务平台。充分参与和挖掘大数据技术与应用，积极推进大数据服务平台和人才培训，扶持大数据骨干企业，建设大数据产业中心和特色园区，培育大数据示范城市和示范园区，塑造地方大数据名片将成为区域经济发展的新潮流、新特征。

三是构建大数据串联并联的经济架构。重点延伸、聚集、整合和优化大数据相关产业链、价值链、供应链和利益链，形成"四链重构"的现代产业体系和运营体系，整合智慧产业、数字经济，不断优化产业链，共建夯实"数智铜仁"的发展基础。

四是推动旧动能转型升级、新动能培育，打造现代产业体系和智慧生活业态。以智慧创造、智慧生活、智慧交通、智慧教育、智慧环保、智慧政务等为代表，形成"大数据+产业""大数据+研发""大数据+金融""大数据+生活"等生态圈、生活圈和人类生活交往新模式。

五是抢占大数据的塔尖。攻克核心关键技术和软硬件，制定"数字全球"的国际标准。要有钉钉子精神，锲而不舍，聚精会神抓关键技术突破，抓核心成果应用。拥有了核心大数据技术、关键元器件、基础算法和核心应用系统，才有实力、有可能抢占产业价值链的顶端，才有可能在大数据全球利益链中有更多话语权，并实现合理的利润，才有可能被世界各国认可并成为行业标准制定者和引领者，才不受制于人，不被扼住大数据产业的咽喉，更多地施展抱负，更好地推进各国经济发展,人民生活美满、智慧化。

针对"数智铜仁"建设,吴维海建议采取以下五大步骤:

一是坚定不移地规划和确立"数智铜仁"愿景目标。以习近平同志重要讲话、党中央、国务院及国家发改委等战略部署为指引,立足贵州省和铜仁优势,确立愿景目标,形成各级党委、政府和社会的共识。可实施"1234"战略,"1"个愿景:"数智铜仁"的蓝图是什么?就是不忘初心,以人民为中心,如何解决铜仁人民群众对美好生活的更高需求与经济社会发展不平衡、不充分的矛盾;"2"个产业化:数据产业化,产业数据化,实现产业聚集和大数据的产业培育;"3"大视角:基于贵州省、全国和"一带一路"三大视角的铜仁大数据产业分别如何定位?"4"个维度:"数智铜仁"战略制定和产业选择要从(经济社会)发展、(资源)基础、适度(可行)、(利益)共享四个维度统筹考虑。

图6-1 吴维海在铜仁论坛作嘉宾访谈

二是研究制定"数智铜仁"建设路线图。铜仁市应以大数据研发和应用为主线,以数字产业、数字经济和信息共享为特征,与"西部大开发"、区域发展战略、乡村振兴战略和精准扶贫等相融合,引进大数据研发、生产、流通服务等实体机构、智库和中介服务平台,通过大数据中心和智慧城市建设,探索乡村振兴的智慧决策与运营模式,创新大数据扶贫体制机制,把铜仁与贵州、北京、上海、广州,乃至世界各国相连、汇集成一个大家庭,实时互动、息息相链、声声相传。

三是抓大项目、大产业、大品牌。我们近期为山东省潍坊市编制了乡村振兴战略,为威海和东营等城市策划了海洋强市规划,在研究推进"东北振兴"、互联网精准扶贫与返乡就业等规划课题中,都在积极探索推动大数据应用、智慧产业的培育和融合发展。铜仁市应聚焦"数智铜仁"建设目标,以国家政策和先进实践为指引,对标对表,突出生态、旅游、大数据、文化等产业领域,引进智慧旅游、自动化工业制造和人工智能等大项目,培育休闲观光、生态健康、有机农业等大产业,塑造"数智铜仁""生态铜仁"的大品牌。

四是突破关键技术和重点行业。铜仁在大数据时代,绝不能只做别人技术和产品的搬运工,要争做大数据技术创新、应用创新和标准制定的引领者、示范者和践行者,以少数关键技术和行业特色应用,培养核心竞争力,拓宽市场和产业价值链,提高产品或服务平台附加值,形成铜仁市优势大数据产业与特色园区。

五是政策跟进,激励到位。为推进"数智铜仁"建设,应出台有竞争力、有针对性的财政、金融、土地、人才等扶持政策,加大对重点企业、重点行业、重点园区和重点县区的优先支持,并在体制机制改革、资源要素流动、政府业绩考核等方面联动,动态监测,定期考核,真正把政策措施落到实处。

图6-2 吴维海(左一)、高俊才(左二)、杜平(右二)、杨同光(右一)参加铜仁论坛合影

第七章
CHAPTER 7

乡村治理有效路线图

中国古代的乡村治理最早来自于厕所革命。中国厕所最早的遗迹，是在距今约五千年的西安半坡村氏族部落遗址发现的。考古发现，当时的"厕所"只是一个土坑，从西周到春秋，人的厕所多与猪圈并排。

中国古代最早提到公共厕所的文献是《周礼》。夏商周时代，建设较好的城市道路旁就出现了厕所。夏商周时的贵族，吃穿讲究、礼节繁杂，也注重卫生，殷墟就曾出土过洗漱沐浴的工具。汉代的厕所有蹲式的，还有坐式的。南阳东汉墓中，男女两个厕所左右并列，且其中一个便坑前有尿槽，另一个没有，形制与现代已无区别。两千多年前就有了水冲坐便，汉代时私人厕所普遍出现。因此，厕所文明在一定程度上代表了我国乡村文明的历史和发展水平。

乡村治理不只是厕所革命，还包括基层党建、村民自治、村集体资产、丧葬嫁娶、社区民情和农民富足等。在古代，仁爱、孝顺、仗义等都是行为文明和有修养的具体表现。

关于乡村孝道等话题，古代流传的故事很多。较有名的"亲尝汤药"的故事如下。

亲尝汤药

汉文帝刘恒，汉高祖第三子，为薄太后所生。高后八年即帝位。他以仁孝之名，闻于天下，侍奉母亲从不懈怠。母亲卧病三年，他常常目不交睫，衣不解带；母亲所服的汤药，他亲口尝过后才放心让母亲服用。他在位24年，重德治，兴礼仪，注意发展农业，使西汉社会稳定，人丁兴旺，经济得到恢复和发展，他与汉景帝的统治时期被誉为"文景之治"。

这个故事倡导子女孝顺和尊敬父母，这也是当今乡村治理和美丽乡村建设的重要工作之一。

乡村美不美，农民富不富，农民群众对地方党委、政府是否满意，关键在于基层党组织和村委建设是否到位。党的十九大报告对保障和改善民生，建设有效的社会治理、良好的社会秩序提出了明确的目标要求，也为乡村治理提供了政策支撑。

一、国家政策

（一）乡村治理政策

早在新中国成立之初，毛泽东就开始探索农民和农村问题，他认为只有在革命的基础上建立新政权,才能打破固有的社会结构,真正把农村和农民组织起来。毛泽东首创"人民民主专政"一词,是回答国家和社会关系的一把钥匙:由于资本统治还存在,在国内阶级还存在,我们现在的任务是要建立与加强人民政权,镇压敌人,巩固国防,保护广大劳动人民的利益和权利。20 世纪 60 年代初,允许在集体经济内部探索各种各样的生产责任制和分配制度,但底线是不能改变农村的土地所有制。在当时严峻的国际形势面前,毛泽东指出:"农村所有制的基础如果一变……两极分化快得很,帝国主义……内外一夹攻,到时候我们共产党怎么保护老百姓的利益,保护工人、农民的利益?!今天走资本主义道路,我看还是走不通。要走,我们就要牺牲劳动人民的根本利益,这就违背了中国共产党的宗旨。国内的阶级矛盾、民族矛盾都会激化。"

1978 年改革开放以后,中国的经济社会和农村农业发展开辟了新境界,在社会主义基本制度的基础上,大胆引入了市场机制和私营经济,发挥市场在资源配置中的决定性作用,坚持发展公有制经济和非公经济两个毫不动摇。习近平新时代中国特色社会主义经济思想和"三农"思想,是在新时期对毛泽东等国家治理思想的发展与创新,它适应了新形势下我国经济和社会发展的需要。

党的十九大报告指出:全党必须牢记,为什么人的问题,是检验一个政党、一个政权性质的试金石。带领人民创造美好生活,是我们党始终不渝的奋斗目标。必须始终把人民利益摆在至高无上的地位,让改革发展成果更多更公平地惠及全体人民,朝着实现全体人民共同富裕不断迈进。这为乡村治理指明了战略方向。

中央农村工作会议于 2017 年 12 月 28 日至 29 日在北京举行。会议明确了乡村治理工作的总要求:必须创新乡村治理体系,走乡村善治之路。建立健全党委领导、政府负责、社会协同、公众参与、法治保障的现代乡村社会治理体制,健全自治、法治、德治相结合的乡村治理体系,加强农村基层基础工作,加强农村基层党组织建设,深化村民自治实践,严肃查处侵犯农民利益的"微腐败",建设平安乡村,确保乡村社会充满活力、和谐有序。

(二) 当前我国乡村治理的主要问题

为顺应乡村治理的发展趋势,推进乡村治理由一元管控向党管农村、多元共治的现代化发展,政府和学界分别展开了积极的探索和创新。但是,乡村社会积弊已久的一些问题显然不是一朝一夕就能彻底改变的,尤其在农村社会快速变迁的大背景下,国家和政府参与管理的程度与乡村治权的发育空间之间的平衡还没有真正建立起来，在对旧的体制机制进行改革完善的同时，新的问题不断涌现，乡村治理在新旧矛盾交织中面临着诸多挑战。总体而言，我国当前乡村治理存在5大主要问题。

1. 农村发展定位模糊。2006年社会主义新农村建设目标的提出掀起了新一轮农村建设的热潮，中央不断在政策和资金方面加大投入，一些新的乡村建设模式和发展思路不断涌现。但是到目前为止，国家对于农村发展的目标定位仍停留在较宏观的层面。农村建设究竟是要全面推进城市化进程，最终实现村落的终结，还是向某些发达国家学习，赋予农业新的价值，使农村成为"免于污染的农产品生产基地、免于破坏的自然景观及田园气息的承载地，以及最后一片属于世人的公共空间"？农村在结束"以农补工"的历史使命后，以目前的弱势状态，未来发展方向在哪里？城市化固然是发展的必然出路之一，但是农民进了城却无法真正融入城市生活的状态显然不是城市化的应有之义。同时以"就地城市化"为名而盲目展开的"撤村并居""农民上楼"等快速推进举措，暴露出了一些不足和新的挑战。显然，缺少明确发展方向的乡村治理势必会出现手段和过程过于随意的弊端，尤其是在国家层面加快推进小城镇建设的政策目标下，农村建设缺少明确的战略方向，盲目地以城市社区的标准推进和评估农村社区的发展未必真正符合乡村发展的现实，可能不利于乡村的善治。

2. 乡镇治理能力弱化。税费改革力图通过取消税费和加强政府之间的转移支付，推进国家对农村、农业和农民的反哺，提升农村基层公共管理和服务能力，但却出现乡镇财政空壳化和乡镇政府权力的虚化。乡镇政府没有实现从管理到服务的职能转变，反而为了获得足够的财政资金，将工作重心转为向上"跑钱""跑项目"。基层政府由原有的"汲取型"变为与农民关系更为松散的"悬浮型"，在一定程度上弱化了农民与乡镇政府之间的联系，也加重了乡镇政权对上级的依附性，使乡镇政府逐渐放松了乡村服务职能，而更热衷于对上级行政命令的服从。

在国家的转移支付和上级财政支持不足的情况下，乡镇政府失去了积极行政的条件，乡村基层组织的治理行为逻辑从"利益最大化"转变为"风险最小化"，尤其在"一票否决制"的官员考核体系下，乡镇政府在乡村事务的管理中往往遵循"不出事逻辑"，采取消极和不作为的方式，甚至采取无原则底线的权宜性治理策略。在这种状况下，一方面，农村原本由乡镇或村集体提供的基层公共服务陷入供给困境；另一方面，"乡村混混"、谋利型上访等问题成为乡村治理的难题。

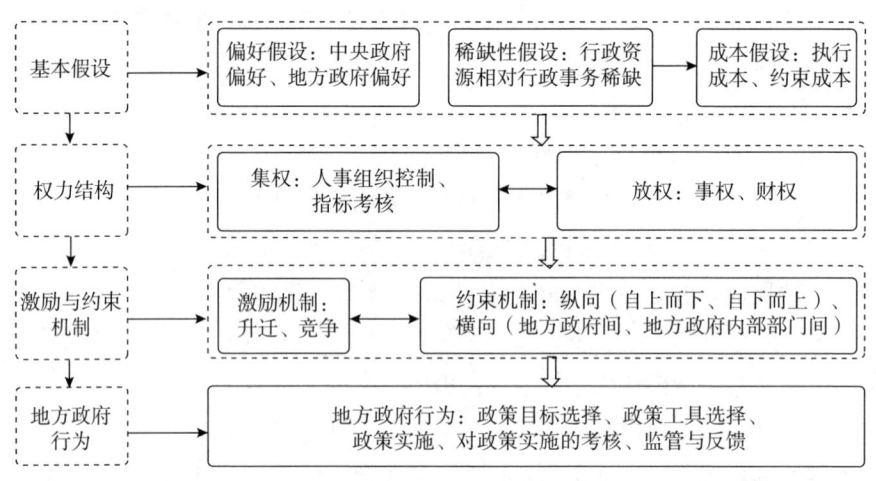

图 7-1　政府参与乡村治理的工作逻辑

3. 国家法治与村民自治的矛盾。一是国家法律的统一性与乡规民约的地方性之间的冲突。统一性是现代国家法律的基本特征，现代国家为维护转型期社会的基本秩序、保障公民权利，必须建构超越地域限制的统一性法律规则体系，为人们的社会交往活动提供基本准则。我国乡村社会参差不齐，各地社会发展水平、资源分布、文化习惯、生活方式各异，村规民约是乡村社会所依赖的内生基础。乡规民约是乡村社会长期传承、积淀和整合而形成的规范形式，它代表和满足了乡村社会和乡村关系的需要，能维持乡村小单元预期的稳定。这种冲突主要体现在，乡规民约很大一部分与现代社会脱节，甚至侵害公民的基本权利，无力促进"半熟人社会"进一步提升，不利于规则体系的形成。必须建构超越地域限制的统一性法律规则体系，为社会交往活动提供基本准则。二是国家法律的现代性与乡规民约传统性之间的冲突。国家法律追求法治秩序，乡规民约注重伦理道德的礼治秩序。国家法律代表乡土社会不熟悉，甚至相互冲突的法律规则，与乡土社会的生活方式并不一致。法律的现代性在引入之初就存在着与中国社会的传统性相抵触的问题，在国家法律全面移植进入乡村社会之前，村民在长期的生活实践中形成了本土性、内生性及传统性的习惯。国家法律是外来的价值体系，有些方面不相一致。同时，乡村社会交往规模较小、内部信息透明度高，村民有能力解决内部矛盾，更加注重交往关系之间的民约习惯，不会完全依据规则、契约、法律或者利益行事，从而引发了国家法律的现代性与乡规民约的传统性之间的冲突。

4. 农民的公民权利保护的缺失。在现代化过程中，乡村农民的伦理价值逐步削弱，农民的公民权利被漠视。农民是一个庞大的弱势群体，农民的人权实现状况直接影响或决定着中国人权事业的发展。新中国成立以来，中国长期实行城镇户口与农村户口的法定隔离制度，即农业户口和非农业户口。中国公民被划分为农民和市民。随着城乡结构二元化发展，我国公民不再以公民身份公平公正地享有权利和承担义务，而是依市民与农民两种不同的身份有差别地享有权利和承担义务，人权主体地位呈现二元结构。市民享受国家的优越待遇和社会保障，农民则无法享受。城乡户籍制度使农民的公民权利被制度性歧视，农民整体上有许多法定权利缺失，或者得不到保障。

5. 精英治理模式的缺陷。多数村庄的发展都与村庄"能人"分不开，"能人"很大程度决定村庄的发展方向和发展模式，使乡村治理在一定程度上成为了"精英治理"。在农村转型与发展过程中，乡村精英作为一种独特的群体已成为乡村治理不容忽视的力量之一。不可否认，部分乡村精英依靠自身掌握的资源给乡村发展注入了活力，但是在村庄行政权威弱化、公共权威缺失、基层权力空置的状态下，目前乡村的精英治理模式缺少有效的制度监管和权力约束，只能寄希望于个人的道德素质和自律意识，这不符合现代民主法治的管理理念。而且，很多乡村精英兼村干部、乡企负责人或合作社理事长等职务，其多重身份使其在涉及乡村事务的管理过程中难免会带有一定的趋利性，倾向于有利于某一团体利益的选择。尤其在面对外来资源的输入时，乡村精英成为资源的首先承接者，在缺少有效监管的背景下，容易造成乡村内部的"精英俘获"问题，使公共利益受到侵蚀。此外，农村的精英管理模式还面临发展的延续性，精英治理从根本上说是"人治"，如果不能形成稳定的制度体系和发展模式，一旦精英离开，相关发展局面就会无序和困顿。

二、对标对表

研究国内外乡村振兴先进经验，贯彻领会习近平新时代中国特色社会主义"三农"思想，全面落实党中央、国务院关于乡村振兴战略的重要部署，有助于更好地把握发展方向，强化农村基层基础工作，健全自治、法治、德治相结合的乡村治理体系，培养造就一支懂农业、爱农村、爱农民的"三农"工作队伍。

（一）乡村治理国际经验

1. 美国：高效专业农业合作组织。美国农业合作社的先进做法和经验，可以提供某些借鉴。美国是一个农业发达的国家。美国农业以家庭农场经营为主，美国农场主在处理市场关系、与政府互动，以及推进农业一体化、现代化进程方面，农业合作社发挥着极其重要的作用。

根据美国农业部的分类，农场主合作社主要有生产、销售、购买供应和服务合作社共四种类型。通过合作社这个中介体，农场主获得了同外界广泛联系的"许可证"。同时，合作社由于自身力量的加强，具备了讨价还价能力，也有效对抗了工商业资本的垄断性侵害。

农场主合作社最普遍的形式是供销合作社，经营农用物资的生产和供应，农产品收购、加工、包装，直至销售。美国农场主购买的供应品约有20%来自农业合作社，通过农业合作社销售的农产品约占全部商品的33%。美国农场主合作社的财产为社员所有，为社员服务；实行按成本经营的原则，按股金分红的比例一般不超过利润的80%，利润主要部分按社员合作社的业务交往量的比例分配；内部实行一人一票等民主管理制，由社员大会选举董事会决定合作社大事等。

农业合作社是一种不以赚钱为目的的非营利性企业，但也有少量的经营活动。如在能源短缺时，它以原价售给社员急需的石油，而不是借机牟利。对穷乡僻壤无人问津之地，他们承担资助义务。其利益分配基本原则是，盈利共沾，风险共担。合作社的盈余分配通常采用"惠顾返还式"。按规定，合作社社员有惠顾所在合作社的义务，社员只要是通过合作社买进所需要的化肥、油料等农资，或通过合作社卖出谷物、乳制品等农产品，都被视为合作社的"惠顾者"。合作社年终分配利润盈余时（在支付了股息税金，并提取了公积金、公益金之后），根据惠顾者与合作社的交易额按比例进行分配。合作社经营中出现的风险与亏损，由社员按比例分担。

农场主合作社在发展农业生产、适应现代市场、改善农场主状况等方面都起了重要作用。这类合作社已形成一类农工商一体化组织。

2. 日本：新农村社区。日本针对由农村地区人口稀少、人口老龄化等因素而导致农村自治组织功能弱化的状况，1987年制定《村落地域建设法》，鼓励自然村落打破原有的村落界限，规划建设新农村社区。政府投入大量财政资金到社区软文化建设中，完善社区体制建设、培养社区人才等。开展以创意农业为中心的搞活地方经济、村镇建设的城乡交流融合活动，鼓励城市居民在农村建立市民农园、体验农村生活，吸引城市人口到农村定居，促进农村各种主体、地方企业等参与合作共建社区。此外，每个农村社区都成立了自治会，主要讨论有关社区发展的公共事务,维持社区的社会秩序,活化农村社会,增强农村居民的自治能力。

(二)国内先进经验

1. 我国台湾地区:农会组织。我国台湾地区的农会组织不是政府行政机关,也非典型的非营利组织,也不是企业。它是一种综合性组织,是农村发展的政策执行代理者,农会组织与地方政府形成独特的"公私伙伴关系",农会甚至代行许多农业政策。农会形成独特的"治理机制",传送农村发展所需的公共服务。农会组织与农民形成的独特信任与网络关系,有助于农业政策的执行,也是农村社会政治稳定的基石。我国台湾地区的农会以"非政府组织"的角色,发挥地方政府"公共服务传送"的功能,农会与地方政府形成的"伙伴关系"符合"治理理论"强调的公私部门合作协力机制,提升了我国台湾地区政府组织推动乡村治理的效能。

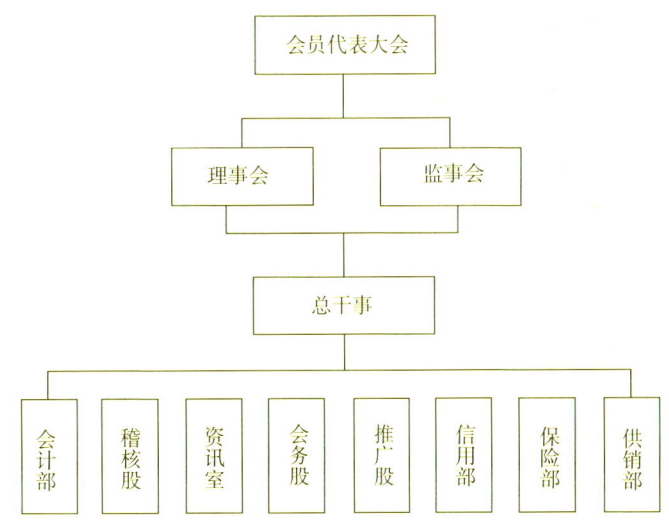

图7-2 我国台湾地区农会组织结构

关于我国台湾地区农会的数量和会员数,具体如表7-1所示。

表7-1 我国台湾地区农会统计

项目 年度	农会数 (家)	农会会员数 (人)	农会正会员数 (人)	农会农事小组数 (组)
2006	302	1949133	1016824	4863
2007	302	1961644	1038569	4821

续表

项目 年度	农会数 （家）	农会会员数 （人）	农会正会员数 （人）	农会农事小组数 （组）
2008	302	1943087	1029761	4778
2009	302	1952287	1039549	4764
2010	302	1959001	1043005	4791
2011	302	972350	972350	4797
2012	302	1033179	1033179	4833
2013	302	1046654	1046654	4817
2014	302	1002058	1002058	4815
2015	302	977242	977242	4936

2. 潍坊：党建带动乡村有效治理。山东省潍坊市乡村治理实践走在了全国前列。潍坊市委、市政府在乡村治理工作中，坚持加强和改善党对农村工作的领导，建立实施乡村振兴战略领导责任制，党政"一把手"是第一责任人，提升潍坊市党组织乡村振兴统筹能力。建立市、县、镇、村四级区域化党建体系，以落实党建工作责任制为核心，构建四级贯通的统筹协调机制和平台共商机制。统筹农村党建和服务群众工作，推行抓社区带村居的"四全一特"党群服务体系。牢固树立一切工作由支部领导的鲜明导向，把支部建设成为团结群众的核心、教育党员的学校和攻坚克难的堡垒。全面落实村级组织运转经费保障政策。建立村级组织运转经费正常增长机制，加大财政保障力度，确定集体经济薄弱村、空壳村村级组织运转经费最低保障标准。加大抓党建促村级集体经济发展工作力度，鼓励村支部书记领办合作社。

潍坊市强化乡村振兴的社区建设。适应全市新型农村社区建设要求，潍坊市主动调整优化各级党组织设置。创新组织设置和活动方式，持续整顿软弱涣散村党组织，有序开展不合格党员处置工作，自2018年开始，每年按照不低于5%的比例倒排整顿对象。健全从优秀村党组织书记中选拔镇领导干部、考录镇机关公务员、招聘镇事业编制人员制度。鼓励政治性、组织性、纪律性强的退伍军人和新型经营主体进入村"两委"班子。

潍坊市委、市政府探索优秀书记跨村兼职、机关干部脱产任职等方式，推动村党组织书记队伍整体优化提升。加快建设农村干部学院，设置党性教育基地，推动农村基层党员干部素质提升长效化。坚持以村党组织为核心、村民自治和村务监督组织为基础、集体经济组织和农民合作组织为纽带。各种经济社会服务组织为补充，完善农村组织体系，充分发挥各类组织在乡村振兴中的积极作用。通过党组织建设，有力推动了乡村振兴工作的全面开展。

潍坊市供销社实施供销合作社、农民合作社、村"两委"的深度联合，通过实施"党建带社建、村社共建"，把供销社的服务优势与村"两委"的组织优势、合作社的经营优势紧密结合，带动村集体经济发展和农民共同致富，为乡村振兴提供了"供销社方案"。目前，全市共建村达到4762个，共建项目5520个，其中：共建合作社1703个，共建服务中心248个，共建市场207个，共建超市2495个，共建农产品基地499个。高密、安丘等地实现了共建村全覆盖。

3. 广东清远："三个下沉、三个整合"。广东省清远市是我国第二批国家级农村改革试验区，探索以自然村为单位的村民自治的有效实现形式。其改革创新举措可以总结为"三个下沉、三个整合"，即基层党组织建设、公共服务、村民自治单位下沉和农村土地资源、涉农资金、涉农服务平台整合。其中，其核心做法是通过对自然村这一传统资源的挖掘，在行政村以下开拓出村民自治的空间，让"十几公里外的事"变为"家门口的事"，让自治进入"微观"和"细化"的具体层面，而基层党委、政府不再大包大揽，注重充分发挥自然村党建和村民自治单元的作用，让群众说服群众，让群众带动群众，进而实现政府归位、自治到位。

清远经验最核心的做法在于因地制宜地探索村民自治的有效实现形式。结合当地自然村内部高度关联的社会文化经济基础，调动自然村内部主体性，实现对分散个体农户的有效整合，进而与国家治理目标和公共服务体系对接。村民自治一方面来自于村民的自我治理，另一方面又是一项国家基层治理的制度安排，清远改革的顺利推进，得益于这一双轨治理结构中村级自治单元的下沉。

4. 四川成都：资源激活自治，村民需求与资源供给对接。成都通过公共服务资金的普惠进村，探索国家资源自上而下供给和村民需求自下而上表达的对接。以村民议事会为抓手，以公共服务资金为纽带，在基层治理架构下再造村级自治单位，专门负责村民需求的整合与表达。

5. 上海嘉定：考核零容忍，资源软约束，村民自治规则化。资源软约束，配置资源进行卫生、联勤队员、敬老爱老活动等。考核零容忍，辖区内的事务有章可循，权责到人，工作效果"清清爽爽"。工作分解细致、规范，工作考核状况直接与责任人工资待遇挂钩。

基层组织科层化，村民自治规则化。上海农村干部独特的一点在于，国家代理人角色突出，且工作规范，村民自治规则化显著。精明能干的治理主体，以科层化的组织、程序化的决策、规范化的执行，在零容忍的责任考核下，实现对村庄的技术化治理。

6. 江西分宜：建设高效基层党组织。调整村党组织设置，将原来建立在行政村一级的党支部重心下移，实现"党支部建在村小组上"。对行政村党支部实行"上提"，在党员人数50人以上、村级规模大且经济状况较好的行政村建立党总支。对村党员实行"下分"，依据地域和历史因素，把村党员按照村民小组/自然村进行划分，按照"便于管理、便于组织、便于活动"的原则，各村小组单独或联合建立党支部。

选配村小组党支部书记。确定支部书记时突出"三个优先"：党员组长优先，先进模范党员优先，"两委"班子中的党员干部优先。使得无所事事的村民小组长重新回到乡村治理的行列。

成立乡村服务组织。配合村小组建党支部，推行村民理事会制度，辅以村民民主理财小组、职能服务站点等自治组织建设。在村民小组内成立村民小组理事会。成立村民民主理财小组，民主理财小组成员在村小组党支部委员和德高望重的村民中推选产生，负责对本村集体财务活动进行监督，参与制定村集体的财务计划和各项财务管理制度。建立职能服务站点，建立了"五站"，即矛盾纠纷调解站、产业协会推进站、文明新风倡导站、环境卫生监督站、公益事业服务站等五个自治性服务组织。但这"五站"与村民理事会存在交集，多是"两块牌子、一个班子"，其原因是地域范围小，事情相对集中，不需要每个站点的实体化。

三、主要任务

由于我国各地区农村资源条件千差万别，乡村风俗各有千秋，经济基础和村庄管理的目标诉求不一样，乡村治理的手段和实施路径也会各具特色，但是，总体来说，大体包含以下的工作任务。

（一）建设坚强基层党组织

农村基层党组织是党在农村全部工作的基础，是党联系广大农民群众的桥梁和纽带。农村基层党组织执政能力的强弱将直接关系到农村的改革、发展和稳定，关系到党在农村基层执政地位的巩固，关系到社会主义新农村建设能否实现。因此，要坚持把纪律和规矩挺在前面，用严明的纪律管住基层党员干部。

1. 夯实执政能力建设的思想基础。

（1）树立正确的权力来源观。在一些偏僻的农村，存在"江山是共产党人出生入死打下来的，权力当然归共产党人独享"和"权力是上级授予的"等各种对权力来源的不正确认识。必须树立正确的权力来源观，这是加强乡村治理和基层等执政能力建设的根本。因此，农村基层党组织必须以马克思列宁主义、毛泽东思想、邓小平理论、"三个代表"重要思想、科学发展观和习近平新时代中国特色社会主义思想武装头脑，树立"权力民授"的思想，认识到权力来自于人民，权力属于人民，人民通过选举把权力授予能够代表他们、能够忠实为他们办事的人。

（2）树立"为人民服务"的价值取向。权力价值取向指获得权力的最终目的，是为人民群众服务还是为个人谋私利。为人民服务是马克思主义权力价值取向观和科学执政理念的具体体现。在农村基层党组织的工作中，要以农民为中心，以农民群众满意不满意、答应不答应、赞成不赞成作为衡量一切工作的基础，做到权为民所用、情为民所系、利为民所谋，一切以农民群众的利益为出发点和落脚点。

2. 夯实执政能力建设的组织基础和社会基础。

（1）增强党组织的活力。要积极发展青年农民、专业技术人员、致富能手、外出务工经商人员、社会贤达等入党，改善农村基层党组织党员队伍的年龄结构、文化结构、知识结构和能力结构，提高党组织的活力。同时，农村基层党组织战斗力的强弱，还取决于党员干部队伍的整体素质，因此要发挥县、乡镇级党校的作用，提高农民党员干部的思想道德水平、科学文化水平、带头致富本领、发展农村公益事业的能力，使党组织的发展力在社会主义新农村建设大潮中充分显现出来。此外，创新组织结构，提高党组织的战斗力，使党组织为农民办好事、干实事。

（2）夯实执政的社会基础。加强基层调研，建立密切联系群众的服务机制。完善为农民排忧解难的制度，及时发现问题、分析问题、解决问题，特别是跟踪和解决农产品销路、农民创收问题，让农民群众感受到党员干部的真诚服务。同时，要推行村务公开，加强村党组织建设，规范村务管理，塑造清廉和守法形象。要规范村党组织建设和村民自治制度，规范"两委"的职能，强化民主管理、民主决策和民主监督制度，规范党员的言行，促进村组织和党员自觉遵守社会公德、遵守法律法规、遵守乡村风俗习惯，使党员成为遵纪守法和带领农民脱贫的道德楷模。

（3）提高选举和执政水平。聚焦村党组织和村委可能存在的"微腐败"、宗派主义、家族势力等苗头和问题，建立健全科学民主、公开透明的党支部书记提名制度，形成党内良性竞争机制。要建立公正公平的民意调查研究制度，理顺组织意图与民意的关系，充分尊重民意和业绩，选拔做实事、做好事、做善事的好干部、好党员。

（4）培养村级优秀干部。健全完善村党组织和村委选举制度，加强村党员和村民培育和引导，形成满足乡村振兴的领导人才、经营人才和新型职业农民等专业人才。要高度重视，制订计划，精心组织；加大人才培养，形成科学高效、公开透明的村党组织选拔机制和规范流程，引进和培养优秀村支书、村干部。

（5）建立自省纠错机制。加强村党组织和村委的民主机制，加强党组织和村班子的自查，提高党组织自查自纠的能力。明确权力来源于党员和村民，完善权力制衡、民主集中的村党组织领导架构，组成新型农村党组织领导体制，完善协调制约机制。落实"集体领导、民主集中、个别酝酿、会议决定"的原则，实行重大工作汇报、咨询、财务公开和考评奖惩制度，考核结果要与政治待遇、经济待遇直接挂钩。

（二）构建民主高效的自治体系

针对村民自治出现的问题，构建以村民委员会为引领，以新型职业农民群体为支撑，以社会组织为辅助，以乡贤能人自治组织为补充的新型乡村自治体系。

1. 发挥村民委员会的效能。落实村民委员会组织法，保障村民民主选举、民主决策、民主管理、民主监督的权力，实现选举的制度化、流程化、公开化、便捷化，鼓励村党组织书记通过选举担任村委会主任。村民委员会要统筹处理乡村事务，实现政府治理和社会调节、居民自治良性互动，形成有效的社会治理、良好的社会秩序。发挥党员大会、村民会议、村民代表会议、听证会、评议会、协商会六大会议的作用，形成村民集体自治的关键部门和枢纽部门，采用微治理、微协商模式，化解村民矛盾。

2. 开展乡贤治村。调动和激发乡贤文化的力量，对于乡村治理具有重要意义。按照乡村治理现代化的要求，鼓励推动开展乡贤治村，探索"帮扶+教化+辅治"的治理模式，发挥乡贤在乡村自治中的作用。深耕传统乡贤文化，鼓励在外成功人士、社会精英等回归故里，培育有代表性、有影响力的新乡贤。

山东省潍坊市在乡贤治村方面先行先试。潍坊市建立了乡贤履职激励机制、荣誉授予机制和公益捐建冠名制，将优秀乡贤纳入"两代表一委员"，确保乡贤返乡投资和参与乡村治理的连续性和有效性。实行"百名乡贤回归示范工程"，以村规民约形式，探索回归乡贤宅基地安排等措施，从源头上畅通乡贤还乡之路。

浙江省形成了"乡贤参事会协商文化村治模式"的实践经验，培育发展农村乡贤参事会、理事会等平台，引导离退休干部、知识分子、优秀农民工、企业家等乡贤参与乡村社会公共事务治理，打造乡贤文化宣传教育阵地。

专栏　培育与凝聚新乡贤的文化路径

1. 情感认同。以故土情来激发本地民众或者吸引在外地工作生活的同乡对家乡的热爱、眷恋，使他们积极去参与、支持乃至组织建设美丽乡村的各种事业。同时，要充分考虑我们当下在乡村推行的各种政策制度，是否契合民众的"喜、怒、哀、惧、爱、恶、欲"（即孔子说的人之七情），是否是以普通人的具体情况为出发点、落脚点，制定、调整各项政策制度。

2. 价值引领。首先要弄清楚乡村社会民众的价值追求是什么，他们的价值追求与社会主义核心价值观是什么关系。这其实涉及一个核心的问题：价值观是国家自上而下塑造起来的，还是社会大众自发养成的？应从人本性、乡土性、亲善性和现实性四个要素来综合思量、培育和传播乡村社会的发展目标，使其成为本土的文化共识，使其成为与基层治理相适应的价值文化与社会认同。一般而言，友善、诚信、互助、和睦、公道、安康，是乡村社会民众乐于接受、愿意遵守和易于传承的价值信条。我们应该以多样化的方式来涵养、弘扬与巩固它们，使其真正沁入人心，外化于行，融贯于各种举措之中。新乡贤正是熔铸和传播这些价值的积极力量和重要支柱。

3. 荣誉认同。"乡贤"在中国古代社会本身就是对有德行、有贡献的社会贤达去世后予以表彰的荣誉称号，是对他们人生价值的肯定，是一种荣誉认可。地方上还建有供奉他们的乡贤祠，以便世人铭记他们的嘉言懿行、学习他们的献身精神、怀念他们的恩德善行。这更是一种令家人、族人和乡党倍感荣光的无上荣誉。当下，对新乡贤的激励可以通过多样化的形式：颁发牌匾，让世人瞩目；汇编成曲，令世人传唱；绘像于墙，使世人观瞻；列入馆藏，供世人感念；载入方志，俟来者效仿。

4. 教育涵养。古乡贤及其事迹已经不可复原和再现,但他们的道德精神与力量通过文献和文物在代代相传,这就形成了乡贤文化之传统。他们的道德精神和力量主要体现为六个方面:"宗儒守道,匡扶正义,崇文右学,敬宗收族,乐善好施,务本求实"。我们当下培育和凝聚新乡贤,不仅利在当代,更是功在千秋。为此,就要形成新时代的新乡贤文化。这样他们的道德精神和力量才可以传承下去,才可以成为涵育乡风、敦化民风、醇厚人心的持久源泉。

3. 完善新型合作组织。新型社会组织参与乡村治理具有重要的价值。随着经济社会的发展和农村转型,新型社会组织在政府与社会之间建立起了沟通的桥梁,克服了个人与政府权力不对称的现象,提高了乡村社会的组织化,拓宽了农民利益表达的渠道。乡贤、经济精英的奉献精神对于乡村建设价值很大。给乡贤提供参与村庄事务的平台,有利于吸纳游离于体制之外但又在乡村有很高威望的乡村精英发挥积极的正能量。云浮市在新型合作组织参与乡村治理上探索出了一套先进经验。

专栏　云浮市乡贤理事会经验

云浮市乡贤理事会最早兴起于云安县。其率先试点培育"组、村、镇"三级理事会,即村民理事会、社区理事会、乡民理事会,协同党委、政府开展农村公益事业建设,协同参与农村社会建设和管理。云安县三级理事会作为云浮市社会建设创新项目被广东省社会工作委员会确定为第一批省社会创新观察项目并在云浮市所辖的云城区、新兴县、郁南县和罗定市迅速推广。乡贤理事会在乡村治理中的效果显著。例如,石城镇留洞村委会横洞村乡贤理事会于2011年4月成立,是云安县最早的乡贤理事会,又是典型的示范村。横洞村的总人口是133户738人,其中外出经商收入占63%,外出务工收入占17%,在家务工收入占20%。横洞村村民理事会主要由有威望、有能力的退休干部、复退军人、经济能人、外来工代表等组成。

理事会成立后,以"民事民办、民事民治"为原则,以村民自治和公共服务为主要职责,对村庄重大事项决策实行"一事一议",采取"三议三公开",即理事会提议、理事走访商议、户代表开会决议,议案决议公开、实施过程公开、办事结果公布。理事会广泛发动包括外出乡贤在内的群众自筹资金和争取"以奖代补"项目,完成村庄雨污分流、人畜分离、垃圾分类、路无尘土、墙无残壁等环境综合整治工程，修建了足球场、篮球场、居民健身广场，以及集阅览室、多媒体室、议事室于一体的功德楼文化中心，依靠村民的参与推动了村庄公益事业的发展。理事会还把传统文化与现代治理有效结合起来，积极挖掘传统文化资源，组织实施了《横洞村村规民约》，以"十不准"的形式，用简短易懂的语言对村民的日常生活行为进行规范。

乡贤理事会在云浮各区县迅速推广的过程中，职能逐步向多个领域扩展，包括动员村民广泛参与村庄公共事业建设事务、推动乡村文化资源开发、促进乡村和谐建设和协助村庄经济发展等，解决了乡村治理面临的诸多问题。

在乡贤理事会的参与下，有效化解了诸多乡村治理危机，推动了农村公共事业的发展，推动了社会主义新农村建设。乡贤理事会广泛参与乡村事务，有利于弥补政府纵向治理能力不足和村民横向自治能力缺失的问题，在很大程度上把中国的制度优势和传统文化有机地结合起来，适应了经济、社会、政治发生重大变化以后对社会的治理结构进行调整的要求。

农业合作社是我国乡村治理和产业振兴的关键支撑力量。近年来，我国各类合作社发展迅速，到 2015 年合作社总数达到 153.1 万家。

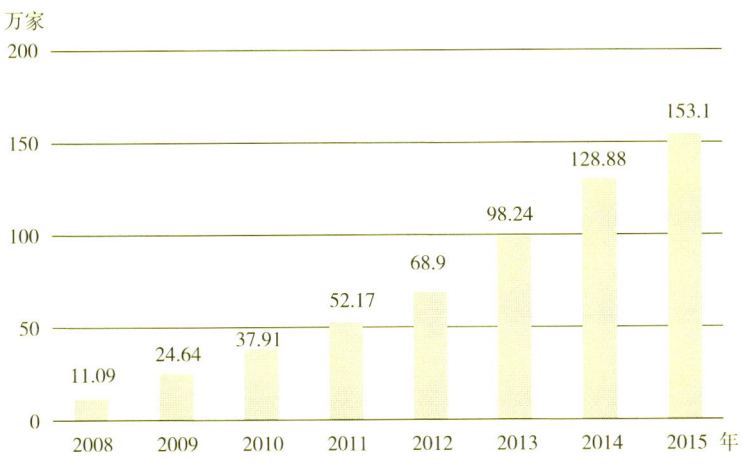

图 7-3 我国合作社数量统计

4. 培养新型农业经营主体。新型农业经营主体是乡村振兴的重要参与者和协调者，它改变了乡村社会结构，推动了乡村治理社会基础的深层次变化。应改变农民以土地流转费为主要收入的现状，构建新型农业经营主体和农民更为紧密的利益联结机制。探索农民以承包经营权入股农业适度规模经营,本着自愿、公平的原则,采取股份分红、利润返还等形式,实现互利共赢,让农民分享土地增值带来的长期稳定的收益,增加农民的财产性收入,形成"共同经营、共享收益"的利益共同体与分享机制。保障农民有"以脚投票"的权利,避免合作经济组织由少数人掌控。

为了鼓励农民土地流转,可以通过农地保本分红入股等形式保障农民利益,降低农户因为新型农业经营主体经营不善而出现的风险。同时,增加农民就业机会,吸纳当地农民就业。如江苏省江阴市规定规模流转的土地可以发包给符合条件的新型农业经营主体,但是本地劳动力必须达到农业生产用工的60%以上。借鉴村集体向新型农业经营主体收取一定管理费的经验,增加农村的集体收入,为农民和新型农业经营主体提供更好的服务。

(三)乡村治理法治化:消除城乡差别待遇,保障农民权利

1. 废除教育歧视,保障农民受教育权。《义务教育法实施细则》第三十条第二款规定:"实施义务教育的学校新建、改建、扩建所需资金,在城镇由当地人民政府负责列入基本建设投资计划,或者通过其他渠道筹措;在农村由乡、村负责筹措,县级人民政府对有困难的乡、村可酌情予以补助"。

2. 废除就业歧视,保障农民劳动权。劳动权是宪法规定的一项基本权利。但是按照《劳动法》的相关规定,农民并未被纳入到《劳动法》的调整范畴,国家制定的就业纲要性文件涉及的主体往往也不包括农民,或者区别对待。因此,完善《劳动法》中关于农民就业尤为重要。

3. 废除身份歧视,实现社会保障权利。按照现行《宪法》第四十五条的规定:"中华人民共和国公民在年老、疾病或者丧失劳动能力的情况下,有从国家和社会获得物质帮助的权利"。这就需要完善农民获得国家帮助的具体条款。

四、实施路线图

乡村治理是一项艰辛而重大的组织管理工作,它涉及范围广,内容复杂,影响深远,必须坚定不移地抓紧抓好、抓出成效。

做好乡村治理要紧紧依靠各级党委,以农民为中心,聚焦当前基层党组织和村委管理中暴露出来的突出问题,聚焦人民最关心最直接最现实的切身利益,因地制宜、有序推进、真抓实干、不留死角。要制订具体工作计划和行动路线图,分工明确,协同配合,一件事情接着一件事情办,一年接着一年干。坚持人人尽

责、人人享有，坚守底线、突出重点、完善制度、引导预期，完善公共服务体系，保障群众基本生活，不断满足人民日益增长的美好生活需要，不断促进社会公平正义，形成有效的社会治理、良好的社会秩序，使人民获得感、幸福感、安全感更加充实、更有保障、更可持续。

总体来说，各级党委、地方政府要制定实施以下的路线图：

一是制定实施乡村治理专项规划和行动方案。以党中央、国务院、各级党委和政府的政策文件为依据，突出本地特色，采取问题导向，围绕基层党组织建设、党支部书记选拔考核、党员干部建设、村委班子建设和监督约束、村集体资产管理与监督、精准扶贫工作、村民创业就业、村财务监督、村委考评等，制定可操作、可公开、可兑现的村组织治理制度体系和具体考核办法，以制度和细则规范基层党组织、规范村两委业绩、规范村集体财产使用和收益分配，提高村级党组织、村委对乡村振兴、环境治理、农民富裕和乡村文明等重要指标的承担、推动和提升作用。

二是明确主要任务和重大项目。一事一议，一村一策，与经济发展、民生工程紧密结合，制定基层党组织、村委的年度、三年和任期工作任务、经济指标、村级文化建设指标、扶贫和创收等民生指标，纳入党组织、村班子的业绩考核。同时，确定年度和三年重大项目，明确责任分工，稳步推进项目实施。

三是典型借鉴与示范试点。学习借鉴国内外先进村组织治理经验和案例，分析各村党建和村民自治等情况，对村党组织和村委班子，分类管理，有序提升。对于经济发展较好、村党组织健全、村党组织有较高政治觉悟和政策水平、村集体财产运行良好，并且村民人均收入较高的村党组织和村民委员会，积极引导推动，使其成为乡村治理的示范试点。对于村党组织涣散、村民委员会低效无效运行、村委腐败苗头存在、黑恶势力严重的村庄，市县镇等党委要高度关注，监察公安等部门跟上，重点分析和整治；对于涉及刑法和案件的，移交有关部门严肃处理，以尽快完善村级治理，确保有效、高质量运行。同时，积极开展示范乡镇、示范村、示范农户、示范龙头企业和示范乡贤等活动，典型带路，推动本地区的相关工作顺利开展。

四是强化党建管理和制度建设。强化村治理工作的辅导指导、督促检查与考核激励，发挥基层组织"一线指挥部"的特殊作用，用好严明责任"压舱石"，用好督察考核利器，打通乡村治理的"最后一公里"。鼓励村党组织书记通过选举担任村委会主任。完善"一约三会"制度，充分发挥村党组织领导核心作用，夯实村委会的基础作用,以"六大会议"为引导,以个性化、亲民化的小型组织活动为辅助,以乡贤能人自治组织为补充,形成民事民议、民事民办、民事民管的多层次基层协商格局。发挥村规民约的积极作用,推动村规民约内化于心、外化于行。严格党内政治生活,以"主题党日"为载体,抓严抓实"三会一课",把学习贯彻习近平新时代中国特色社会主义思想作为"两学一做"学习教育常态化制度化的主要内容,组织生活会、民主评议党员等,探索提升党的组织生活活力的途径。

五是强化村组织管理和监督考核。推进党务村务财务公开,建立党员群众密切联系机制。开展以村民小组或自然村为基本单元的村民自治试点工作。对处于独立居民点且拥有集体土地所有权的若干村民小组或迁村并点后的自然村,按照自治半径相对合理、公共利益联系紧密的原则,根据群众意愿建立村民理事会,制定章程,强化自治功能,发挥在办理公益事业、服务生产生活中的作用。深入了解基层干部实际难处,关心兢兢业业干事创业的基层村干部。同时,采取各级党员干部优先向乡镇村庄党组织、主要班子派驻、挂职等倾斜的试点,探索优化外派村支书等做法,提升村级党组织的战斗力,优化村民自主委员会的政治觉悟、政策水平、致富能力和管理技能,打造和谐有序、团结健康的村级党组织和村民自治委员会,促其更好地发挥示范带动作用。

五、坊子区洼里村组织治理案例

坊子区是潍坊市经济发展重要的增长极,该区以农业科技研发和产业聚集提升为抓手,注重树立农业示范标杆,引导和推动"科技+""农业+"的发展策略,全面实施乡村振兴战略,积极推动农民致富,通过扶持洼里村组织建设,引导农业科技创新发展,推广使用节能节水大棚技术和蔬菜种植,建设电子商务平台,走出了依靠"科技+农业""科技+技术推广""科技+国际合作""科技+创新创业"等乡村振兴的新渠道、新模式。

坊子区坊安街道洼里村地处潍坊市区东南侧 9 公里处,四面丘陵,地势低洼,村庄占地 229 亩,耕地 1317 亩,共有村民 181 户、673 口人。过去的洼里村,庄里庄外全是土路,一到雨天,雨水聚集,村庄变成"泥洼",道理泥泞,交通不便,生产生活基础设施落后,是坊子区的落后村。

2011 年以来,坊子区以加强基层组织建设为突破口,扶持该村抓班子、带队伍,积极利用科技创新,探索有机循环农业和休闲观光农业的发展模式,逐步形成了科技创新引领、"党支部+合作社+园区+农户"的乡村振兴新模式、新业态。

归纳该村实践经验,主要有四条:

一是能人回乡,搭建乡村发展的好班子。2011年春,时任潍坊建设集团项目经理的刘向东在坊子区委、区政府的嘱托和村民期盼下,放弃高薪,毅然回村,高票当选村支部书记、全票当选村委会主任,挑起了洼里村产业兴旺和经济发展的重担。刘向东上任后,注重建班子、带队伍,配强村两委,选树有能力、有干劲的党员队伍,采取集体学习、会议讨论、外地取经、建章立制等有效途径,理顺村级规范化管理体制,探索党员激励培养方式,锻造了一支想干事、会干事、能干事的基层干部队伍。2011年以来,村支书刘向东累计个人垫资360余万元,带动党员群众捐款出工,为村里修路、改电、通水、建新村委,村庄面貌焕然一新,村民满意度显著提高。村两委以为群众办实事为出发点和落脚点,注重自我提升和规范管理,主动开展各类党课学习、廉政教育和党员主题活动,每月15日召开党员集中学习会,村务公开栏单独开辟党员积分栏,接受村民的监督。

二是群策群力,找准产业发展好路子。农民富是乡村振兴的关键。如何带领村民增收,成为村两委班子的首要任务。2011年,刘向东带领村两委干部和党员代表多次外出考察,反复研究讨论,决定突出本村的水土和交通优势,优先发展设施农业。为此,洼里村党支部发动党员干部,投资200多万元,流转村土地300余亩,建设19处日光温室大棚,成立了玉泉洼种植专业合作社联合社,创建了玉泉洼生态观光园,开始探索特色农业发展之路。贯彻落实国家现代农业政策,2012年3月,村两委决定大力拓展有机循环农业。按照完全不使用化肥农药、完全不使用生长调节剂、完全不使用转基因技术、完全不使用除草剂、保证绝对安全健康的"四不一绝"标准,对玉泉洼生态观光园进行了为期3年的有机种养殖的产业发展模式转换。转型发展之后的第一季度,由于有机蔬菜成本高、品相不好、产量低,市场认可度弱,联合社亏损67万多元。为解决盈利和可持续发展问题,洼里村的党员干部主动去职业学校、到龙头企业、到外地城市,千方百计学习新技术,推广有机产品,销售有机蔬菜。坊子区委、区政府也主动帮助找销路、引项目、帮促玉泉洼村创品牌、闯市场。在各方努力和帮助下,玉泉洼有机果蔬品牌逐步打开了市场、获得了各方认可。目前,园区产出的19种国家认监委认证的有机果蔬产品销往北京、上海、青岛等一线城市,"老实家""食全食美"等知名电商、潍坊本地商超、机关、学校及高端会员客户,均价26元/

公斤的有机蔬菜供不应求。为拓展产业链条，该村又探索发展种养加结合的循环农业和农游一体的休闲观光农业，不断延伸产业链，提升价值链，优化利益链，扶持创新链，拓展创业链，完善和丰富园区业态，吸引市民和游客参观游玩、采摘体验，提高了园区知名度。2017年，园区产出有机果蔬6000吨，接待游客20万人次，实现产值8600余万元。

三是人人参与，打造和谐繁荣好村子。在村党支部的带动下，洼里村的村民将土地入股联合社，富余劳动力到园区打工，村民、党支部和联合社成为共生共荣的共同体，村事务集体表决，园区发展人人参与，群众的智慧迸发了，洼里村走上了良性发展的快车道。2013年以来，洼里村实行"四议两公开一监督一审计"制度，党员议事，群众定事，公开办事。现在的洼里村，两委干部依法办事，村民安心干事，党员群众拧成一股绳，有机循环农业成为乡村振兴的产业支撑，玉泉洼生态观光园成为潍安路乡村旅游产业带的核心园区，洼里村成为全市乃至全省的党建示范点，洼里村和玉泉洼生态观光园先后获得国家级蔬菜标准园、山东省先进基层党组织、好客山东最美乡村等80余项荣誉称号。洼里村的村民收入翻了近三番，过上了富足安逸的新生活。

四是再接再厉，迎接幸福美满好日子。在乡村振兴战略的政策引领下，洼里村党支部在成绩面前不骄傲，他们肩负更大责任，自我加压，继续学习领会党的政策方针，确立了园区增质增效、村庄美丽宜居、村民富裕生活的更高目标，并多次外出取经、研究、借鉴和引进国内外先进理念和农业新技术。2017年，玉泉洼种植专业合作社联合社与以色列LR集团签订合作协议，成功落户玉泉洼莫沙夫项目，按照以色列先进的莫沙夫模式，规划打造一座集产业、居住、社区、教育、康养等功能于一体，全省领先的田园综合体，将覆盖周边15个村庄，带领1万多群众步入准小康生活水平。2018年，洼里村启动核心区5000亩的项目建设，包括智能大棚、生态牧场、沼气工程、培训中心、村庄改造、基础设施提升等，目前已完成投资3500余万元，各项目工程进展顺利。

在坊子区委、区政府的带动和扶持下，洼里村两委班子经过几年的努力工作，进一步增强了科技创新意识，始终以村民为中心，紧抓乡村振兴的战略机遇，利用高科技手段，推动基层党组织建设，紧扣"科技+产业""科技+市场"等思路，拼搏开拓，大胆探索，积极打造乡村振兴的齐鲁样板。

第八章
CHAPTER 8

乡村生活富裕路线图

治国之要，首在富民。《管子·治国》曰："凡治国之道，必先富民。民富则易治也，民贫则难治也。"在管仲看来，道德水平与经济水平相辅相成，经济水平提高，道德水准自然提高。"仓廪实而知礼节，衣食足而知荣辱。"孔子《论语·颜渊》载："子贡问政。子曰：足食，足兵，民信之矣。"孔子把"足食"放在首位，认为为政为官者，应首先考虑民众的生活问题，只有生活富足，才能进行礼仪教化，社会才能进步。辛弃疾的词《清平乐·村居》描述了乡村悠闲自得的田园风光。

清平乐·村居
宋代　辛弃疾
茅檐低小，溪上青青草。
醉里吴音相媚好，白发谁家翁媪？
大儿锄豆溪东，中儿正织鸡笼。
最喜小儿无赖，溪头卧剥莲蓬。

此词描绘了农村五口之家的环境和生活画面，借此表现人情之美和生活之趣。作者把这家人的不同面貌和情态，以及美好的农家生活描写得有声有色，惟妙惟肖，活灵活现，具有浓厚的生活气息，表现出作者对农村和平宁静生活的喜爱。

党的十九大报告提出：农业强不强、农村美不美、农民富不富，决定着亿万农民的获得感和幸福感，决定着我国全面小康社会的成色和社会主义现代化的质量。因此，农民富裕是中国共产党和各级政府最重要的努力方向之一，也是考验地方党委和政府执政水平和政治素养的重要方面。

一、国家政策

中国共产党历来重视农民富裕问题。早在1955年，毛泽东主席就提出了"共同富裕"的目标，并指出：土改后，农民发生了分化。如果我们没有新的东西给农民，不能帮助农民提高生产力，增加收入，共同富裕起来，那些穷的就不相信我们，他们会觉得跟着共产党走没有意思……为巩固工农联盟，我们就得领导农民走社会主义道路，使农民共同富裕起来，穷的要富裕，所有农民都要富裕，并且富裕的程度要大大超过现在的富裕农民。这是中国共产党在新中国成立初期对农民富裕问题的最早表态和规划。

要振兴乡村，必须使农业强旺、农村美丽、农民富裕，其中让农民富裕是关键。新中国成立以来，党中央始终高度重视农民生活富裕问题。毛泽东主席早在20世纪四五十年代就提出了农民富裕的政治要求。党的十一届三中全会以来，我国农村发生了许多重大变化。其中，影响最深远的是，普遍实行了多种形式的农业生产责任制，而联产承包制又越来越成为主要形式。中国共产党第十二次全国代表大会提出了全面开创社会主义现代化建设的新局面，力争到20世纪末全国工农业年总产值翻两番的宏伟目标，并确定发展农业是实现这一宏伟目标的战略重点之一。

1983年，《中共中央关于印发当前农村经济政策的若干问题的通知》提出，我国农村只有走农林牧副渔全面发展、农工商综合经营的道路，才能保持农业生态的良性循环和提高经济效益；才能满足工业发展和城乡人民的需要；才能使农村的剩余劳动力离土不离乡，建立多部门的经济结构；也才能使农民生活富裕起来，改变农村面貌，建设星罗棋布的小型经济文化中心，逐步缩小工农差别和城乡差别。现有的社队企业，不但是支持农业生产的经济力量，而且可以为农民的多种经营提供服务，应在体制改革中认真保护，切勿使削弱，更不得随意破坏、分散。社队企业也是合作经济，必须努力办好，继续充实发展。要认真进行调整和整顿，加强民主管理和群众监督，建立多种形式的生产责任制。

2017年前后，党中央、国务院及国家发改委、农业农村部、财政部、生态环境部等都出台了相应的政策文件。其中2017年中共中央办公厅、国务院办公厅印发《关于加快构建政策体系培育新型农业经营主体的意见》，集中体现了党中央的战略意图，凝聚了各方共识，是今后一段时期指导新型农业经营主体发展的重要政策文件。主要目标是，到2020年，基本形成与世界贸易组织规则相衔接、与国家财力增长相适应的投入稳定增长机制和政策落实与绩效评估机制，构建框架完整、措施精准、机制有效的政策支持体系，不断提升新型农业经营主体适应市场能力和带动农民增收致富能力，进一步提高农业质量效益、促进现代农业发展。

《国务院关于印发"十三五"生态环境保护规划的通知》提出，要推动绿色产业建设发展，重点在加强林业资源基地建设，根本取决于加快产业转型升级，促进产业高端化、品牌化、特色化、定制化，以满足人民群众对优质绿色产品的需求。开展环保产业技术合作园区及示范基地建设，推动环保产业走出去。

2018年中央1号文件全面阐述了乡村振兴战略的指导思想、基本原则、目标任务、实施路线和保障措施等，是我国推动乡村文明和生活富裕的纲领性文件。

《国务院关于加强质量认证体系建设促进全面质量管理的意见》（国发〔2018〕3号）提出，通过3~5年努力，我国质量认证制度趋于完备，法律法规体系、标准体系、组织体系、监管体系、公共服务体系和国际合作互认体系基本完善，各类企业组织尤其是中小微企业的质量管理能力明显增强，主要产品、工程、服务尤其是消费品、食品、农产品的质量水平明显提升，形成一批具有国际竞争力的质量品牌。

二、对标对表

关于乡村振兴战略中，如何实现生活富裕，可能的路径很多，这里重点选择了潍坊市精准扶贫案例和日本群马县川场村如何从衰败走向繁荣的两个案例。

（一）潍坊市以扶贫推动农民致富

潍坊市在推进乡村振兴战略中，按照抓重点、补短板、强弱项的要求，把乡村建设成为幸福美丽新家园。增加集体和农民收入，提升创业就业质量，推动城乡基础设施互联互通，构建农村公共服务体系，打好精准脱贫攻坚战，推进生产生活融合和城乡融合，调动广大农民积极性、主动性、创造性，把广大农民对美好生活的向往化为推动乡村振兴的动力，增强农民群众的获得感、幸福感、安全感。

该市聚焦重点区域和重点人群集中发力。重点扶持山区库区、1个省级重点扶持乡镇、3个省扶贫工作重点村和8个市级重点扶贫镇街。根据脱贫攻坚实际，按照总资金不低于50%的比例，将新增的脱贫攻坚资金、脱贫攻坚项目、脱贫攻坚举措，向脱贫任务重点区域倾斜，确保重点区域与全市同步高质量打好脱贫攻坚战。重点帮扶贫困人口中60岁及以上老年人、身患病残以及基本无劳动能力的贫困户，确保重点群体有稳定的收入、有病能治、孩子能上学、房子有保障。发挥"311"民生公共政策体系兜底作用，综合运用民政救助政策、资产收益、实物供给、孝善扶贫、邻里互助等方式进行兜底保障。探索设立互助养老公益岗位、政府集中供养、医养结合等模式，为重点人群提供帮扶。

（二）日本川场村城乡合作共赢

日本川场村位于群马县北部。20世纪60年代，川场村逐渐衰败，1971年被日本政府认定为"过疏地域"（即人口与户数锐减，地域老龄化，经济萎缩，生活信念低落等）。为了摆脱困境，川场村1975年确立了发展"农业+观光业"的"乡村振兴"策略。

1981年，川场村与东京都世田谷区结为姐妹关系，开展全方位的城乡交流。一是实施了乡村服务城市计划，在1981—1990年，世田谷区与川场村缔结"区民健康村相互协力协定"，共同成立"世田谷区川场故乡公社"，以服务城市居民为主要目标，健康村主要为市民提供疗养、自然体验活动、农产品与手工艺品销售等服务。二是自1991年以来实行城乡互助，共建富裕乡村。这阶段，川场村、世田谷区以及林地所有者三方共同合作，以"中野馆"附近80公顷范围的森林为对象，开展森林保护等系列活动，推动文化交流、农产品品牌化等城乡合作项目。2007年开始，在"友谊林"计划成功的基础上，推动实施了"后山整备计划""农林再生事业"等城乡合作活动，引进了环保企业与志愿者组织，改造了居民房屋，业务范围扩大到了城市居民疗养、自然体验、农产品生产、民宿、文化会馆、食物工坊、田园广场等旅游与生活需求。

为发展乡村旅游业，川场村建设了"历史民族资料馆""名主纪念馆"等文化旅游设施，景观设计保留了农村面貌，路径的地面维持了田间小路的原貌，路牌指示了路径的地理信息，介绍了农产品信息。

总体来看，川场村的产业转型和发展模式重点体现了社区营造的五要素。

人：城乡合作共赢，乡村力量主导；

景：注重空间品质，保留农业景观；

文：延续地域传统，促进文化交流；

地：开发与保护同时进行；

产：农业产业化、品牌化。

川场村借助城乡互动计划，逐步从"过疏地域"的衰败村落发展成城乡居民共享的"魅力故乡"，实现了以农业与观光业为主业的可持续发展。

三、实施路线图

生活富裕是乡村振兴的目标和决定性指标，关系到我国"十三五"规划实施成效和决战全面建成小康社会胜利的关键。全面建成小康社会，标志性的成果至少含有农村贫困人口全部脱贫、贫困县全部摘帽。打好脱贫攻坚战，关键是打好深度贫困地区脱贫攻坚战，攻克贫困人口集中的乡和村。乡村振兴战略事关国家现代化和中华民族伟大复兴。生活富裕是乡村振兴的重要目标，也是各地区"三农"工作的重点。结合2018年中央1号文件精神，农民富裕可实施以下的工作路线图。

一是增加集体和农民收入。按照"消除空壳村、扶持薄弱村、壮大富裕村"的思路，优先保障集体经济发展，加强农村"三资"管理，拓宽农民增收渠道。加强县、镇两级农经管理队伍建设，完善农村集体"三资"委托代理服务，积极推行会计聘任制，规范村级财务公开。开展村庄经营，引导新型经营主体和集体经济组织建设标准厂房、商铺、营业用房和来料加工点等农民创业基地。鼓励村集体和有条件的农户依法向金融机构融资担保、入股从事农业产业化经营，获取财产性收入。

二是提升创业就业质量。加大乡村人力资源开发，多渠道支持农民创业，全方位提高就业质量，多元化提供创业就业保障，提升创业就业质量。引导工商资本和各类人才下乡，开拓农村创业"蓝海"，享受农村创新创业"红利"。构建一批"线上线下、虚实一体、阳光便捷"的就业服务平台。培育一批家庭工场、手工作坊、乡村车间，鼓励在乡村地区兴办环境友好型农产品加工、传统工艺类、大数据类、休闲旅游类、农耕文化类、农业服务类新企业，实现乡村经济多元化，提供更多就业岗位。

三是推动城乡基础设施互联互通。完善交通物流和仓储基础设施，强化水资源和能源、通信等基础保障，实施数字乡村战略，构建清洁高效能源体系，推动城乡基础设施互联互通，促进农村基础设施提档升级。全面推进城乡客运公交化和城乡公交一体化建设，鼓励发展镇村公交。倡导低碳生活，节约利用生产生活用水，保障水资源供应能力，实行水资源消耗总量和强度双控行动，加大水资源统一调度力度，确保空间均衡，合理分配客水指标，保证居民基本用水。加快农村地区宽带网络和第四代移动通信网络覆盖步伐，开发适应"三农"特点的信息技术、产品、应用和服务。深化农村能源服务体制机制创新，构建"清洁高效、多元互补、城乡协调、统筹发展"的现代农村能源体系。

四是构建农村公共服务体系。优先发展农村教育，重点发展农村医疗，持续优化社会保障，构建覆盖城镇、普惠共享、公平持续的基本公共服务体系。加强新型农民职业教育，建立与区域经济社会发展需求、现代产业体系和社会就业相适应，相互衔接、协调发展、开放兼容的现代职业教育体系，逐步分类推进中等职业教育免除学杂费。健全学生资助制度，把农村需要的人群纳入特殊教育体系，推动优质学校辐射农村薄弱学校常态化。完善农村教育保障体系，建立长效运营机制。全面实施社会保险改革,推广全民参保登记计划,完善城乡一体化的社会保险体系。

五是打好精准脱贫攻坚战。做好乡村振兴与扶贫攻坚有机衔接,坚持精准扶贫、精准脱贫,把提高脱贫质量放在首位。推动产业扶贫、开展教育扶贫、加强精神扶贫、实施金融扶贫、推进社会扶贫、夯实重点扶贫,打好精准脱贫攻坚战。完善社会扶贫供需对接机制,整合全行业志愿服务资源。探索"互联网+"社会扶贫模式,搭建农村最低生活保障工作的动态化精细化管理系统,实现扶贫资金、资源与贫困对象精准对接。

六是出台产业优先扶持政策。在土地、资金、人才等方面优先向农业农村倾斜,并加大党管农村和干部任用力度,提高各方面对农业农村的重视和投入,快速提高农业发展质量和效率。

四、三穗县颇洞村以党建促增收案例

颇洞村隶属贵州省黔东南三穗县台烈镇,位于三穗县城西南部,320 国道、沪昆高速穿境而过,距县城 10 公里。全村面积 20.3 平方公里,耕地 4137.6 亩。有 13 个自然寨,31 个村民小组,1259 户 5053 人,贫困人口 1052 人。

颇洞村确立"景区带村"思路,以"党社联建"发展模式深化"三变",推动"三带",拓宽贫困人口增收致富渠道。2016 年 1 月,颇洞村正式获批为国家 3A 级景区。自正式营业以来,共接待省内外游客 30 万人次,提供就业岗位 900 余个,累计流转土地 1800 亩,发展合作社社员 4500 余人,全年实现生产总值 1.36 亿元,辐射带动 2800 余人实现脱贫。村级集体经济实现从无到有、由少到多,村集体企业发展成为了一家拥有 8 家企业、12 家合作社的集团公司,村级固定资产增至 6078 万元,集体经济收入从 2013 年的 52 万元增加到 2017 年的 268 万元;全村居民人均可支配收入从 2013 年的 5710 元增加到 14160 元,成为全省率先实现村级集体经济收入超 100 万元的村之一,全村除民政兜底贫困户外,已全部实现脱贫。该村的主要做法有:

一是多种方式筹资,凝聚发展合力。村民可选择现金、土地两种方式入股,现金入股每股 1000 元,土地入股按每亩地 820 元/年折算,不足部分用现金补足。为防止恶意控股,规定每户最多 200 股。颇洞村村民入股已实现全覆盖,入股资金 1700 多万元,入股土地面积 70 亩,同时将上级扶贫专项资金作为贫困人口的入股资金,实行滚动管理(贫困人口和因其他原因返贫人口享受此项入股分红,

脱贫后不再享受），形成了"有钱出钱，有地出地"的良好氛围，充分调动了全体村民的积极性，形成了共同发展的合力。

二是分类经营创收，壮大发展实力。合作社成立后，立即召开股民大会，制订《颇洞村党社联建工作实施方案》，明确颇洞村农峰合作社参股对象（颇洞村村民）、指导思想、工作分工、工作目标、实施内容等。2017年初，颇洞村将村属的8家企业、12家合作社整合成立了颇洞集团公司，各子公司和合作社分别从事建筑业、水产养殖、水果种植、蔬菜种植、苗木花卉、餐饮住宿和旅游服务等行业。年初，子公司或合作社根据总体目标制定年度工作目标报董事会审议通过后并在股民大会上公布后实施。子公司或合作社根据自身实际，采取自主经营、社员承包和分产统销三种经营模式，最大限度调动群众生产积极性，有效推动乡村旅游业与农业相结合，实现了规模化经营。目前，颇洞村已建成精品水果基地2000亩、优质蔬菜基地600亩、苗木花卉基地400亩、蓝莓示范基地300亩、草莓示范基地100亩，建成文化长廊、荷花池、生态鱼池、热带植物馆、旅游公厕、景观坝等设施；为丰富旅游产品和拓宽农特产品销路，成立了绿源食品加工厂，从事豆制品、腌制品、淀粉制品、禽蛋制品等农特产品加工。3个家禽养殖场2018年预计出栏8万羽，山羊预计出栏2000余头，3个水产养殖基地养鱼13000余尾，建生态农庄一座（一次性可接待游客500余人）、游乐场一个，有租赁自行车260辆、观光游览车两辆。

三是明确比例分红，促进多方共赢。合作社产生红利后，总利润的60%作为入股分红，28%作为合作社滚动发展资金，4%作为村级集体经济收入、村级公益事业基金及贫困户扶持资金，2%用于颇洞村爱心协会公益基金，2%用于村两委工作人员奖励工资，4%作为合作社管理人员绩效奖金。2017年，颇洞村集体经济收入达268万元，村民现金分红366万元。爱心协会成立以来，共累计捐助资金75万元，帮助困难群众2800余人，长期资助学生63人，积极向报京火灾、剑河温泉火灾、黎平九潮水灾等受灾地区群众伸出援助之手，踊跃捐款捐物。

四是健全完善机制，实现良性发展。完善民主决策机制，村两委全面实施"四议两公开"工作法，村级重大事项严格按照党支部会提议、村两委商议、党员大会审议、村民代表大会决议的步骤组织实施。健全内部管理机制，合作社建立《合作社社务公开制度》《合作社民主管理制度》等制度，设立固定财务公开栏，理事长定期组织召开合作社成员大会，公布收益情况，并在公开栏进行公示，接受监督。对成员提出的疑问，由理事长当面解释清楚，消除疑虑，提高其向心力，促进乡村旅游发展合作社持续健康发展。

五是两委兼职领办，思路开阔效果好。村党支部副书记任合作社理事长，支部书记任合作社监事长，村主任、支书、计生主任兼任合作社（协会）理事或监事。同时，党支部与合作社实行联合办公，在工作上既有分工又有合作，合作社在村党支部的宏观领导下，按《章程》实行科学管理、自主经营。合作社下设子公司和项目部，开展多种经营，有效提升合作社的市场竞争力，促进产业和集体经济快速发展。注重提升干部带创能力，通过"请进来"教、"走出去"学、"菜单式"培训等方式，帮助解决农村土地流转、经济发展等热点难点问题。举办乡村旅游业等专题培训，培训村干、党员和村民，组织村党员干部、合作社骨干和村民代表赴山东寿光、贵阳、铜仁等地以及西江、黎平、镇远等县考察学习，学习先进经验，拓宽乡村旅游业发展思路。

第九章
CHAPTER 9

乡村人才振兴路线图

习近平指出:"人才是创新的第一资源。没有人才优势,就不可能有创新优势、科技优势、产业优势。""人才是创新的根基,创新驱动实质上是人才驱动,谁拥有一流的创新人才,谁就拥有了科技创新的优势和主导权。"三国时,刘备"三顾茅庐"的故事成为重视人才的典范和美谈。

人才振兴是乡村振兴的支撑和基础。如何构建育才、引才、用才、留才的开放格局,培育打造人才聚集与提升的乡村产业聚集区和服务平台,优化人才服务的体制机制,形成乡村振兴的人才培养模式;如何探索并高效打造乡村振兴的创新创业平台,促进城乡人才要素的双向流动,构建各地区乡村振兴的强大人才高地,决定着各地区乡村振兴战略目标的实现和效果。

一、国家政策

人才战略是国家为实现经济和社会发展目标,把人才作为一种战略资源,对人才培养、吸引和使用做出的重大的、宏观的、全局性构想。人才战略的核心是培养人、吸引人、使用人、发掘人。

党的十八大以来,习近平总书记高度重视人才问题和人才工作,多次强调人才资源是第一资源的观点。人才是最活跃的要素,是决定战略成败和国家兴衰的最根本的要素。人才强国战略是实现国家强盛的第一战略。

2003年,全国人才工作会议明确提出"实施人才强国战略"。

2013年10月21日,习近平总书记在欧美同学会成立一百周年庆祝大会上指出:"人才资源作为经济社会发展第一资源的特征和作用更加明显,人才竞争已经成为综合国力竞争的核心。谁能培养和吸引更多优秀人才,谁就能在竞争中占据优势。""没有一支宏大的高素质人才队伍,全面建成小康社会的奋斗目标和中华民族伟大复兴的中国梦就难以顺利实现。"

《国家中长期人才发展规划纲要(2010—2020年)》是根据党的十七大提出的实施人才强国战略的总体要求,着眼于为实现全面建设小康社会奋斗目标提供人才保证制定的《人才规划纲要》。它强调了加快建设装备制造、信息、生物技术、新材料、航空航天、海洋、金融财会、国际商务、生态环境保护、能源资源、现代交通运输、农业科技等经济领域和教育、政法、宣传思想文化、医药卫生、防灾减灾等社会发展重点领域的高端人才。

2015年10月,党的十八届五中全会提出"深入实施人才优先发展战略"。2017年前后,全国各地各类专项人才政策密集出台,各城市掀起了"人才争夺战"，人才环境不断优化。

虽然国家人才政策经历了不断成熟、逐步完善的过程，但是，对于乡土人才方面的政策机制总体上相对匮乏，国家和地方投入也相对不足。过去的乡土人才政策较零散。2018年中央1号文件对乡土人才做了具体部署：

一是要大力培育新型职业农民。要全面建立职业农民制度，实施新型职业农民培育工程。二是要加强农村专业人才队伍建设。特别是要扶持培养一批农业职业经理人、经纪人、乡村工匠、文化能人和非遗传承人等。三是要发挥科技人才支撑作用。要探索新机制，全面建立高等院校、科研院所等事业单位专业技术人员到乡村和企业挂职、兼职和离岗创新创业制度，发挥好各类农业科技人员的作用。四是要鼓励社会各界投身乡村建设。乡村振兴要有全社会各类人才的参与，要建立有效激励机制，吸引支持企业家、党政干部、专家学者、技能人才等通过下乡担任志愿者、投资兴业、包村包项目、捐资捐物等方式，参与到乡村振兴的伟大事业中来。五是创新乡村人才培育引进使用机制，多措并举的人力资源开发机制，城乡、区域、校地之间人才培养合作与交流机制，城市医生教师、科技文化人员定期服务乡村机制。

目前，国家层面尚未出台完整的乡村振兴人才专项政策，但是，很多地方政府已经研究并出台了乡村振兴的专项政策，如江苏省南通市出台《关于进一步加强农业乡土人才开发的意见》。随着乡村振兴战略的不断深入实施，各地区乃至国家层面将出台更多关于乡村振兴的人才政策和激励办法。

二、对标对表

人才是第一驱动力。乡村振兴战略能否落实，关键看人才，包括党政人才、经济人才、金融人才、技术人才等。山东省潍坊市、河北省阜城、山西省沁县等出台了各自相关人才激励政策。

（一）山东省潍坊市构建乡村振兴人才常态服务机制

潍坊市以乡村振兴为主线，立足区位优势，积极完善有效激励机制，以乡情乡愁为纽带，吸引支持企业家、党政干部、专家学者、医生教师、规划师、建筑师、律师、技能人才等，通过下乡担任志愿者、投资兴业、包村包项目、行医办学、捐资捐物、法律服务等方式服务乡村振兴事业。潍坊市注重调动和挖掘各级工会、共青团、妇联、科协、残联等群团组织的优势和力量，充分发挥各民主党派、工商联、无党派人士等积极作用，支持农村产业发展、生态环境保护、乡风文明建设、农村弱势群体关爱等。潍坊市注重加强对下乡组织和人员的管理服务，通过建立下乡人才情报站和服务站，采用政府购买服务、合资入股等方式，打通各类下乡人才的服务渠道，形成常态化服务机制和利益反馈机制。

通过潍坊市乡村振兴人才常态服务机制构建，对于乡村振兴人才的引进和培育提供了有益借鉴。

一是丰富乡村振兴人才服务形式，把一切能够纳入到乡村振兴体系中的力量充分发挥出来。实施乡村振兴战略，并不只是农民的事情，或者本乡本村的群众作出的贡献才叫贡献，而是建立一个有层次、有交流的服务体系。

二是打破信息不对称，充分利用政府和市场的力量推动乡村振兴。一般来说，成功人士、企业家等都有一定的"乡村情结"，都愿意回到家乡为家乡作贡献。但是，由于信息不对称的缘故，导致乡村有需求、企业家有供给的局面变成"给的不是想要的"窘境。建立服务平台，发挥政府购买的作用，打通各类人才的服务渠道，形成常态化的反馈机制，是充分发挥乡村振兴力量的关键。

(二) 河北省阜城县实施"乡土人才+"叠加倍增模式①

阜城县是一个典型的农业县。近年来，该县坚持走"精准扶贫、产业先行，产业扶贫、人才先行"的产业化、人才化扶贫的路子，以发展壮大瓜菜产业为主导，以培育用好县域乡土人才为基础，以"乡土人才+"模式引领了农业产业化、区域化、现代化发展。阜城县先后被评为全国无公害蔬菜发展重点县、国家西甜瓜体系试验基地县，连续九年被评为河北省扶贫开发工作先进县。

"技术人才+精准服务"，建立乡村发展的"领头雁"。2005 年，阜城县涉农部门的 15 名专家人才和 620 名"土专家""田秀才"成立了瓜菜品种推广和种植技术帮扶"110"科技服务队，对贫困群众发展产业实行"保姆式"帮扶，定期组织瓜菜种植技术培训，直接送品种、送技术、送信息到田间地头。2012 年底，这支"土专家"队伍已发展到了 3300 余人。

"销售人才+专业协会"，铺架群众脱贫致富的"连心桥"。阜城县在保证质量、培育品牌的前提下，注重对产品销售市场的利用和拓展，充分发挥农民经纪人、销售大户和专业协会的作用，2013 年成立了阜城县现代农业协会，并发展各类农民专业合作协会 279 家，培育农民经纪人 937 人，开通了中国阜城果蔬网、祁庄种植网等专业网站，给农产品注册了二维码商标。同时，阜城县主动对接北

---

① 人才"叠加"促产业"倍增"——阜城县以"乡土人才+"模式引领产业化精准扶贫，《共产党员（河北）》，2015 年第 30 期。

京新发地农产品批发市场，建成了两家在衡水市规模最大的河北衡德瓜菜批发市场和河北金地农产品批发市场，改变了过去一家一户的营销模式，满足了全县的瓜菜销售。

随着瓜菜产业种植规模的不断壮大，阜城县的"土专家"队伍也日益增长、技术日趋成熟，目前全县瓜菜种植专业人才队伍已近5000人。探索实行以"领军人才+产研基地""技术人才+示范园区""销售人才+专业协会"的"乡土人才+"模式，以乡土人才的"叠加"推动产业的"倍增"，既提升了产业效能、推进了精准扶贫，又历练了人才队伍，为瓜菜产业区域化、现代化发展提供了人才与技术支撑，为提升农产品质量提供了保障，促进了瓜菜产业的提质增效。阜城县先后培育了"漫河牌"西瓜、"红樱桃牌"西红柿、"汇杰牌"甜瓜等14个省级名优品牌和国家级"无公害农产品"，农产品的市场占有份额普遍提高，实现了"以人才引领技术、以技术提升质量、以质量抢占市场"的良性循环。

通过研究阜城县"乡土人才+"叠加倍增模式，对于乡村振兴人才的引进和培育提供了有益借鉴。

一是精准人才服务能发挥人才优势。通过技术对口、专业对口、模式对口、产业对口的匹配，乡土人才更容易发挥自身的优势，提升建设质量。反过来，乡土人才的能力得到充分的认可和反馈，更能激发乡土人才的积极性、创造性，使乡土人才对家乡的感情更加浓郁、干劲更足，最终形成良性循环。

二是构建乡土人才全链服务体系。乡土人才的培育和引进是关键，建设乡土人才服务经济社会发展机制，建立乡土人才与社会经济功能的无缝对接模式更是重中之重。构建乡土人才全链服务体系，能够打通乡村振兴的产业"经脉"，活络社会经济"筋骨"，从而形成乡村振兴良性生态圈。

（三）山西省沁县实施乡土人才带动发展模式①

沁县通过"以培养强人才、搭载体用人才、向管理要人才"的有效途径和方法，大力开发培养各类乡土人才，一大批会操作、懂技术、善经营的乡土人才脱颖而出，在农村产业发展和脱贫攻坚工作中大显身手，成为农业科技推广的领头羊、农业产业结构调整的主力军、带领农民脱贫致富的排头兵，起到了培养一批能人、带动一方百姓、搞活一乡经济、实现脱贫致富的人才效应，为农业农村经

---

① 突出人才培养重在产业引领——沁县乡土人才引领农村产业发展的有益探索，《前进》，2016年第10期。

济发展和脱贫攻坚工作提供了坚强的人才保障和智力支撑。

创新管理模式，乡土人才开发规划实现新突破。一是制定规划，明确乡土人才培养目标。二是严格选拔，明确乡土人才培养对象。三是找准定位，明确乡土人才培养思路。

表 9-1　　　　　　　　乡土人才开发规划措施和具体内容

措施	具体内容
制定规划，明确乡土人才培养目标	在调查研究基础上，制定下发《关于加强乡土人才培养开发的实施意见》，确定了近 5 年乡土人才培养目标，力争在 5 年内，全县培养各类乡土人才突破 2000 人，产业带头人 1000 人，村级后备干部 1000 人，并按村级数量和规模，将具体培养任务分解到村，量化到年度，明确了责任，规定了完成时间。
严格选拔，明确乡土人才培养对象	拓宽"入口"，疏通"出口"。明确选拔对象与范围，着重在从事种植、养殖、农副产品加工、运输以及建筑等相关产业的农民技术人员和管理人员中选拔，并实行乡村初评纳入制度，成熟一个纳入一个。每两年评选一次优秀乡土人才，为保证社会公认度，对所评选出来的优秀人才实行定期考核、优胜劣汰，积极在乡土人才中营造比贡献、比业绩的良好氛围。目前，培养乡土人才近 400 人，党员占 40%，大专以上学历达到一定比例。
找准定位，明确乡土人才培养思路	把乡土人才开发工作列为全县重要工作之一，作为"人才兴县""人才强县"和解决"三农"问题、加快脱贫攻坚步伐的主要措施来抓，明确要求各乡镇、县直各部门提高认识，以"高看一眼、厚爱一层"的态度，关心支持乡土人才开发工作，形成了"'一把手'亲自抓，分管领导具体抓，有关部门配合抓"的工作格局。同时，从实际出发，紧密围绕全县农村经济结构战略性调整，结合产品结构、产业结构和劳动力结构调整，制定了全县乡土人才开发规划，形成了"一乡一业""一村一技"的培养模式，做到了乡土人才培养的多元化、多档次、多领域，实现了乡土人才开发规划兼顾各业、横贯城乡，形成了层面广、层次多的乡土人才开发体系。

创新培养模式，乡土人才能力提升实现新突破。一是以基地建设为依托，培养创业示范型乡土人才。二是以技术培训为支点，培养专业技术型乡土人才。三是以加强锻炼为动力，培养管理事务型乡土人才。四是发挥产业带动效应，实现产业发展与乡土人才培育良性互动。

表9-2　　　　　　　　　乡土人才能力提升措施及规划内容

措施	具体内容
以基地建设为依托，培养创业示范型乡土人才	充分重视乡土人才示范基地引领作用，重视"基地锻炼""基地造才"的作用，建立了一大批培训农村实用人才的"人才孵化"基地。全县有多名"乡能人""土专家"领办和创办了蘑菇种植、畜牧饲养、水产养殖、蔬菜大棚等产业基地，兴办各类规模致富培训点10多个，全县乡土人才纷纷走上了以"能人+农户""基地+农户""公司+农户"为主要形式的经济实体创办、创业之路。
以技术培训为支点，培养专业技术型乡土人才	以农业生产"新技术、新产品、新模式"为重点，依托县农广校、农业技术推广中心、县职业中学和农村党员现代远程教育网络等阵地，通过举办各种培训班，传播新思想、新技术，现身说法，带动农村大户进行结构调整，实施科技致富。对全县乡土人才进行中期、短期轮训，举办实用技术培训班。
以加强锻炼为动力，培养管理事务型乡土人才	为改善农村基层干部队伍结构，培育新型农村"当家人"，让公道正派的乡土人才进入村级两委班子。目前，有100多名乡土人才当选为村两委干部，有10名以上的村支部书记、村委主任是优秀乡土拔尖人才，发挥了乡土人才作风正、能力强、懂经济、善管理的作用。
发挥产业带动效应，实现产业发展与乡土人才培育良性互动	鼓励产业能人围绕销售有关知识接受专业培训，注册自己的品牌，通过互联网和农村现代远程教育网，把产品销售信息发布到网上。定昌镇下曲峪村是蔬菜大棚种植基地，全村是西瓜种植专业户，下曲峪村成了远近闻名的西瓜销售基地。由于西瓜品质好、产量有保证，产品远销河南、河北等地。同时，利用每年的端午龙舟节，依托大棚特色种植、本村具有的山水风光，搞生态采摘、乡村一日游等，产生了初步成效。在下曲峪村的示范带动下，定昌镇有十几个村发展了上百亩的连片蔬菜大棚，蔬菜大棚成为定昌镇走向新型经济发展的拳头产业、支柱产业。

创新发展载体，乡土人才作用发挥实现新突破。一是设岗定责，发挥示范带动作用。二是创办公司，发挥龙头牵动作用。三是组建协会，发挥市场拉动作用。

表9-3　　　　　　　　　创新发展载体措施和具体内容

措施	具体内容
设岗定责，发挥示范带动作用	各乡镇根据乡土人才的特长，在各村设置科技示范岗、信息传递岗、文化中心、治调中心等多种岗位，安排在一个或多个岗位上发挥示范带动作用，促进农业科技的推广，倡导社会新风，维护社会稳定，构建和谐农村。

续表

措施	具体内容
创办公司，发挥龙头牵动作用	推广"公司 + 基地 + 农户"的模式，扶持培育有一定生产规模、有经营头脑的各类人才创办、协办龙头企业，带动农民进行产业结构调整。全县由乡土人才创办、协办龙头企业，推动了产业结构调整。新店镇徐阳村的马江云，带头注册沁县新林牧开发有限公司和沁县涣溪水产养殖专业合作社。新林牧开发有限公司以新品种引进、繁育推广保种为主，把村内各户分散饲养的羊实行集中棚舍圈养，建设起标准化棚舍，建设草料棚，购置安装饲料加工设备、防疫检疫设备。沁县涣溪水产养殖专业合作社引来河北圣德福生物科技发展有限公司，强强联手建设规模化养殖和生态农业供应基地，改善了村内生态环境，增加了农民收入，带动了更多的农民脱贫致富。
组建协会，发挥市场拉动作用	适应市场经济的需要，引导、发动有经营头脑的人员勇闯市场，在培育壮大优秀经纪人队伍的同时，引导产业带头人和营销经纪人跨区域组建各类专业合作社，实现市场资源共享，让各类合作社内联农户、外联市场，发挥市场拉动作用。目前，全县各类专业合作社达到1060个，主要是种植、养殖、渔业、林业、农机、农村经纪人等类别，辐射到全县农村人口，收到了三个方面的成效：一是提高了农民的科学文化素质，加快了科技兴农步伐。二是加快了农业产业结构调整，推进了农业产业化经营。三是提高了农民的组织化程度，加快了农业的市场化步伐，有力地推进了农村经济的发展。

研究乡土人才带动发展模式，对于乡村振兴人才的引进和培育提供了借鉴。

一是抓顶层设计、抓规划建设是培育乡土人才的立足点。"无规矩不成方圆""多算胜，少算不胜"，做好规划和顶层设计是顺利实施政策措施的先决条件。乡土人才培育和引进必须统一规划，顶层设计，规划指导，才能少走弯路，快速发展。

二是分类型、精准化培养是培育乡土人才的关键路径。农村产业发展压力大，农村事务千头万绪，乡村缺少完善的分工体系，容易对乡土人才的奋斗热情形成冲击。需要分类型、精准化培养乡土人才，尽可能缩短反馈周期，增强人才事业成就感、使命感。

三是构建多类型、多层次的发展平台是培育乡土人才的重要抓手。乡村对人才的需求是多种多样的，不同的发展阶段对人才的需求也不相同。要建立不同的平台载体，培育、引进各类人才，优化人才服务方式，迭代更新技术，做到人才随乡村兴而兴。

三、实施路线图

聚焦乡村振兴战略急需的各类人才建设目标，各级党委、各级政府可以编制乡村振兴的人才发展规划和具体行动计划，出台人才培育政策与考核办法，并统筹布局，有序推动。

一是优化人才服务体制机制。实行人才培育联动服务机制，打造乡村人才信用服务体系，建立招才引智服务平台，做好乡村人才顶层设计，形成多点联动、全领域覆盖的人才服务体系。建立乡村人才信用服务体系和评估体系，形成人才信用服务有效运转和长效服务机制，降低乡村人才创业就业成本，形成"乡村信誉"品牌。

二是探索新型乡村人才培养模式。创新乡村振兴核心人才培养模式，打造乡村振兴储备人才发展模式，建立乡村振兴人才常态服务支撑机制，形成有重点、多样化、全领域、可持续的乡村振兴人才发展格局。

三是打造创新创业平台。扎实推进形式多样的创新创业行动，提升区域创新能力，建立全流程创新创业链条，打造创新创业服务平台，完善创新创业人才服务支撑，创建创业型示范城市或社区，塑造全辖农业领域的创新动能。培育打造特色创业小镇，探索建立创新创业示范带、示范区，积极打造乡村创新创业新格局。

四是建设国际化人才高地。立足本地特色，体现对外开放和资源共享，不断健全完善国际人才服务乡村振兴渠道，探索打造国际人才资源圈，不断完善乡村振兴人才市场，培育和形成区域人才国际化和国际人才发展高地。

四、京沪等地人才战略案例

近年来，全国各大城市实施了人才引进战略。2016年9月，上海出台人才"30条"，此后陆续发布69项配套政策，突破体制机制障碍，对用人单位和人才"放权松绑"；运用薪酬评价、投资评价和第三方评价等市场化方法引才聚才，吸引了大批高端人才到沪工作。

2018年3月21日，北京市发布《关于优化人才服务促进科技创新推动高精尖产业发展的若干措施》，在人才的引进、评价、激励等方面打出"组合拳"；同时，北京市开通高层次国内人才引进"绿色通道"，为国家和北京市重大人才工程入选专家、重要科技奖项获奖人直接办理引进，最快5个工作日办理完成引进手续。

2018年3月19日,武汉市发布《关于大学毕业生租赁房相关政策的解读》,提出毕业3年内的大学生,拥有武汉市户籍且家庭在武汉无自有住房的,均可申请租赁大学毕业生租赁房,并确保低于市场价20%,如属于合租的可低于市场价30%。

广州、宁波、海口、郑州、西安、南京、成都等地纷纷放出引进人才大招,其中:

广东省广州市提出进一步修订落户政策,构建以"引进人才入户为主体,积分制入户和政策性入户为有效补充"的落户政策体系,吸引高校毕业生、技术工人、职业院校毕业生和留学归国人员等高层次人才、技能人才、创新创业人才、产业急需人才。

浙江省宁波市大幅降低人才落户门槛。大专应届毕业生在宁波市可先零门槛落户后再就业,取消住房和工作限制;中专、高中学历在宁波市工作满两年,无房也可以落户;购房落户取消原100平方米面积要求和45周岁以下年龄要求。

海南省海口市在企业和人员落户、人才激励、住房保障等方面出台政策,开展高层次人才、紧缺人才引进计划,开通高校青年引才直通车。

四川省内江市资中县乡村人才队伍建设"233"模式。资中县隶属四川省内江市,位于四川盆地中部、沱江中游,东邻资阳市安岳县、内江市东兴区,南接内江市市中区、威远县,西毗眉山市仁寿县、威远县,北连资阳市雁江区。距成都143公里,离重庆197公里,是四川首批27个扩权强县之一。资中县在推动乡村振兴战略过程中,不断探索创新方法,总结出乡村振兴人才队伍建设"233"模式。一是探索"两条途径"引人才。结合农村实用人才结构性需求特点,通过柔性引才和本土培育两条途径,与浙江大学、四川农业大学、西南航空职业技术学院等10余所高等院校开展人才交流合作,大力培育新型职业农民,计划用两年时间培育120名新型职业农民,依托血橙、不知火、枇杷等优质水果种植培训和黑猪产业培训等特色农民夜校,培训农村实用人才2万余人。二是搭建"三大平台"留人才。搭建干事创业、创业服务、宣传交流"三大平台",将"三园一街"作为返乡创业载体,推进"人才特区"建设;加大对现代农业领军人才、船城农业名家、农村家庭能人的评选表彰力度,集中宣传人才优惠政策,营造优秀人才助推经济社会发展的良好氛围。三是实施"三项工程"激发人才活力。通过开展乡村振兴专题大调研、发挥产业领军人才、十大本土英才"三大工程",构建"领军人才培育骨干人才、带动支柱产业、推动经济发展"的人才作用发挥模式，组织船城名家、"甜城英才"等20余名优秀人才深入田间地头开展乡村振兴战略专题调研，推动乡村振兴示范带动作用。

河北省唐山市乐亭县"人才+"模式。乐亭县隶属于河北省唐山市，地处唐山市东南部，环抱京唐港，毗邻曹妃甸。2018年，乐亭县出台《关于实施乡村振兴战略的意见》，着力打造"人才+"模式，建设高质量农村实用人才队伍，助力全县乡村振兴。一是"人才+培训"，提升农民的致富能力。结合广大农民"求想法、求措施、求技术"的具体需求，活用人才实行精准培训。2018年年初，组织农业专业技术人员到中堡镇、新寨镇等地举办冬季防灾指导、果树修剪、设施果菜培育等内容的技术培训5场，覆盖农户120余家，培训农业生产技术人员200人次，极大地满足了广大农民对农业专业知识的需求，帮助农民开拓思路、提升本领。二是"人才+机制"，激发农民的创业活力。结合部分农村群众"干事创业"热情有待提升的情况，发动农业拔尖人才按照政策合作帮扶，着力培养农村致富"领头雁"。采取种植大户领办、村干部带头办、龙头企业参与办等多种形式，以土地流转、农户入股等方式，培育发展前景好、带动能力强、服务功能全、品牌效益高的农产品专业合作社，取得良好效果。目前，乐亭县已发展蔬菜、水果、农产品加工等各类专业合作社989家，入社农民达2.5万余户，年产值达36亿元。三是"人才+平台"，打造农村实用人才队伍。结合乐亭县农村青年实际情况，全面启动农村实用人才"金字塔"工程，由10名县农技专家组成"塔尖"，由农村青年实用人才和一般农村实用人才组成"塔身"，广大农村青年作为"塔基"。逐级辐射带动广大农村青年从事相关农业产业经营，形成塔尖更尖、塔身更壮、塔基更稳的"金字塔"形定向培养模式，发挥农村实用人才"传、帮、带"作用，引领广大农民共同脱贫致富。四是"人才+开发"，培育新型职业农民。结合新时期农村对年轻化、职业化新型农民的实际需求，营造创新型农村人才创业环境，激励各类人才在农村大显身手，让愿意扎根农村、建设家乡的人留得安心。推动"互联网+三农"和新零售类小微企业创业人才培养，举办"互联网+三农"人才论坛，邀请阿里巴巴等10余家电商企业、农业企业、合作社的代表参会，集聚培养产业链上的专业人才，并鼓励新型企业人才引导培育一批真正懂农业、懂技术、懂市场的新型职业农民，推动农业转型升级。

重庆市垫江县曹回镇"三才"支撑模式。曹回镇位于垫江县城东北部，东与永安镇相连，南与长龙乡相接，西与桂溪镇、新民镇相依，北与周嘉镇、沙坪镇相邻。交通十分便利，垫普路和渝宜高速路纵贯全境，全镇 12 个村居委已全部实现村村通公路，其中有 10 个村实现通水泥路。境内自然资源丰富。曹回镇在乡村振兴战略实施过程中深化拓展"能人兴村"工程，采取"伯乐相马"的模式选拔储备乡村振兴"智囊团"，为乡村振兴战略提供人才支撑保障。一是严格选拔"识才"。首先，严格选拔条件。坚持"六有"，即乡村振兴人才选拔人员必须具备政治上有觉悟、经济上有实力、社会上有影响、事业上有成就、发展上有路子、行动上有激情。其次，明确选聘范围。在本村知名人士、致富能手、经济能人、产业大户、种养殖大户、农村经纪人、"两新"组织业主、本村籍外出务工成功人士、返乡创业者，以及在本村范围内投资的外来有识之士中建立能人库，在能人库中选聘乡村振兴人才。最后，严格选聘程序。严格按照宣传动员、本人自愿、村两委集体推荐、镇党委考察研究等程序选拔乡村振兴人才。二是强化管理"驯才"。首先，加强教育培训。通过举办培训班、召开座谈会、经验交流会等形式，增强乡村振兴战略人才带领群众致富、开拓农村工作新局面的本领。其次，强化动态管理。镇党委与选聘的乡村振兴人才签订聘任协议，实行动态管理，对工作成效不明显、不能胜任工作的，及时予以调整。再次，明确岗位职责。明确选拔岗位，属于中共正式党员的，可以担任名誉村党支部书记；非中共党员的，可以担任名誉村委会主任。最后，明确了乡村振兴战略人才的"六大"工作职责，即参与重大事项决策、发展农村经济、加强基础设施建设、提供致富信息、组织学习科技文化知识、提供就业岗位。三是适时激励"策才"。对优秀的乡村振兴战略人才适时选拔推荐为"曹回镇经济发展顾问"，授予"曹回镇乡村振兴荣誉村官"称号，载入《曹回镇志》。实行"三个优先"，对考核合格的优秀人才，优先吸收入党，优先推荐为镇级以上的党代表、人大代表、政协委员，优先推荐为镇级以上的优秀共产党员、先进党务工作者。

第 十 章
CHAPTER 10
乡村品牌振兴路线图

第十章 乡村品牌振兴路线图

品牌是人们根据一群在组织、行业、市场、网络、地区或社会中有一定影响的事物所共有的特性而抽象形成的一个概念。这些事物既包括客观存在并可观察到的事物,也包括想象产生的事物。这些共同特性在心理上的反映,称为品牌的特征。

品牌是无形资产,是全社会的共同财富。品牌建设有很强的带动作用,能够为经济转型、持续发展带来动力。中国经济进入了品牌引领的关键期,品牌成为影响经济发展的核心要素,直接影响着社会生产活动、要素配置、金融活动和资本投资、商品服务贸易及市场发展。谈到品牌,人们容易联想到葡萄、美酒和夜光杯的诗篇,脑海中浮现出新疆吐鲁番葡萄、茅台酒等知名产品品牌。请欣赏唐代王翰的《凉州词》。

凉州词

唐代 王翰

葡萄美酒夜光杯,欲饮琵琶马上催。
醉卧沙场君莫笑,古来征战几人回?

这首词的大意是:酒筵上甘醇的葡萄美酒盛满在精美的夜光杯中,歌伎们弹奏起急促欢快的琵琶声助兴催饮,想到即将跨马奔赴沙场杀敌报国,战士们个个豪情满怀。这一首词牌诗,其实讲述的是即将出征的将士,里面谈到了美酒、歌舞和潇洒的战前豪饮。

再看一则关于全球品牌的新闻消息。

全球品牌 100 强的中国因素

2017 年 BrandZ 最具价值全球品牌 100 强是全球最大传播集团 WPP 发布的品牌报告。2017 年,100 强品牌总价值 3.64 万亿美元,较 2016 年增长 3%。美国是上榜品牌最多的国家,达 54 个。中国(不含香港地区)有 13 个品牌上榜,欧洲大陆国家有 16 个品牌上榜,英国有 4 个品牌上榜,其他国家和地区上榜品牌有 13 个。

上述新闻信息表明,我国品牌数量和全球影响力均严重不足。从国际经验来看,当一个国家制造业达到一定水平后,打造国家自主品牌将成为必然趋势。因此,研究、编制和推动地方城市品牌、行业品牌、企业品牌和产品品牌等,提升品牌影响力和国际影响力，是我国乡村振兴的重要工作内容。

一、国家政策

品牌价值是指一个品牌所蕴含的利益与资产。对品牌价值进行评价不能仅仅局限于其货币价值，还要揭示有形资产、质量、服务、技术创新和无形资产等要素对品牌价值的影响。

习近平在担任浙江省委书记时就指出，积极探索浙江特色的自主创新路子，必须以实施创新工程为抓手，实施一批创新工程，力争取得重点突破，实现技术跨越。以加强自主品牌建设为突破口，积极推进"品牌大省"建设，充分发挥品牌集聚要素、整合资源的重要作用，以品牌战略带动自主创新，以自主创新支撑品牌战略。党的十八大以来，习近平总书记多次就品牌工作作出重要指示。2013年7月，他在湖北调研时指出，"工业是我们的立国之本，要大力发扬自力更生精神，研发生产我们自己的品牌产品，形成我们自己的核心竞争力，推动国家繁荣富强，工人阶级要把这个历史责任承担起来！"2015年7月，他在吉林考察时指出，"中国有13亿人口，要靠我们自己稳住粮食生产。粮食也要打出品牌，这样价格好、效益好"。

我国已经成为世界第二大经济体和制造业第一大国。我国生产的500多种主要工业品中有220多种产量位居全球第一。在我国出口产品中，大多数是贴牌产品和代工产品，自主品牌产品所占比重仅略高于10%，我国出口产品赚的大多是"血汗钱"。这主要是由于我国大部分产品缺乏核心技术和品牌优势，在全球价值链中处于"微笑曲线"底部。而国外知名品牌通常在行业中占有较大的市场份额，并通过品牌溢价获得高额利润。

《质量品牌提升"十三五"规划》提出：将聚焦当前质量品牌建设中存在的痛点与不足，实施消费品、进出口商品、电子商务产品、进出口农产品、进出口食品、装备制造业、服务业、国家地理标志产品保护、生态原产地产品保护九个领域的质量提升行动。到2020年，建成出口工业产品质量安全示范区200个、国家级出口食品农产品质量安全示范区350个、检验检测认证公共服务平台示范区10个、食品农产品认证示范创建区100个、国家级综合服务业标准化试点1000个、质量风险信息监测点500个。建成全国知名品牌质量提升示范项目（区）50个、全国知名品牌示范区80个、国家地理标志产品保护示范区40个、生态原产地产品保护示范区50个、中国知名品牌和国际知名品牌300个。

经国务院批准,自 2017 年起将每年 5 月 10 日设立为"中国品牌日"。这充分体现了我国对品牌建设的高度重视,展示了我国实施品牌战略的坚定决心,必将进一步提高全民品牌意识,推动中国产品向中国品牌转变。目前,全国有区域公用农产品品牌 500 多个。

农业农村部部长韩长赋表示:农业品牌贯穿农业供给体系全过程,覆盖农业全产业链、全价值链,是农业综合竞争力的显著标志。当前全球农产品市场格局正在发生根本性变化,市场竞争的制胜法宝已不再取决于规模,而是取决于是否拥有高品质和差异化的品牌优势。适应世界农业产业发展潮流,必须加快品牌创建。因此,大力培育和提升农业农村区域品牌和农产品品牌等,积极融入全球市场,提高品牌影响力,已经成为我国乡村振兴和对外开放的重要抓手和推动力。

二、对标对表

品牌往往体现一定的特点和独有优势,容易被人识别和认可,同时,又具有较高的市场价值等。标准和实施目标是建设品牌的前提,也是提高品牌规划与品牌推广能力的基本支撑。新西兰原生态小镇和潍坊农业品牌战略等先进实践,就具有很好的标杆引领作用。

(一) 新西兰北岛原生态小镇零添加的品牌模式

新西兰北岛的原生态小镇 Mamaki Eco - village 的原生态乡民过着世外桃源一般的生活,使用环保、有机的方法栽培植物、种植作物,生活所需都自给自足。为生产完全无害的化学产品,1993 年,Ecostore 提出了纯粹的概念,寻找对身体健康的原料,秉持"健康第一"的研发理念,聘请资深专家研发婴儿护理、个人护理和家庭清洁产品,杜绝任何有可能对健康和环境造成危害的成分。

Ecostore 对"健康"的专注,赢得了忠实的消费者。消费者分享使用心得,原有的湿疹、皮肤炎、气喘以及其他过敏困扰,在使用 Ecostore 的产品后得到了改善。Ecostore 的产品从生产到包装全部采用环保形式。小香皂直接使用纸壳包裹,每项产品历时数月的研究测试,确保绝对安全健康,并达到环保与产品功效的双重标准。Ecostore 希望带给消费者的不仅是产品,更是爱生活、爱地球的全新理念。

Ecostore 护发产品、沐浴露、椰子香草洗手液、保湿护手霜等均体现了天然、无害和舒适。Ecostore 制定并执行高于法律标准的产品和服务要求,表明产品的成分,对产品作出服务和品质承诺,塑造了国际知名品牌。

（二）潍坊市实施农业品牌战略

潍坊市全面提升农业品牌服务支撑。该市完善品牌体验和品牌推广网络。潍坊市品牌建设工作办公室制订具体行动方案，强化品牌建设和管理。挖掘品牌文化内涵，讲好"潍坊农品"故事，将寿光三圣文化、青州佛教艺术、潍城儒家文化等融入产品特质中，打造农产"艺术品"，提升农业产品美感和附加值。系统梳理潍坊现有区域品牌、行业品牌、企业品牌和产品品牌，建立品牌数据库，在重点县市区及市属开发区建立品牌体验场馆。规划乡村体验旅游路线，创新潍坊乡村体验游为依托的品牌推广与产品体验活动。

潍坊市注重引进专家资源，充分发挥部委智库、科研院所、现有行业协会和社会中介服务机构作用，强化市县两级政府的政策支持，制定和实施品牌提升计划。成立潍坊市品牌建设工作办公室，设立专项品牌扶持基金，建设满足品牌策划、行业咨询、价值评估、科技推广和人才培训等功能的综合性服务平台。着力培育"潍坊肉鸡""潍坊肉鸭"等优势区域公用品牌。扶持商务服务型机构开展品牌多渠道、多业务、高品质的战略合作，延伸品牌价值链和贸易链，全面提升品牌商业价值。

三、实施路线图

全国各城市、各地区应该聚焦乡村振兴战略的核心目标，立足区域优势，突出独有特色或差异化，全面规划、设计并持续推动品牌建设工程，不断完善城市品牌培育机制，探索开展质量强市、质量强县等示范工程，积极打造区域农产品品牌，推动创建农业标准化示范区，培育发展质量安全示范区等工作，并通过筛选和实施省、市、县、乡镇等各种品牌建设工程，不断提升品牌对农业农村的战略支撑能力和产业带动力。各地区编制和推进品牌兴农战略具体实施路线图如下：

一是构建品牌建设体系。编制城市、行业、企业或区域产品的品牌建设规划和推广方案。以规划为引领，重塑本地区的城市品牌格局，优化构建主导行业的品牌推广和建设体系，探索培育明星农业经营主体，优化地区农业品牌结构，形成独有的农业品牌建设体系，全面塑造本地区农业产业品牌的美誉度。挖掘并筛选重点农业企业或涉农行业，培育打造地域性、行业性知名品牌。结合地区产业基础，探索打造农业种养殖体验、生态高效畜牧、林下创意休闲、特色花卉观赏、水产养产娱一体化等农业品牌，重点培育军民融合品牌、农业会展品牌等区域品牌和产品品牌。

二是提升品牌支撑能力。完善城市品牌培育机制，探索开展质量强市、质量强县等示范工程，积极打造区域农产品品牌，推动创建农业标准化示范区，培育发展质量安全示范区等工作，通过筛选和实施省、市、县、乡镇等各种品牌建设工程，不断提升品牌对农业农村的战略支撑力和产业带动力。以政府引导、行业协会参与、骨干企业承载、重点地区和园区示范等模式，积极推动本地区农业品牌标准化建设，加快商标品牌战略发展，提升本地区农业品牌服务支撑，为构建"城市—行业—企业—产品"等多层次品牌建设体系提供保障。

三是健全品牌传播机制。积极利用互联网、大数据、区块链等技术手段，优化品牌传播渠道和品牌营销体系。以"品牌+"为引导，实施"品牌+体验""品牌+科技"和"品牌+传媒"战略，提升品牌体验质量，提高品牌内在价值，扩展品牌传播渠道，健全品牌传播机制。

四是实施农业品牌标准化建设。立足各地农业产业基础，挖掘核心资源优势，构建农业、涉农企业和特色农产品三级品牌管理体系。实施差异化品牌推广策略，健全涉农产业、企业产品和服务标准自我声明公开和监督制度，鼓励涉农行业和农业企业制定高于国家标准或行业标准的企业标准，提升涉农企业品牌竞争力。支持有核心竞争力的专利技术向标准转化，推动满足市场和创新需要的团体标准建设。

五是构建对外开放品牌体系。立足对外开放，树立国际标准，以高规格和全方位，探索并优化"一带一路"兴农服务，做强本地区农业国际品牌。实施行业分工和龙头农业企业带动，策划国际营销组合方案，推动方案有序落地，打通本地区农业品牌国际化通道。

四、鲁沪构建国际品牌案例

品牌建设需要规划引领，更需要具体行动和有序推动、实施落地。潍坊市聚焦乡村振兴战略，以"四个城市"战略为基础，全面塑造国际农业品牌。上海市立足地区优势，实施国际品牌建设的实践做法，值得研究和学习借鉴。

案例1：山东省潍坊市塑造国际农业品牌

山东省潍坊市自2017年以来，实施了"四个城市"战略，积极打造品质城市、创新城市等，该市研究并注重实施城市品牌战略，主动融入"一带一路"倡议，倡导对外开放，大力培育国际知名品牌。该市依托原有的潍坊风筝会、鲁台经贸洽谈会、潍坊发展大会、中日韩产业博览会等品牌传播载体，引导农业龙头企业、涉农产品在国际贸易中使用自主品牌，逐步提高自主品牌商品出口比例。该市出台优惠政策，积极支持农业企业采取跨国兼并、品牌收购等方式，获取或嫁接国际知名品牌。该市鼓励各级政府辅导和支持农业企业建立以技术、专利、品牌、质量、服务为核心的对外贸易优势，提升出口产品附加值，加强自主品牌推广，创建国际知名品牌。支持重点企业瞄准国际标杆企业，创新产品设计，优化工艺流程，深入开展质量标杆、品牌培育示范企业经验交流活动。建立农业企业国际品牌创新联盟，支持企业组团发展。在日本、韩国、以色列等建立品牌研发和推广站点，以国际标准塑造潍坊品牌农业。

该市以农业特色产品为基础，按照各县市区的资源优势和产业基础，科学评估并筛选了安丘大姜、寿光蔬菜、青州花卉、诸城水产等知名农业产品，制定实施了高端化、精品化产品营销和品牌推广策略，主动建立与国际接轨的生产体系、营销体系、质量体系和监管体系。对于新兴涉农产品，采用小众化、体验型产品策略，重点对接国际创意市场、艺术中心，丰富产品内涵。该市还制定实施了营销渠道优化策略。初步构建了国际化的产品与品牌分销渠道，分层级对接国际商业公司和跨国机构，按照"扩大流量—多元体验—品牌认知—品牌变现"的思路，建立长效品牌营销合作关系。该市注重督导各级政府，引导鼓励行业组织和实体企业制定并实施品牌帮扶策略。鼓励各单位与银行、保险等金融机构建立联动机制，主动配合企业国际化战略，实行对品牌行业、品牌企业、品牌产品的金融帮扶，建立由政府主导、金融企业支持的投融资生力军，优先扶持品牌传播和重点品牌企业。

案例2：上海打响"四大品牌"

中新网上海4月24日电（记者缪璐）上海市委、市政府24日召开全力打响"四大品牌"推进大会，上海市委书记李强强调，全市上下要增强行动自觉，把握主攻方向，凝聚强大合力，进一步提高"上海服务"辐射度，彰显"上海制造"美誉度，增强"上海购物"体验度，展现"上海文化"标识度，使"四大品牌"打得更响、传得更远、影响更广。

上海要全力打响的"四大品牌"包括："上海服务""上海制造""上海购物"和"上海文化"。李强强调，打响"四大品牌"是上海落实国家战略，着眼未来发展作出的重大部署。

李强指出，要充分认识打响"四大品牌"是贯彻落实国家战略的重大举措，中央希望上海加快建设"五个中心"（国际经济、金融、贸易、航运、科创中心），加快建设卓越的全球城市和具有世界影响力的社会主义现代化国际大都市，更好体现国家形象、代表国家水平、参与全球合作竞争。

李强表示，要以打响"四大品牌"作为落实国家战略的重要载体，推动中心城市功能落地，做优做强，进一步提升城市能级和核心竞争力；要充分认识打响"四大品牌"是推动高质量发展、创造高品质生活的重要抓手，加快在结构调整中提高供给体系质量，持续扩大高品质服务和产品供给，努力走出符合超大城市特点和规律的高质量发展思路；要充分认识打响"四大品牌"是改革开放再出发的重要实践，全市各方面工作都要按照打响品牌的理念和要求，对标最好，争创一流。

李强指出，"打响品牌"四个字，"打"就是要有措施有行动；"响"就是要在国内外叫得响；"品"就是要质量高，品质好；"牌"就是要有竞争力影响力，要找准主攻方向，聚焦重点发力。

李强强调，"四大品牌"是有机整体，必须坚持统筹谋划，政策协同，系统推进。要注重远近结合，既要有长期的战略安排也要有近期的战役战术部署，尽快取得突破；要注重软硬结合，突出制度供给，推动品牌硬实力和软实力整体提升；要注重条块结合，各牵头部门要牵头抓总，担起责任，各区要因地制宜，形成各自的品牌特色。

上海市委副书记、市长应勇作工作部署。应勇指出，要紧扣目标，以钉钉子精神，抓推进、抓落实，努力实现上海"四大品牌"认知度、美誉度、影响力显著提升，服务国家战略的辐射带领能力显著增强，彰显高质量发展和高品质生活的标杆引领效应显著扩大；要把握关键，进一步强化创新，扩大开放，夯实市场主体，优化营商环境，集聚人才；要形成分工负责、层层落实的合力机制和三年一轮滚动推进的实施机制，推动"四大品牌"不断取得新进展新突破。

五、和合共生的全球标准化战略

和合文化，是儒家文化的核心价值观，也是解决世界范围内各国利益和诉求的基本原则。品牌和标准，是最高境界的管理与竞争，在世界范围内，各国之间既有合作，也有差异。

专栏　和合共生以国际标准引领 21 世纪全球化

吴维海

"一带一路"倡议以促全球繁荣发展、构建人类命运共同体为最高理想,体现了人类大多数人的共同价值观和普世梦想。它与儒家思想一脉相承。儒家倡导"大道之行,天下为公",主张"协和万邦,和衷共济,四海一家"。这种"和合"理念与"一带一路"的核心内涵高度融合。通过多渠道传播"一带一路",形成更多共识,奠定全球标准化建设的基石,激荡起"一带一路"的"和合之美",悠悠奏出中华文化的曼妙韵律,才能更好、更快、更健康地推动全球标准化。

(一) 全球标准化的概况

近 5 年以来,全球化已经成为多数国家和人们的共识。如何达成共识,降低关税壁垒,实现商品贸易和规则的互通互联,降低关税和交易成本,减少贸易摩擦,提高国家和商务信用,成为有责任的国家和国际组织的共识。

做加法:全球标准体系;贸易自由化规则;"一带一路"标准建设……

做减法:中美、美欧贸易争端;各国标准分割;国际标准的单极化…

习近平强调,全球治理格局取决于国际力量对比,全球治理体系变革源于国际力量对比变化。坚决维护以联合国宪章宗旨和原则为核心的国际秩序,坚决维护中国人民以巨大民族牺牲换来的第二次世界大战胜利成果,提出"一带一路"倡议,发起成立亚洲基础设施投资银行等新型多边金融机构,促成国际货币基金组织完成份额和治理机制改革,积极参与制定海洋、极地、网络、外空、核安全、反腐败、气候变化等新兴领域治理规则,推动改革全球治理体系中不公正不合理的安排。

(二) 标准化的工作重点

标准化建设要久久为功。

首先,研究和对接"一带一路"倡议的"五通":政策沟通、设施联通、贸易畅通、资金融通、民心相通。

其次,贯彻落实习近平重要指示,推动标准化的国际化。

深入推进"一带一路"建设,推动各方加强规划和战略对接。深化上海合作组织合作,加强亚信、东亚峰会、东盟地区论坛等机制建设,整合地区自由贸易谈判架构。要加大对网络、极地、深海、外空等新兴领域规则制定的参与,加大对教育交流、文明对话、生态建设等领域的合作机制和项目支持力度。

推动构建以合作共赢为核心的新型国际关系,打造人类命运共同体,打造遍布全球的伙伴关系网络，倡导共同、综合、合作、可持续的安全观，等等。

提高我国参与全球治理的能力，增强规则制定能力、议程设置能力、舆论宣传能力、统筹协调能力。参与全球治理需要一大批熟悉党和国家方针政策、了解我国国情、具有全球视野、熟练运用外语、通晓国际规则、精通国际谈判的专业人才。

（三）标准化的出发点和落脚点

"一带一路"与标准化战略实施的落脚点主要有两个：

一是在国内，主要解决人民为中心的更高需求与不平衡不充分的矛盾。

二是在全球，重点推动解决全球人民的需求和全球不均衡不充分的矛盾，以及解决各国的政治、经济需求。

关于标准化的国际借鉴，目前看，国内标准化体系相对不全、流程复杂、专业化不高，资源投入不足，等等。

要学习借鉴欧美国家标准化领域的实践经验，主动参与和制定国际标准；采取政府引导和市场结合的方式，简化标准化审批流程，提高工作效率；等等。

（四）标准化引领的经济对外开放

一是以标准化为引领，推动经济转型和对外开放：

由低端聚集向产业链优化转变。明确企业标准、行业标准和转型标准，延伸传统产业价值链，拉长新材料、生物医药等新兴产业价值链，优先发展高端装备、休闲旅游、生产性服务业和生活性服务业等产业环节。

由零散无序向产业聚集转变。探索园区开发和城市标准，推动相似企业或产业聚集园区发展，打造绿色生态的产城融合示范区、转型升级先行区。

由低端向标准化和品牌化的中高端转变。优化丰富行业标准、国家标准和国际标准，以标准化和品牌化，引领并推动优势产业向标准化、品牌化、国际化的方向布局。

由要素驱动向创新驱动转变。确立创新标准，整合研究力量，实施科技创新和智能制造，实现标准和产业的融合发展。

由封闭向开放分享转变。制定对外开放标准，鼓励政府和企业之间在技术、人才、市场和平台等方面共建、开放、分享，鼓励企业抱团出海，以标准输出融入"一带一路"和全球产业链。

由国内市场向全球市场转变。参与制定全球标准，树立世界眼光，构建全球范围的产品制造、人才优化、技术研发和资本运作等标准与规则。

由产品制造向生产性服务业和全球供应链转变。构建全球供应链标准，突出核心优势,提高全球产业整合和分配资源的能力。

由自我积累向资本运营转变。完善金融标准和团体标准,以资本运作促进产业转型和全球布局,实现"工厂厂长"向"资本家"的全面转变。

二是倡导设立或优化国际标准化组织,搭建双边和多边对话交流机制,构建国际标准和共享规则。国家和企业在全球竞争中的最高境界和手段是标准制定与掌控。

三是制订标准化建设提升计划,完善标准化建设综合服务平台。实施创新驱动战略,加强标准与科技互动,将重要标准的研制列入国家科技计划、地区财政的支持范围,将标准作为相关科研项目的重要考核指标和专业技术资格评审的依据,应用科技报告制度促进科技成果向标准转化。

四是鼓励企业参与和主导标准化体系。建立企业标准化工作机制,建立健全企业标准体系,强化标准建设管理。

构建全方位标准化服务体系。发展壮大市场标准,精简优化政府标准,深化地方标准化综合改革,扎实推进标准化军民融合。

塑造国际标准的民族品牌。实施品牌提升规划,建立我国国际标准化协调新机制,提升标准化开放合作水平,推动中国标准走出去,加大与国际组织标准化合作力度,实现"国家标准"与国际标准的共建、共享。

国家鼓励企业、社会团体和教育、科研机构等参与国际标准化活动。国家支持在重要行业、战略性新兴产业、关键共性技术等领域利用自主创新技术制定团体标准、企业标准。

六、潍坊乡村振兴战略和品质城市深度融合[①]

> 专栏　强化"四个意识"和"六个抓手"
> 促进乡村振兴战略和品质城市建设深度融合
>
> 高俊才
>
> 今天,从乡村振兴的角度,谈谈对潍坊建设"品质城市"的认识,主要讲强化"四个意识"和"六个抓手"。

---

① 这是高俊才2018年4月2日在"潍坊发展大会"的发言。高俊才,国家发改委农经司原司长,国合华夏城市规划研究院院长,著名农业农村经济学家,国家部委智库知名学者。

（一）强化融合意识

城乡融合是我国发展的大趋势。品质城市要建好，乡村振兴少不了。在国家实施乡村振兴战略的大背景下，强调品质城市建设，这是城乡双赢之举。所以要更加重视乡村振兴战略与品质城市建设的深度融合。

从行政区划结构看，人们常说的城乡二元结构，实际上是城、镇、村三元结构。"镇"一手连接城市、一手带动农村，"品质城市"建设包括镇，实施乡村振兴战略也包括镇，镇是城乡融合的重要节点，是城市基因与农村基因的融合体，镇的潜力巨大、作用巨大。要借鉴国内外经验，以2017年12月国家发改委等四部委文件为指导，大力发展特色小城镇和特色小镇，助力乡村振兴和品质城市建设。

从人口结构看，我国实际上是三元结构，包括农村常住人口、城市户籍人口和城乡"两栖"人口（主要是2亿多农民工）。农民工的作用巨大，对推动我国城镇化、工业化和农民增收、新农村建设多方面，已经并将继续起着重要作用。农民工是城乡深度融合的重要推动力，在工资保障、各种保险、培训教育、子女教育等方面，政府要给予更多的支持和保护。

从产业振兴的角度看，城市工商资本下乡发展"新六产"，城市居民到农村旅游，都拉动农村产业，为农民增加收入创造条件，同时提高城市居民的生活质量。

从文化振兴的角度看，通过多种活动，农耕文明与城市文明相融合，传统文化得到创造性转化、创新性发展，可使城乡居民增强文化自信和提高幸福指数。

从人才振兴的角度看，城市返乡、下乡的"新乡贤"，可为农村带来更多的新理念、新技术和好的管理经验等，带动农村居民提高综合素质。

从新动能的角度看，越来越多的农村人口进城务工经商，越来越多的城市要素下乡，城乡双向良性互动，对城乡两个方面来说都是新动能，这种"推拉效应"既有利于振兴乡村，也有利于品质城市建设。

未来一二十年，潍坊人口将达到1000万人左右，按照70%城镇化率计算，也还有300万人常住在农村，要充分认识乡村振兴战略与质量城市建设深度融合的必要性、重要性和战略性，走城乡融合发展之路、共同富裕之路。

（二）强化品牌意识

重视品质和品牌，是经济发展到一定程度的必然现象，当前世界已进入

"品牌时代"。有关专家认为，在市场竞争中有"二八定律"，即 20% 的强势品牌占据了 80% 的市场份额。从 2017 年中国品牌大会获悉，2017 年全球最具价值的品牌排行榜 100 强，中国大陆的上榜品牌，从 2012 年的 1 家增加到 13 家，可以看出，进步很明显，潜力也更大。

评价一个国家、一个地区强不强，在很大程度上看其经济和文化品牌的知名度、美誉度和覆盖度。

2017 年 6 月召开的中国共产党山东省第十一次代表大会提出"开创经济文化强省建设新局面"；潍坊市也提出了建设经济文化强市，并进一步提出了建设"四个城市"。无论我们国家，还是山东省潍坊市，要使经济和文化两个方面都强起来，就必须实施品牌战略。

知名品牌代表着一个地方的文化积淀和发展水平，是一个地方的名片。外地人谈潍坊，首先谈到的是潍坊的知名品牌，比如：文化方面的潍坊风筝、郑板桥书画；饮食方面的潍坊朝天锅、寿光大棚菜、潍县萝卜；制造业方面的"潍柴"即潍坊柴油机等。还有很多经济文化名牌，知名度正在逐渐提高。

潍坊是农产品生产和供应大市，不是品牌强市；虽然有知名品牌，但知名品牌的覆盖度，以及品牌的知名度、美誉度还不够高。今后要走质量兴农、质量兴市之路。

"品"与"牌"的统一，是内在与外在的统一。"品牌"二字，"品"是前提和关键。"品"首先是人品，即人的世界观、价值观。企业家要有正确的义利观，符合"以义取利、以利济世"的儒商原则。

打造农产品品牌，要在选好品种的基础上提高品质，提高品质的基础上打造品牌。品种、品质与品牌，这"三品"的关系密切，对于提高农产品竞争力和经济效益十分重要。

要按照问题导向，对照先进标杆，找差距，定方向，选措施，确定新思路、新方案、新行动。要按照市场导向把握发展速度和生产规模，按照百年老店的要求培养产业工匠，完善经营模式。

文化元素是建设品质城市的核心内涵。很多国际和国内知名品牌都包含着丰富的文化元素，物品是文化的载体，文化是物品的灵魂。要把先进的科学技术和优秀的传统文化结合起来，传承文化不守旧，创新方法不离根。

生态品牌是建设品质城市的外在体现。一个城市美不美，先看蓝天和绿水。在打造经济品牌的同时，必须精心塑造生态品牌。通过生态产业和文化旅游等产业,把绿水青山、墨水书山,与金山银山更好地统一起来。

(三) 强化质量意识

经济、文化、社会、生态等方面的发展,都是为了不断满足人民日益增长的美好生活需要,要紧紧围绕提高人民生活质量这一主题,解决发展中存在的不平衡不充分问题。

提高生活质量首先要振兴产业,增加农民收入,缩小城乡居民收入差距。把一、二、三产业融合起来,延长产业链、提升价值链、优化效益链,实现经济效益和社会效益的统一,促进农民就业和增收。"发端于诸城的农业产业化经营,在全国起到很好的示范引领作用",2013年以来习近平总书记多次高度评价诸城的经验,3月8日习近平总书记参加全国人大会议的山东代表团讨论时讲到潍坊、诸城、寿光模式。前不久,山东省在潍坊召开"新六产"大会,潍坊的新经验在省内外产生新一轮的影响。潍坊的"新六产"做法,效果很好、潜力很大,对增加公共财政收入、居民收入,提高生活富裕水平,都有很大作用。山东是农业大省,潍坊是农业大市,为"打造农业现代化的齐鲁样板"将发挥引领作用。

提高生活质量需要提高农村供水、道路等基础设施质量,逐步实现城乡基本公共服务均等化。2018年中央1号文件指出,"推动农村基础设施提档升级","实施农村饮水安全巩固提升工程","提档"寓意加速,"升级"和"提升"的意思就是打造农村饮水安全工程的升级版,这对于实施乡村振兴战略、促进城乡基本公共服务均等化,十分必要。

提高生活质量需要提高城乡生态质量,改善生活环境,走绿色发展之路。好的生活环境,需要"人气、空气、财气"三气统一,近年来城市的人气、财气发展很快,但空气质量变差,水和土的质量等生态环境也变差。"我们这代人记忆中农村是山清水秀的",用扁担和水桶从井里打上来的水可以直接喝,池塘边的青蛙声,房前屋后树上的鸟声,现在梦中还有,但现实中很难见到。今后振兴乡村,要充分重视生态振兴,实施山水林田湖草综合治理,全面开展"厕所革命"和垃圾无害化处理,加快改善人居环境。

提高生活质量需要重视文化振兴,走乡村文化兴盛之路。对于传统文化,要"古为今用""取其精华""创造性转化,创新性发展"。山东是孔子故乡、礼仪之邦,潍坊是孟子曾来讲学的地方,潍城区望留街办"望留"二字的来历,就是说当地的先人希望孟子多来讲学,"望留"二字就是文化品牌。坐落在潍城区境内的浮烟山,在历史上很长的时期内,集儒释道和书院寺庙于一体,这是文化品牌。要把文化品牌保护和传承好,"要深挖农耕文化蕴藏的精神",还要传承好红色基因,践行社会主义核心价值观,提升人们的文化素质和精神境界,同时带动文化旅游产业发展,为农民增收和市民休闲创造条件。

提高生活质量,要把自治、法治和德治有机结合起来,走乡村善治之路。要形成文明乡风、良好家风、淳朴民风。要健全基层群众自治组织,打造坚实有力的农村基层组织,为乡村振兴提供政治和组织保障。要加强思想道德教育,提倡移风易俗,消除不良习俗。深入开展扫黑除恶专项行动,建设平安乡村,也有利于改善城镇治安环境。

(四) 强化新动能意识

近年来,从国家到山东省潍坊市,都在加快新旧动能转换,对此简要谈谈自己的看法。

理念是行动的先导。转换发展动能首先要转变思想观念,通过学习和思考,在认识上"吐故纳新","吐出二氧化碳,吸进新鲜氧气",在建立新观念的同时,采取新技术、新模式,发展新业态。要辩证地看待新与旧,在创新中传承,在传承中创新,"提旧换新"与"去旧育新"要两手抓:一手优化提升传统产业,激发传统产业结构优化和效率提升带动经济增长的潜能;另一手加快培育壮大新兴产业,形成更多经济增长的"乘数因子"。要把"凤凰涅槃""腾笼换鸟"的创新精神和潍坊各个方面的实际情况结合起来,在先进装备制造、人工智能、大农业、大健康、大文创、大旅游等方面,培育更多的"新鸟、好鸟",推进城乡融合发展、优质发展、可持续发展。

(五) 强化六个主要抓手

促进乡村振兴战略和品质城市建设深度融合,主要强化六个抓手。

一是抓好规划引领。规划是城市未来的总体布局,要有"功成不必在我"的思想境界,久久为功。李市长刚才讲,高层规划是发展的基础和前提。受潍坊市邀请,我们国合华夏城市规划研究院与潍坊市发改委,正在编制《潍坊乡村振兴规划》。3月上旬,规划课题的专家团队和市发改委一起,与市直三十个部门进行了一天半座谈,又到多个市县区进行了三天半调研,正在抓紧起草规划稿,在起草过程中,我们把包括"品质城市"在内的"四个城市",从理念到措施,深度融入规划。按照潍坊市委提出的"坚持'走在前列'的目标定位",为"确保乡村振兴走在全省全国前列"提供规划保障。

二是抓好项目支撑。规划确定后,市直部门与各区市县,应根据规划布局和有关政策导向,在充分调查研究和反复协商必选的基础上,适时确定和实施一批落实规划目标任务、条件成熟的建设项目。这些项目要与其他有关规划相衔接,要充分体现"四个城市"的要求,促进乡村振兴战略与"四个城市"建设深度融合。

三是抓好资金整合。无论规划布局还是项目布点,都要有真金白银做支撑,要解决好钱从哪里来的问题。既要拓宽筹资渠道,又要通过多种方式,把各渠道的资金进行合理整合,包括整合中央与地方不同层次的资金、整合多部门的资金、整合政府与社会的资金,尤其要充分考虑城市工商资本下乡的潜力和可能,各种资金以合为贵。"公共财政更大力度向'三农'倾斜","充分发挥财政资金的引领作用,撬动金融和社会资本更多投向乡村振兴"。很多大事情尤其是大项目,没有政府办不了,没有企业办不好,没有群众支持则"基础不牢,地动山摇",需政府、企业与广大农民群众多个方面同向发力。

四是抓好人才支撑。无论实施乡村振兴战略还是建设"品质城市",都要十分重视人的因素。"要把人力资本开发放到首要位置,畅通智力、技术、管理下乡通道,造就更多乡土人才,聚天下英才而用之。"发展现代农业和建设美丽乡村,要更多培育新型经营主体和新型职业农民,解决"谁来种地""怎么种地"的问题,加快培育更具先进性、更具活力的新时代生产力。振兴乡村要充分考虑各种途径来自于城市的"新乡贤"的重要作用。

五是抓好科技进步。"科学技术是第一生产力",要"给农业插上科技的翅膀"。根据潍坊市统计数据,潍坊市的农业科技贡献率为62%,比江苏省低4个百分点,比以色列低34个百分点,科技成果转化率比全国低5个百分点。差距就是潜力,问题导向就是努力方向。要在人才、资金、制度等方面,为科技进步创造更好的条件。城市化、工业化、信息化的新技术,要更多地融入乡村振兴的事业中。

六是抓好深化改革。过去的发展受益于改革,未来的发展还须依靠改革。要通过深化改革体制机制,促进城乡要素自由流动、平等交换,以城带乡、以工哺农;加快推进以合作经济为基础,经营大户、土地托管、公司化经营等多种形式的规模化经营;进一步调动广大农民的积极性、主动性和创造性,发挥好他们在乡村振兴中的主体作用,同时要反对官僚主义和形式主义;改革完善城乡融合、产业融合等融合发展体制机制,促进百业兴旺、乡村振兴、万民幸福。

第十一章
CHAPTER 11
乡村改革开放路线图

改革开放是我国经济发展的源泉和动力。早在全面建设社会主义时期,毛泽东就强调:"中国的改革和建设靠我们来领导",我们国家要有很多"立志改革的人。我们共产党员都应该是这样的人"。几十年来,各届党和国家领导人致力于改革开放,不断推动我国经济社会向前发展。新时代推进乡村振兴战略,全面深化各项改革,坚持党对改革的集中统一领导,把全党的思想统一到中央关于全面深化改革重大决策部署上来,使党的意志主张体现在改革的所有内容和每个环节之中,统一广大人民群众的思想,就会形成强大的改革合力,确保改革成功,进而实现农民富裕和建设中国特色社会主义现代化强国的目标。

一、国家政策

没有改革开放就没有当代中国,改革开放是发展中国、发展社会主义、发展马克思主义的强大动力。2017年11月20日,习近平总书记主持召开十九届中央全面深化改革领导小组第一次会议指出:"无论改什么、改到哪一步,坚持党对改革的集中统一领导不能变,完善和发展中国特色社会主义制度、推进国家治理体系和治理能力现代化的总目标不能变,坚持以人民为中心的改革价值取向不能变。"这三个"不能变"是新时代全面深化改革必须始终坚持的原则。

改革开放是前无古人的事业,必须坚持正确的方法论,在不断实践探索中推进。农民土地承包权和经营权等深层次改革是乡村振兴战略实施的关键。我国土地改革是农村改革的重点,从新中国成立以来,我国土地改革经历了6次大的变化。

(一)第一次土地改革

1949年后,中国确立了土地的社会主义公有制,宪法明确规定"任何组织或者个人不得侵占、买卖、出租或者以其他形式非法转让土地"。这就形成了旧的国有土地使用制度的主要特征:一是土地无偿使用,二是无限期使用,三是不准转让。1950年6月28日,中央人民政府委员会第八次会议讨论并通过了《中华人民共和国土地改革法》,于30日公布施行。《土地改革法》规定:"废除地主阶级封建剥削的土地所有制,实行农民的土地所有制,借以解放农村生产力,发展农业生产,为新中国的工业化开辟道路。"到1953年春,全国除新疆、西藏等少数民族地区以及台湾地区外,基本上完成了土地改革任务,农民真正获得了解放。我国存在两千多年的封建土地所有制从此被彻底被摧毁,地主阶级也被消灭。

（二）第二次土地改革

1953年到1956年，开展在保留农民土地私有制基础上的农业互助组和初级合作社的土地改革，这次土地改革在中国历史上被称为"三大改造"之一。农业的社会主义改造，仿照苏联建立合作社。从1951年12月开始，党中央颁发了一系列的决议，规定了中国的农业社会主义改造的路线、方针和政策，到1956年底，农业社会主义改造在经历了互助组、初级社、高级社三阶段后基本完成，全国加入合作社的农户达96.3%。自此，中国建立起了社会主义性质的土地制度。

（三）第三次土地改革

1958年到1978年，开展土地集体所有制的高级农业合作社和人民公社的"三级所有，队为基础"的土地改革。土地改革的目的被宣传为加强发挥集体生产的优越性。这一次土地改革后的土地制度在中国存在了25年。改革开放前，中国城镇国有土地实行的是单一行政划拨制度，国家将土地使用权无偿、无限期提供给用地者，土地使用权不能在土地使用者之间流转。

（四）第四次土地改革

1979年，家庭联产承包责任制，实行土地公有，由农户家庭经营的土地改革。以1978年安徽省凤阳县小岗村农民推动土地改革为标志。这次土地制度改革的目的，是求温饱，求生存。解放和发展农村的生产力，满足农民对土地的需求，发展农业，增加农民收入。1979年开始，以场地使用权出资兴办中外合资企业或向中外合资企业收取场地使用费。土地使用权作为合资企业的中方合营者的投资股本。

改革开放以来，中国关于"三农"问题进行了重大制度改革，推出相应的"三农"政策，为21世纪"土地改革"奠定了制度基础。

1. 家庭联产承包责任制（1978—1983年）。改革开放初期，"土地改革"率先从基本经营制度方面获得突破。

1978年12月召开的中共十一届三中全会开启了农村改革的进程。1978年底，以安徽省凤阳县小岗村为代表的部分农村率先进行了土地承包经营。这一做法在中央层面获得许可，并逐渐推广全国。

1980年9月，中共中央颁布的《关于进一步加强和完善农业生产责任制的几个问题》指出，凡有利于鼓励生产者最大限度地关心集体生产，有利于增加生产、增加收入、增加商品的责任制形式，如包产到户等，都应予以支持。中央1982年1号文件即《全国农村工作会议纪要》进一步指出，包产到户、包干到户或大包干都是社会主义生产责任制,大大推进了包产到户和包干到户的发展。农村基本经营制度改革步伐加快。

1983年1号文件即《当前农村经济政策的若干问题》认为,联产承包责任制具有广泛的适应性,是在党的领导下中国农民的伟大创造,是马克思主义农村合作化理论在我国实践中的新发展,在理论上肯定了家庭联产承包责任制属于社会主义经济制度范畴。1983年10月12日,中共中央、国务院《关于实行政社分开建立乡政府的通知》要求在1984年底取消人民公社,成立乡镇政府,将全国5.6万个人民公社改为9.2万个乡镇人民政府,为农村基本经营制度改革奠定了体制基础。据统计,到1980年秋,全国实行双包到户的生产队占总数的20%;1981年底,发展到占50%;1982年夏,发展为占78.2%;1983年春,发展到占95%以上。至此,以土地承包经营为核心的统一经营和分散经营相结合的家庭联产承包责任制,取代了人民公社体制的统一经营制度,成为中国农村的基本经营制度。

2. 农业税收政策。改革开放以后,自20世纪80年代中后期开始,农民负担问题开始显露出来,中央多次出台政策要求切实减轻农民负担,强调制止对农民的不合理摊派。

1993年,国务院授权农业部宣布取消43项要求农民出钱、出物、出工的达标升级,纠正了10项错误收费和管理办法。同年6月,国务院宣布取消37项涉及农民负担的集资、基金、收费项目,提出对17项收费项目进行修改。1996年12月30日,中共中央和国务院联合下发《关于切实做好减轻农民负担工作的决定》,提出了13条切实减轻农民负担的政策。21世纪以来,中国开始了以减轻农民负担为中心,以取消"三提五统"等税外收费、改革农业税收为主要内容的农村税费改革。2000年起从安徽开始试点,到2003年在全国全面铺开。从2004年开始,农业税费改革进入深化阶段,吉林、黑龙江等8个省全部或部分免征农业税,河北等11个粮食主产区降低农业税税率3个百分点,其他地方降低农业税税率1个百分点。

3. 农产品市场流通政策。1978年开始的农村经济体制改革,首先突出表现在农产品流通和价格方面。1978—1984年改革的主要内容是:提高农产品收购价格,压缩粮食征购基数,扩大市场调节范围,减少农产品统购派购品种,扩大农民生产自主权,恢复农副产品议购议销政策等。1985—1991年,取消农产品统购派购制度,实行粮棉合同定购政策和生产资料奖售政策以及预购订金发放政策,压缩平价粮油供应,增加议价粮食供应,取消粮油票证。20世纪90年代以来,各类农产品市场逐步放开,最终形成了完全市场化的农产品流通体制。

4. 农业科技政策。20世纪80年代以来,中央明确提出农业技术要走传统与现代相结合的发展道路。国家编制了科技攻关计划,突出农业生物技术等重点领域。1992年,国务院指出农科教结合是实现农业现代化的重要途径。

5. 农村金融政策。农业和农村发展的金融支持问题历届政府高度重视,1978—1995年,从恢复农业银行起,我国逐步形成了以农业银行为主导、农村信用合作社为基础、其他金融机构为补充的农村金融体系。进入21世纪以来,国家制定了一系列建设农村金融体系的政策措施,包括完善农村金融的财税支持政策和货币支持政策,积极发展农村保险业和农村合作基金会,逐步建立农村灾害补偿制度,加强农村金融法律制度建设,将支持农村金融政策以法律的形式予以明确,使财政、税收、货币支持政策、农业保险等系统化、规范化。

（五）第五次土地改革

2005年12月31日,中共中央、国务院《关于推进社会主义新农村建设的若干意见》指出,要稳定和完善以家庭承包经营为基础、统分结合的双层经营体制,健全在依法、自愿、有偿基础上的土地承包经营权流转机制,有条件的地方可发展多种形式的适度规模经营。2006年中央1号文件提出"积极推进农业结构调整""按照高产、优质、高效、生态、安全的要求,调整优化农业结构"。

2007年1月29日,中共中央、国务院《关于积极发展现代农业扎实推进社会主义新农村建设的若干意见》要求,坚持农村基本经营制度,稳定土地承包关系,规范土地承包经营权流转。2007年3月16日,第十届全国人民代表大会第五次会议通过《中华人民共和国物权法》,将土地承包权界定为用益物权,标志着中国农地物权制度正式确立。

2008年10月12日,中国共产党第十七届中央委员会第三次全体会议通过《中共中央关于推进农村改革发展若干重大问题的决定》：完善土地承包经营权权能,依法保障农民对承包土地的占有、使用、收益等权利。加强土地承包经营权流转管理和服务,建立健全土地承包经营权流转市场,按照依法自愿有偿原则,允许农民以转包、出租、互换、转让、股份合作等形式流转土地承包经营权,发展多种形式的适度规模经营。有条件的地方可以发展专业大户、家庭农场、农民专业合作社等规模经营主体。这是新中国成立以来首次提出农村土地可以流转。

2009年12月31日,中共中央、国务院《关于加大统筹城乡发展力度 进一步夯实农村发展基础的若干意见》要求，稳定和完善农村基本经营制度；加快制定具体办法，确保农村现有土地承包关系保持稳定并长久不变的政策；加强土地承包经营权流转管理和服务，健全流转市场，在依法自愿有偿流转的基础上发展多种形式的适度规模经营。

2011年12月31日，中共中央、国务院《关于加快推进农业科技创新 持续增强农产品供给保障能力的若干意见》要求，稳定和完善农村土地政策；加快修改完善相关法律，落实现有土地承包关系保持稳定并长久不变的政策；按照依法自愿有偿原则，引导土地承包经营权流转，发展多种形式的适度规模经营，促进农业生产经营模式创新；加快推进农村地籍调查，2012年基本完成覆盖农村集体各类土地的所有权确权登记颁证，推进包括农户宅基地在内的农村集体建设用地使用权确权登记颁证工作，稳步扩大农村土地承包经营权登记试点，财政适当补助工作经费；加强土地承包经营权流转管理和服务，健全土地承包经营纠纷调解仲裁制度；加快修改《中华人民共和国土地管理法》，完善农村集体土地征收有关条款，严格规范农村土地制度，加快推进牧区草原承包工作；深化集体林权制度改革，稳定林地家庭承包关系，基本完成明晰产权、承包到户的改革任务，完善相关配套政策。

为推动土地适度规模经营，提高农业生产力，提出新的"三农"政策：

耕地保护政策。保护耕地是我国的基本国策。主要包括建立基本农田保护制度，实行最严格的耕地保护制度，加强耕地质量建设，完善征地制度。《中华人民共和国土地管理法》第四条规定："严格限制农用地转为建设用地，控制建设用地总量，对耕地实现特殊保护。"2008年党的十七届三中全会强调，"健全严格规范的农村土地管理制度"，实行最严格的耕地保护制度。中央1号文件多次指出，"落实和完善最严格的耕地保护制度"。

粮食安全政策。2003年党的十六届三中全会、2008年党的十七届三中全会和各年度中央1号文件高度重视粮食生产和粮食安全问题。

农产品质量安全政策。《中华人民共和国农产品质量安全法》是我国农产品质量安全管理史上的重要里程碑，规定"国家建立健全农产品质量安全标准体系"。2008年、2009年、2010年相继推动农产品质量安全监管体系和检验检测体系建设，发展无公害农产品、绿色食品、有机农产品。2013年强调，落实"从田头到餐桌"的全程监管责任。

农业税收政策。2005年，全国28个省全面免征了农业税，河北、山东、云南将农业税税率降到2%以下。2006年1月1日起废止《中华人民共和国农业税条例》，取消除烟叶以外的农业特产税、全部免征牧业税。从2010年12月1日起，全国所有收费公路（含收费的独立桥梁、隧道）全部纳入鲜活农产品运输"绿色通道"网络范围，对整车合法装载运输鲜活农产品的车辆免收车辆通行费。自2012年1月1日起，免征蔬菜流通环节增值税。

农业补贴政策。党的十六大以来，党中央、国务院作出了我国总体上到以工促农、以城带乡发展阶段的基本判断，制定了工业反哺农业、城市支持农村和"多予、少取、放活"的基本方针，出台了针对农业、农村和农民的补贴政策，初步形成了围绕粮食生产、农民增收和保护生态环境为目标，综合补贴和专项补贴相结合，覆盖基础设施建设、种子、农业机械、生产技术、农产品、灾害救助等环节和内容的农业补贴政策体系。2004年，对种粮农民直接补贴工作在全国推开，粮食直补机制初步确立。2007年开始，在内蒙古、吉林、江苏、湖南、新疆和四川6省区开展中央财政农业保险保费补贴试点，主要用于粮棉油大宗农作物和能繁母猪保险费补贴。《全国现代农业发展规划（2011—2015年）》提出"坚持和完善农业补贴政策"，建立农业补贴政策后评估机制，继续实施种粮直补，落实农资综合补贴动态调整机制，研究逐步扩大良种补贴品种和范围，扩大农机具购置补贴规模等。2012年完善农业保险政策，增加保费补贴品种，开展设施农业保费补贴试点，对发展设施农业的农民给予保费补贴。

农产品市场流通政策。2006—2011年，商务部等实施"双百市场工程"扶持政策、"农超对接"扶持政策、农产品现代流通综合试点等。2012年中央1号文件指出，"提高市场流通效率，切实保障农产品稳定均衡供给"。2013年中央1号文件提出"提高农产品流通效率"，继续实施"北粮南运""南菜北运""西果东送"、万村千乡市场工程、新农村现代流通网络工程，实施农产品现代流通综合示范区创建等。

农业科技政策。2004年、2007年提出强化现代农业的科技支撑，2011年提出强化水文气象和水利科技支撑。2012年中共中央、国务院《关于加快推进农业科技创新持续增强农产品供给保障能力的若干意见》提出"依靠科技创新驱动，引领支撑现代农业建设"等。

农业基础设施建设政策。2012年国务院《全国现代农业发展规划（2011—2015年）》提出"改善农业基础设施和装备条件"。2013年中央1号文件提出"加强农村基础设施建设"，加大公共财政对农村基础设施建设的覆盖力度，逐步建立投入保障和运行管护机制。

农村金融政策。2004年以来中央1号文件对农村金融作了规定，2013年提出"改善农村金融服务"，建立多层次、多形式的农业信用担保休系等。

农业劳动力转移就业政策。主要实施了农业劳动力转移就业服务、农民工权益保障、农业劳动力转移就业培训改善农民工生活条件、解决农民工子女教育等。2010年中央1号文件提出"促进农民就业创业"。2012年中央1号文件提出"加强教育科技培训，全面造就新型农业农村人才队伍"。2013年中央1号文件提出"有序推进农业转移人口市民化"等。

农村扶贫开发政策。2001年，发布《中国农村扶贫开发纲要（2001—2010年）》。2011年11月，中共中央、国务院印发《中国农村扶贫开发纲要（2011—2020年）》，这是今后一个时期我国扶贫开发工作的纲领性文件。2011年11月29日，中央扶贫开发工作会议在北京召开，决定将农民人均纯收入2300元（约合355.6美元）作为新的国家扶贫标准，相较于2009年的人均收入低于1196元的标准，新标准提高了92%。

（六）第六次土地改革

实行土地使用权流转等深层次改革，农民宅基地等入股和土地抵押贷款等。2017年前后，以乡村振兴战略为特征，落实农村土地承包关系稳定并长久不变政策，衔接落实好第二轮土地承包到期后再延长30年的政策。全面完成土地承包经营权确权登记颁证工作，实现承包土地信息连通共享。完善农村承包地"三权分置"制度，在依法保护集体土地所有权和农户承包权前提下，平等保护土地经营权。农村承包土地经营权可以依法向金融机构融资担保、入股从事农业产业化经营。实施新型农业经营主体培育工程，培育发展家庭农场、合作社、龙头企业、社会化服务组织和农业产业化联合体，发展多种形式适度规模经营。推进房地一体的农村集体建设用地和宅基地使用权确权登记颁证。完善农民闲置宅基地和闲置农房政策，探索宅基地所有权、资格权、使用权"三权分置"，落实宅基地集体所有权，保障宅基地农户资格权和农民房屋财产权，适度放活宅基地和农民房屋使用权，不得违规违法买卖宅基地，严格实行土地用途管制，严格禁止下乡利用农村宅基地建设别墅大院和私人会馆。

2018年中央1号文件提出：构建农业对外开放新格局。优化资源配置，着力节本增效，提高我国农产品国际竞争力。实施特色优势农产品出口提升行动，扩大高附加值农产品出口。建立健全我国农业贸易政策体系，深化与"一带一路"

沿线国家和地区农产品贸易关系。积极支持农业"走出去",培育具有国际竞争力的大粮商和农业企业集团。积极参与全球粮食安全治理和农业贸易规则制定,促进形成更加公平合理的农业国际贸易秩序。进一步加大农产品反走私综合治理力度。

着眼于全面深化改革,努力提高各级领导干部的思想政治能力、动员组织能力、驾驭复杂矛盾能力。习近平指出:"把以人民为中心的发展思想体现在经济社会发展各个环节,做到老百姓关心什么、期盼什么,改革就要抓住什么、推进什么,通过改革给人民群众带来更多获得感。"

二、对标对表

从党中央、国务院和各级政府的性质来看,农业农村改革开放要为人民而改革,这是改革的价值尺度,也是最根本、最核心的价值取向。无论遇到任何困难和挑战,只要有人民支持和参与,就没有克服不了的困难,就没有越不过的坎儿。

(一)云浮市农业经营体制机制创新

云浮市 2011 年 11 月被列为全国农村改革试验区,承担探索创新现代农业经营体制机制试验任务,试验时间为 2012 年至 2015 年。云浮市积极创新三项现代农业经营机制,努力构建现代农业服务体系,促使传统农业向现代农业转型升级。在"公司+现代家庭农场"经营机制方面,支持农户扩大养殖规模,应用先进科技和信息技术,使农户转变成为家庭农场和现代家庭农场。全市建成现代家庭农场 505 个,每个现代家庭农场规模扩大 1.8 倍,利润达到 10 万元以上。在探索"公司+理事会+农户"经营机制方面,全市开展机制探索的公司 83 家,联结乡贤理事会 172 个,联结农民专业合作社 122 家,联结农户 13.84 万户。在探索"合作社+合作社"经营机制方面,实现了农民专业合作社之间通过纵向或横向联结。全市开展联合的组织共有 15 个,联结农民专业合作社 55 个,联结农户 6850 户,参加联合经营的社员平均增收 10% 以上。

(二)江苏省张家港市南丰镇永联村产业发展模式

产业发展型模式主要在东部沿海等经济相对发达地区,主要是产业优势和特色明显,农民专业合作社、龙头企业发展基础好,产业化水平高,初步形成"一村一品""一乡一业",实现了农业生产聚集、农业规模经营,农业产业链条不断延伸,产业带动效果明显。

永联村位于江苏省张家港市南丰镇，村域面积 10.5 平方公里。该村是 1970 年长江边的围垦村，直到 1978 年，还是全县最小、最穷、最落后的村。改革开放给永联村带来了生机和活力。2016 年，完成地区生产总值 103263 万元，财政收入 7786 万元，连续四届荣获"全国文明村"称号，还是"全国民主法治示范村""国家级生态村""中国最有魅力休闲乡村"。

发展壮大集体经济，实现产业振兴。永联村立足钢铁产业，组建永钢集团并发展成全国民营企业 500 强。同步推进发展现代农业，实现了农业生产的集约化、机械化、信息化、现代化。利用村域内人口流量优势、产业要素优势，积极发展乡村旅游业，推进二、三产业分离，充分发展服务业。

践行绿色发展理念，构建优美生态。村域内区块分明，新型工业区、现代农业区、水网、河流、道路、居民区等自然通畅，实现配套宜居。加强环境综合整治，城镇管理整齐划一。永钢集团加强全过程节约管理，固体废弃物实现"零排放"，大力发展循环经济，实现了工业与农业的循环。

推进城乡一体，营造宜居生活。永联村积极建设农民集中居住区永联小镇，全面完善城镇功能，并不断创新社会管理方式。以土地为纽带的基础上，创新以资本为纽带的共建共享实现形式。村民集体持有永钢集团 25% 的股份。村里还为村民统一办理农保转城保，实现了城乡社会保障均等。

加强精神文明建设，培育精神文明。坚持经济富裕、精神文明两手抓。成立社区学校，提升满足村民精神需求；搭建供需对接平台、建设爱心互助街；建设文化基础设施，鼓励发展村民文化活动，传承优良传统；建设村民议事厅，鼓励村民参会听会，大力推进村民自治、基层民主。

（三）上海市松江区泖港镇城郊集约模式

城郊集约型模式主要是在大中城市郊区，其特点是经济条件较好，公共设施和基础设施完善，交通便捷，农业集约化、规模化经营水平高，土地产出率高，农民收入水平相对较高。

松江区泖港镇地处上海市松江区南部、黄浦江南岸，是松江浦南地区三镇的中心，东北距上海市中心 50 公里，北距松江区中心 10 公里。该镇依托"气净、水净、土净"的独特资源优势，大力发展环保农业、生态农业、休闲农业，成为上海的"菜篮子""后花园"，服务于以上海为主的大中城市。

该镇开展村庄改造和基础设施建设，使全镇生态环境和市容卫生状况显著改善，并创建国家级卫生镇。该镇以创建高产田为抓手，大力发展环保农业；以

"三净"品牌为优势,大力发展农副经济;以节能环保为标准,淘汰落后工业产能。还鼓励兴办家庭农场,已基本实现了家庭农场的专业化、规模化经营。具体做法是规范土地流转,实行家庭农场集中经营;完善服务管理,提高家庭农场运行质量;推动集约经营,优化家庭农场运行模式。

为满足大城市休闲度假的需求,䣡港镇大力发展生态旅游。同时,以乡土民俗为核心,以市场需求为导向,整合生态农业、生态食品、农业观光、农业养殖、村落文化、会务培训、疗养度假、农家餐饮等各类乡村旅游资源,促进了旅游休闲产业发展。

(四)河南省平乐镇平乐村文化传承模式

文化传承型模式主要在具有特殊人文景观的地区,包括古村落、古建筑、古民居以及传统文化的地区,其特点是乡村文化资源丰富,有优秀民俗文化以及非物质文化,文化展示和传承的潜力大。

平乐村地处河南省洛阳市孟津县,属于汉魏故城遗址,文化积淀深厚。该村以农民牡丹画而闻名全国,农民画家发展到800多人。"一幅画、一亩粮,小牡丹、大产业",是平乐村的新民谣。平乐村按照"有名气、有特色、有依托、有基础"的"四有"标准,以牡丹画产业发展为龙头,扩大乡村旅游产业规模,探索出了依靠文化传承建设"美丽乡村"的发展模式。目前,平乐农民画家的牡丹画远销西安、上海、中国香港、新加坡、日本等地。

(五)广西红岩村环境整治模式

红岩村位于广西桂林恭城瑶族自治县莲花镇,距桂林市108公里,共103户407人,是一个集山水风光游览、田园农耕体验、住宿、餐饮、休闲和会议商务观光等为一体的生态特色旅游新村。红岩村新建起80多栋独立别墅,有客房300多间,餐馆近40家,建成了瑶寨风雨桥、滚水坝、梅花桩、环形村道、灯光篮球场、游泳池、旅游登山小道等公共设施。

红岩村启动生活污水处理系统建设工程,使村里生态旅游业有了新的发展,荣获"全国农业旅游示范点""全国十大魅力乡村""全国生态文化村""中国乡村名片"等荣誉称号。

(六)江西省江湾镇休闲旅游模式

休闲旅游型模式主要是在适宜发展乡村旅游的地区,其特点是旅游资源丰富,住宿、餐饮、休闲娱乐设施完善齐备,交通便捷,距离城市较近,适合休闲度假,发展乡村旅游潜力大。

江湾地处皖、浙、赣三省交界，属于江西省婺源县，它汇聚了梦里江湾5A级旅游景区、古埠名祠汪口4A级旅游景区、生态家园晓起和5A级标准的梯云人家篁岭四个品牌景区，是婺源"国家乡村旅游度假试验区"的典范。

江湾旅游资源丰饶，名贵古树观赏园荟萃了六百余株古樟群、全国罕见的大叶红楠木树和国家一级树种江南红豆杉，栖息着世界濒危的珍稀鸟种黄喉噪鹛，国家重点保护的黑麂、白鹇鸟等。江湾镇森林覆盖率高达90%。该镇依托丰富的历史人文文化和良好的生态环境，打造"伟人故里——江湾""生态家园——晓起""古埠名祠——汪口"等品牌景区。

江湾积极发展乡村旅游，打造乡村旅游的示范镇，促进乡村旅游与农业、农民和农村发展有机结合，使乡村旅游参与主体的农民成为受益主体。打造篁岭梯田式四季花园生态公园，使农业种植成为致富的风景，成为乡村旅游的载体。

（七）福建省三坪村高效农业模式

高效农业型模式主要在我国的农业主产区，其特点是以发展农业作物生产为主，农田水利等农业基础设施相对完善，农产品商品化率和农业机械化水平高，人均耕地资源丰富，农作物秸秆产量大。

三坪村是国家AAAA级风景区——福建省漳州市平和县三坪风景区所在地，三坪村全村共有山地60360亩，毛竹18000亩，种植蜜柚12500亩，耕地2190亩。该村充分发挥森林、竹林等林地资源优势，采用"林药模式"打造金线莲、铁皮石斛、蕨菜种植基地，以玫瑰园建设带动花卉产业发展，壮大兰花种植基地，做大做强现代高效农业。同时，建立千亩柚园、万亩竹海、玫瑰花海等特色观光旅游，构建观光旅游示范点，提高吸纳、转移、承载三坪景区游客的能力。

三坪村实施"美丽乡村"建设工程，打造朝圣旅游文化和"富美乡村"吸引众多的游客，走出了一条美丽创造生产力的和谐之路。该村先后获得"国家级生态村""福建省生态村""福建省特色旅游景观村""漳州市最美乡村"等荣誉称号，连续五届蝉联"省级文明村"。

三、实施路线图

"立治有体，施治有序。"我国乡村改革与发展经历了40年，取得了很大的建设成效，也有一些教训和不足需要进行剖析。

总体来看，我国乡村振兴改革开放的实施路径包括：

一是鼓励和引导科技创新，增强农业发展新动力。改革依靠人民。人民是历史的创造者，是一切力量的源泉。要紧紧依靠农民，激发和调动农民、农业院校和农业骨干企业的积极性与创造性，全面开展现代种业技术、病虫害防治技术、农业机械化和设施农业工程技术、生态农业技术、"互联网+农业"技术、农产品加工与质量安全技术等重点技术攻坚，推动本地区农业科技水平不断提升。

二是推动深层次农业农村改革。学习贯彻习近平新时代中国特色社会主义"三农"思想，以乡村振兴战略规划为指引，以农业发展和农村繁荣为目标，统筹各层级农业产业空间布局，改革涉农土地开发置换定价机制，创新城乡融合发展体制，推进乡村振兴全面、纵深改革。采取迁村并点、小城镇聚集、就地改造、棚户区改造等模式，鼓励和引导符合条件的村庄迁址或集中居住，通过建造农村新型社区和特色小镇，打造一批美丽宜居示范村。改革涉农土地开发置换定价机制，确保农民主体地位；改革城乡土地置换办法，保障农村农民的合法权益；科学进行城镇置换项目用地定价，完善土地交易规则与监督机制。

三是完善现代农业经营体系。以农业供给侧改革为重点，完善农村基本经营制度，深化土地制度改革，推进农村集体产权制度改革，健全农业支持保护制度，完善现代农业经营体系。制订新型农业经营主体培育计划，以体制建设发展多种形式适度规模经营。

四是优化要素双向流动体系。以资源统筹促城乡要素合理双向流动，以城乡户籍一体化促农村居民市民化，以资源均衡配置促城乡公共服务均等化发展，推动新型城镇化和新农村建设"双轮驱动"，围绕要素下乡自主创新，拓展要素双向流动体系。实施优先财政支持政策，加大农业农村的财政支出。在增加总量的同时，合理优化投入领域，优先支持农村一、二、三产业融合。发挥财政资金的带动作用，建立金融机构激励约束机制，吸引金融资本、社会资本进入农业农村，补齐农业农村财政投资的短板。吸引各类人才到农村创业，制定吸引人才、留住人才的政策。为农业农村发展提供必要的土地资源，加快农村土地制度改革，盘活农村土地资源，建立用地保障机制。改革户籍制度，取消城乡二元制的户籍制度，实行城乡统一的户籍管理，推动城乡人口自由流动。建立农业转移人口对城市公共服务的分担与享受机制，保障农业转移人口真正实现市民化，在住房、医疗、教育、保险等方面与城市居民享受同等的待遇。

五是规范市县两级财税普惠体系。优化财政供给结构，推进行业内资金整合与行业间资金统筹相互衔接配合，加快建立涉农资金统筹整合长效机制。健全财政扶持"新六产"政策，完善财政扶持城乡融合平台政策，实施财税支持产业导入政策,落实财税民生兜底保障政策,规范市县两级财税普惠体系。

四、潍坊市乡村振兴改革案例

在新时代,潍坊市委、市政府坚持改革开放的总方向不动摇,以乡村振兴体制改革为主线,不断丰富乡村振兴的社会服务体系。积极推动农业农村"放管服"改革,创新农村金融服务模式,推进国有林场(农场)和供销社改革,丰富乡村振兴社会服务体系,蹚出了一条服务于乡村振兴发展与改革的新模式、新机制。

一是深化农业农村"放管服"改革。推行大部制改革,提高行政效率。深入推进强镇扩权,赋予镇区人口10万以上的特大镇县级管理职能和权限,强化事权、财权、人事权和用地指标等保障。实行政府"权力清单管理",强化税费改革,推动政府机构整合、流程优化和人员精减。严厉打击和处罚不作为、乱作为和懒政行为,对贪污受贿和不作为行为零容忍,弘扬"亲民、爱民、敬民"的新型政商、新时代政(农)民关系。完善行政审批制度。实行涉农行政服务"首问负责制"和"零缺陷服务考评制度"。

二是创新农村金融服务模式。充分发挥市县财政资金的引导作用,撬动金融和社会资本更多投向乡村振兴。强化农业金融研究平台建设,成立潍坊市农业金融创新领导小组,确定金融优先支持的领域和重点项目。深化金融领域深层次改革,充分发挥银行、保险等金融机构的作用,创新金融业务模式,扩大金融覆盖领域。深入推进农产品期货期权市场建设,稳步扩大"保险+期货"试点,探索"订单农业+保险+期货(权)"试点。构建农村普惠金融服务体系,下沉金融服务重心,分类分层利用债券、贷款、互联网金融等多种金融业务,打造普惠金融生态圈。加强融资辅导和培育,拓宽农业企业融资渠道。强化农业农村社会信用监督,积极推进"信用户""信用村""信用乡(镇)"的创建活动,将评价结果作为金融机构确定授信额度、衡量利率等的参考依据,对信用好的镇、村和企业优先给予惠农贷款,营造"好信用建好档案,好档案须优贷款"的良好氛围。改进农村金融差异化监管体系,强化地方政府金融风险防范处置责任。

三是推进国有林场(农场)和供销社改革。深化全市林场农场运行体制改革。加快推进国有林场管理体制改革,全面完成国有林场综合改革任务,开展林地流转经营权流转证试点。推进国有农场企业化改革,逐步改制成为现代市场经营主体。探索供销社综合改革新模式。建设"1+N"为农服务综合平台,完善供销合作社组织体系、农业全程社会化服务体系、农产品现代流通服务体系、社有企业经营服务体系、城乡社区服务体系和供销合作社联合社等治理机制。

相关乡村振兴的改革机制和试点示范工作，正在潍坊市各级党委、各级政府和各层面逐步地、全面地、持续地展开。

五、中美贸易争端对乡村振兴的影响①

美国特朗普政府 2018 年 3 月 8 日发起的中美贸易战，进入了挫折与僵持阶段，中美博弈和实力对抗成为我国应对美国贸易挑战的基本特征。世界各国高度关注中美贸易战对全球经济和政治格局的影响。

如何树立全球视野，前瞻思考和统筹把握中美贸易战的本质，以及对我国乡村振兴战略的深层影响，分析和把握机遇，将贸易战转化为我国乡村振兴战略的助推力，是国家部委和智库应该探讨和提出解决之策的重大课题。

（一）特朗普发起中美贸易战的可能阶段和本质

特朗普自竞选美国总统开始，就推崇美国优先政策，提出减少中美贸易逆差，在执政之后采取了多项推动美国制造业回归和与其他国家双边谈判等举措。2018 年 3 月 8 日，美国发动了针对中国等的贸易战。

初步分析和预判，特朗普发起的中美贸易战，将经历三个阶段：

一是试探性火力侦查战。以钢铁等行业试探和局部贸易战为特征，拉开了对我国贸易战的序幕。主要表现为：美国 3 月 8 日发布公告，自 3 月 23 日起对进口钢铁和铝产品加征关税（即"232 措施"）。这一阶段重点针对我国钢铁和铝产品征税，目的是进行双边贸易关税政策的试探和局部打压；中国的应对措施是，3 月 23 日，中国商务部发布针对美国进口钢铁和铝产品"232 措施"的中止减让产品清单并征求公众意见。3 月 26 日，中国根据《保障措施协定》在世贸组织向美方提出贸易补偿磋商请求，但美方拒绝答复。3 月 29 日，中方向世贸组织通报了中止减让清单，决定对自美国进口部分产品加征关税，以平衡美方"232 措施"对中方造成的利益损失。4 月 2 日，中国国务院公布了对原产于美国的 7 类 128 项进口商品加征关税的决定，并于当天开始生效。

二是主力部队重点进攻战。以重点行业、部分产品和优势产业的贸易阻击战为特征，中美贸易战进入了正面进攻阶段。主要表现为：4 月 4 日，美国贸易代

---

① 吴维海，中美贸易战对乡村振兴带来的契机，2018 年 4 月 20 日，微信公众号：国合华夏研究院。

表办公室公布了拟加征关税的中国商品建议清单，涉及航空航天、信息通信、机器人和机械、医药等行业，包括大约1300个独立关税项目，涉及中国约500亿美元出口，内容主要针对中国高端制造业，试图从战略上牵制中国和遏制中国崛起。此建议公布后，将有60天的公示磋商期，到期将公布对华"301调查"最终制裁清单。美国公众可于5月11日之前向贸易代表办公室就清单内容和税率提交书面意见。301调查委员会将于5月15日就清单内容举行听证会，并在5月22日之前再次接受公众意见。中国对美国的回应包括大豆、猪肉及制品等农产品进行关税制裁。

三是集中火力全面对攻战。以美国的密集"炮火挑衅"和贸易强攻我国通信、机器人等产业为特征的全面对攻。该阶段预计发生在4月下旬或5月及以后。4月16日，美国对我国中兴通讯公司出口权限颁布了禁令：禁止美国向其出口零部件，期限长达7年。禁止美国人和公司与中兴通讯做生意，其出手之狠之无所顾忌，令人扼腕。作为被动的回应，中国政府4月18日起，决定对原产美国的进口高粱实施临时反倾销措施。

后续中美贸易战的可能演变局面，有多种假设和不确定性：美国可能正式对中国出口商品大约1000亿美元的关税惩罚，中国也将采取反贸易制裁的相关策略，对美国大豆、牛肉等征收关税。美国政府可能加大对中国出口商品的关税范围和幅度，怂恿并联合英国、德国、法国甚至日本、韩国等，对中国实施联合贸易进攻，中国政府为了公平正义和捍卫全球自由贸易规则，只能被迫抵抗，并可能对美国等进口飞机、汽车、稀土、国际服务贸易等增加关税。双方乃至多国进入贸易战的抢攻或混战阶段。

还有一种假设，美国在经历了与中国1000亿美元的进一步进攻试探之后，在美国国内外反贸易战和美国同盟国利益受损的压力下，特朗普政府或许会虚张声势，主动退让并寻求双方商贸谈判，中国和美国双方可能各让一步，美国可能逐步放宽和减弱对中国进出口贸易壁垒，中美贸易逐步恢复到正常轨道。这是一种较乐观的假设，是否出现这种局面，要看特朗普总统的性格、特朗普政府代表的利益集团和美国国家的战略决策，看美国与同盟国的联合程度、同盟国的经济与政治格局，以及与中国贸易的关联、影响程度，还受美国与俄罗斯在叙利亚的政治军事角力、美国阿富汗政策、美日韩经济和军事合作等因素影响。

分析特朗普对中国贸易征税和限制禁令的本质，主要有六个方面：

一是增加未来总统竞选和政党选举的票仓。对我国开展贸易战，兑现美国总统竞选时的诺言，提高选民的满意度和支持率，增加民主党总统换届选举的票仓。

二是通过贸易战打压中国。对中国经济发展感到焦虑和恐慌，妄图通过对中国发起贸易制裁，违反贸易规则，打压和降低中国出口贸易额，扼杀中国实施的"中国制造2025"，以及中国高新技术、新兴产业和新业态的开放发展与国际贸易。

三是通过降低中美贸易逆差，实现美国最大利益。迫使中国减少出口，实现制造业和工厂向美国本土转移，增加美国国内就业和制造业回归，刺激美国经济和产业复苏，增强美国经济软实力，削弱中国出口产品的国际影响力和市场份额。

四是通过贸易战，转移国内矛盾和热点。试图通过对我国发起贸易战，转移美国国内对特朗普总统竞选期间通俄门事件、性绯闻等调查，进而调节国内各政党的矛盾和利益。

五是通过发起对我国贸易战构建全球联合体。笼络政治、经济同盟和战略伙伴，整合并聚集欧盟及其他合作伙伴，形成更强的经济、军事联合体，推动实现美国国家利益和政治、经济团体的最大利益。

六是对我国经济腾飞和产业升级制造麻烦。试图阻挠我国产品出口，限制和禁止高新技术进口，削弱我国在某些领域形成的国际竞争优势，打压人民币的国际化，阻挠我国开放融合，削弱我国创新创业、技术研发、国际合作的强劲势头，破坏良好的全球合作氛围，降低对我国经济预期，误导各国资本外流，实现美国对我国"薅羊毛"、利用美元霸权盘剥我国和世界各国经济红利、独霸世界贸易规则、独享国际贸易红利的目的。

(二) 中美贸易战对我国乡村振兴的影响

关于中美贸易战对我国乡村振兴的影响，重点从以下六个方面分析：

长远来看，美国发起对中国的贸易战，对美国和中国经济都产生了不利的影响。目前，中美之间在钢铁、大豆、牛肉等领域的贸易制裁措施和限制领域，对两国政府、企业和人民都会有很大的影响，会增加美国民众相关商品的消费成本。未来，美国可能对我国高端制造、先进技术进出口等进行关税壁垒和贸易制裁，我国也会采取针对性的举措，如限制美国牛肉、大豆，乃至汽车、飞机等进口，以维护我国商贸利益和国家尊严，捍卫全球自由贸易规则。

局部来看，美国发起的贸易战，对我国制造业带来一些负面的影响和出口受阻，对美国农业农民的负面影响很大。具体来说，中美贸易战，对于美国列入制裁名单的我国机械和通信等出口产业和企业，产品出口、零部件进出口等受到较大影响，并可能带来经济和市场的受损。而对于美国种植大豆、棉花的农庄、农民，将在中美贸易争端中，增加商品销售价格，降低国际市场竞争力，导致农产品出口额降低，农民利润减少，相关市场被印度、加拿大等其他国家替代。数据显示，美国每年向中国出售124亿美元的大豆，美国出口的62%大豆、14%棉花都销往中国。中国是美国大豆第一大出口国、棉花第二大出口国。如果中国以关税回应美国的关税制裁，美国对我国大豆出口可能暴跌71%。

行业来看，从我国重点行业受到美国贸易保护负面影响程度的排序来看：钢铁＞化工＞其他金属制品＞纸制品、橡胶制品、木制品＞农产品＞机电类、纺织服装等。从我国各行业出口到美国市场的敏感度排序看：电子设备＞机械设备＞服装制造＞金属制品＞家具＞化学制品＞塑料橡胶制品＞食品等。以在行业产品出口中的占比为依据，如果美国发起全面而非行业性的贸易战，一些敏感度高的行业受影响更大。

极端假设看，如果中美贸易战进入生死对决，假设我国对美国出口额为零，这种极端的情形下，我国家具、电子产品、纺织服装、皮革制品和电气设备制造等行业的负面影响最大，总产出降幅将超过5%。其中家具产出下降将超过15%，但该行业规模小，产值仅占总产值的0.56%。其余三个行业占比依次为4.99%、4.02%和3.33%，影响总额较大。美国对我国的出口商品如汽车、飞机、牛肉、技术服务贸易等也会受到较大的影响。中美两国的经济损失将会很大。

美国视角看，中美贸易争端对美国大豆、棉花等农业种植户产生很大冲击，后续可能对牛肉、奶制品等在我国销售产生较大的下降。如果中国对美国制裁加大了范围，美国汽车、飞机等在中国市场和订单将受到巨大的损失，还会波及美国服务贸易，乃至美国在我国的政府企业咨询、金融投资等，这些行业或相关公司将受到其他国家的市场替代和很大的经济损失。如果英国、欧盟、日本等加入贸易混战，国际贸易秩序将受到严重挑战，甚至可能导致国际贸易规则完全废除的严重后果，全球化进程严重受阻，全球将进入经济衰退的新一轮回，以美国为首的政治联盟、军事同盟或经济阵营将进入全面对抗、军事冷战等危险境界。

乡村振兴看，国家积极推动乡村振兴战略，推动农业转型升级和一、二、三产业融合，加大对外开放。但是，农业产业目前面临的压力、挑战和困难很多，其中就有我国农产品价格不具备国际竞争和美国等国家粮食价格具有明显的比较优势等因素。近年来，我国农产品受到美国等国际市场冲击，粮食购销企业价格过高，我国大豆、棉花等种植规模和种植技术、深加工能力、生态环保水平等，明显低于美国和欧盟市场，我国消费市场很大份额被美国、加拿大等欧美国家占据。我国奶牛、肉牛、猪肉等也缺乏国际竞争优势。在当前中美贸易争端的情形下，国家对美国大豆、棉花、牛肉等征收高额关税，增加了相关行业和美国等产品成本，降低了国内相关行业的竞争压力，在一定程度上有利于国内大豆等农作物、农产品种植和养牛、养猪等涉农产业，对我国乡村振兴和农业转型升级是个窗口期和机遇，对相关农户和相关农场在某些方面是利好的。应该研究和利用这个机会，优化延伸我国农业产业价值链，提升我国农业农村的机械化水平和综合竞争优势。同时，有利于我国农机设备的国产化。

（三）将中美贸易战的困境转为乡村振兴的契机

中美贸易战的责任在于美国，我国政府尽了最大善意和努力，但是美国一意孤行，使得中美贸易战已不可避免。我国只有积极应对，把握机遇，推动乡村振兴战略更快、更好地实施。为此，重点采取以下措施：

一是增强中外贸易谈判和战略统筹定力。把握全球大局，开放对美国谈判的窗口，加强沟通和规则引导，以战促和，充分利用国际贸易规则，推动和维护国际贸易秩序的严肃性和权威性，同时，以国际贸易规则和统筹应对，捍卫国家利益。清醒认识当前的国际形势，把中美贸易战当作促进我国经济结构、优化农业产业结构，提升农业科学技术、优化农业产业链条，推动规模生产和产品品牌化，提高农业发展质量和国际竞争力的重要契机，与"一带一路"倡议、国际经贸合作、乡村振兴战略等紧密结合，制定新形势下我国乡村振兴的行动计划，以及基于国际贸易新环境的农业政策和技术创新布局，优化农业产业链、价值链和供应链，增强战略统筹和战略定力。

二是科学预判并处理中美贸易战与乡村振兴等关系。因势利导，抓住机遇，正确处理中美贸易争端、对外贸易和乡村振兴的关系，主动做好眼前和长远的战略布局，聚焦关键行业和重点农业领域，化被动为主动，化竞争为合作，化不利为有利，改变发展思路，创新发展方式，优化战略布局，以国内消费市场扩大、国内农业技术提升、国内农业全产业链优化和重构，以及农业第一产业向二、三产业融合等战略统筹，提升农业产业结构和发展质量，减少国际贸易壁垒的压力和对我国经济特别是农业农村经济的冲击和负面影响，提升我国农业农村的产业聚集和国际竞争力，提升农村农民收入水平。

三是研究中美贸易战的深层影响并采取应对策略。中美贸易战的范围广、涉及面大，影响深远，不确定性因素很多，对我国农业和农村有较大的影响。因此，国家部委、国内智库和专家学者要主动研究国际形势，研究中美贸易战的本质和未来走向，研究美国对我国采取的关税政策，以及对我国农业产业的影响等，据此确定我国政府、国家部委和行业机构等对于大豆、棉花、玉米、养牛、养猪等重点行业的产业政策、财政补贴、关税政策、产业扶持重点，及新时代我国乡村振兴战略重点布局、产业导向、竞争策略，围绕2020年、2022年、2035年、2050年不同阶段的乡村振兴战略目标，立足国情和地方实际，调整和优化经济结构，提高粮食、大豆、奶牛、生猪等自给比率，以及技术应用水平和国际标准，不断降低农产品单价，提高农产品品质，提高农业技术水平，增强国际市场竞争力，减少对美国等大豆、牛奶和肉食的进出口依赖，相应增加我国农业和农民收入，实现乡村文明、生态宜居和农民富裕等目标。

四是实施我国优势农业及重点产品的国产化工程。把饭碗牢牢抓在自己的手里。聚焦涉及国计民生的粮食生产、大豆种植、牛猪养殖等重点领域，结合美国对我国的贸易清单限制，立足长远，面向未来，推动部分优势产业或关系国计民生农产品的自给率和生态种养殖。以此为动力，推动农业装备制造业自动化、农业产业机械化、农产品绿色化、农业种子国产化等重大工程，从产业价值链的低端逐步提高档次，增强在育种、技术研发、有机生态种养殖、精深加工、金融服务等方面的自给自足和国际竞争力，化解中美贸易对我国农业产业的不利影响，拓展和扩大对我国乡村振兴战略的推动作用。

五是打造开放融合的现代农业国际大格局。应对美国发起的贸易战，实施农业产业结构优化和全球商贸市场的再平衡，优化国内农产品产业链和价值链，尽快改变过度依赖美国单一市场的被动格局，将进出口市场逐步优化为包括欧盟、日韩、以色列等发达国家或地区，出口市场逐步扩大到亚洲、非洲等新兴市场。通过我国出口市场的多元化和统筹布局，进口产品的适度、主动优化和空间调整，打破和规避少数国家或地区对我国国际贸易的关税壁垒和各种限制。同时，积极推动国际合作和自由贸易，引导和迫使美国尽快回到全球贸易的正常轨道，尽快实行公平合理的贸易规则，依据国际贸易规则与中国等进行国际贸易，通过共同遵守国际贸易规则和机制，逐步解决两国之间的贸易逆差、贸易纠纷和具体争议，发挥大国对全球经济繁荣和格局稳定的历史责任，共同维护国际贸易规则，共同构建人类命运共同体，建设和谐、和平、公正、繁荣、共享的国际经济政治新秩序。

第十二章
CHAPTER 12

乡村城乡融合路线图

城市和乡村，就像鱼和水之间的关系，两者之间优势互补，资源共享，共生共存，一荣俱荣，一损俱损。城乡融合不是城乡绝对同质化，而是重点消除城乡隔离的"二元结构"，不断拆除城乡之间的藩篱，实现生态环境共治、基础设施相通、公共服务共享、市场规则相同，生产要素在城乡之间顺畅流动。魏晋时期陶渊明的归园田居描写了乡村生活的休闲与清净。

归园田居
东晋　陶渊明
种豆南山下，草盛豆苗稀。
晨兴理荒秽，带月荷锄归。
道狭草木长，夕露沾我衣。
衣沾不足惜，但使愿无违。

这首诗的大意是：南山下田野里种植豆子，结果是草茂盛豆苗疏稀。清晨起下田地铲除杂草，暮色降披月光扛锄回去。狭窄的小路上草木丛生，傍晚时有露水沾湿我衣。身上衣沾湿了并不可惜，只愿我不违背归隐心意。这首诗细腻生动地描写了作者对农田劳动生活的体验，风格清淡而又不失典雅，洋溢着诗人心情的愉快和对归隐的自豪。

城乡要素自由流动是城乡融合发展的本质和重要体现。现实情况下，优先要打破资源要素从城市向农村流动的体制和机制障碍，创新城乡在人才、土地、资金、技术等方面的制度安排，推动优质资源要素特别是工商资本、专业人才等向农村大量、合理、高质量地流动。

一、国家政策

城乡关系是经济社会发展中最为重要的关系，城乡关系是否协调，是反映一个国家或区域发展是否协调的一个关键标志。改革开放以来，我国的城镇化进程以平均每年上升1个以上百分点的速度在快速推进，特别是十八大以来，我国城镇化率年均提高1.2个百分点，8000多万农业转移人口成为城镇居民。统计资料显示，2016年我国常住人口城镇化率达57.4%，而户籍人口城镇化率仅为41.2%。进入21世纪以来，我国掀起了新一轮更大规模的城镇化浪潮，但城镇化进程的快速推进在给中国经济的迅猛发展带来活力的同时，城乡二元结构问题不仅没有得到有效缓解，城市内部出现的新的二元结构带来了新的矛盾和挑战。在快速城镇化过程中，与经济高速增长、大量农村转移人口涌入城市相对应的是人口渐稀、发展衰落的广大乡村。近十年来，中央高度重视城乡关系协调发展，1号文件连续多年聚焦"三农"问题，城乡发展思想和理论不断深化。

2002年，党的十六大提出统筹城乡发展；2007年，党的十七大提出城乡一体化；2012年，党的十八大以后城乡发展一体化成为党和国家的工作重心之一。2015年，中共中央政治局第二十二次集体学习时指出，推进城乡发展一体化是国家现代化的重要标志，主要内容包括逐步实现城乡居民基本权益平等化、城乡公共服务均等化、城乡居民收入均衡化、城乡要素配置合理化，以及城乡产业发展融合化。2017年，党的十九大明确提出建立健全城乡融合发展的体制机制和政策体系。从统筹城乡发展到城乡发展一体化，再到城乡融合发展，本质上是一脉相承的，体现出党中央对于城乡发展失衡问题的重视程度不断提高，对于构建新型城乡关系的思路不断升华。2018年中央1号文件提出："大力开发农业多种功能，构建农村一、二、三产业融合发展体系"。2018年《政府工作报告》提出：多渠道增加农民收入，促进农村一、二、三产业融合发展。

城乡二元结构是制约城乡融合发展的主要障碍。推动城镇公共服务向农村延伸，实现城乡基本公共服务均等化，是城乡融合发展的核心内容之一。城镇化是农业现代化和城乡融合发展的基础。国际经验表明，城镇化进入稳定期后，农村人口大量减少，城市反哺农村的能力显著加强，城镇基础设施和公共服务在农村的普及率明显提高，才能逐步迈向全面的城乡融合发展。因此，必须继续坚定不移地推进城镇化，大力推动一、二、三产业融合发展。

在政策文件方面，国务院办公厅印发了《关于推进农村一、二、三产业融合发展的指导意见》《关于支持返乡下乡人员创业创新促进农村一、二、三产业融合发展的意见》《关于进一步促进农产品加工业发展的意见》。农业农村部和国家发展改革委等13个部门印发了《关于大力发展休闲农业的指导意见》，原农业部印发了《"十三五"全国农产品加工业与农村一、二、三产业融合发展规划》。四个《意见》和一个《规划》，初步构建了促进农村一、二、三产业融合发展的政策体系。

近年来，我国农村产业融合发展取得了显著成效。农产品加工业稳中向好，2017年农产品加工企业主营业务收入超过22万亿元，与农业总产值之比由2012年的1.9:1提高到2.3:1；休闲农业和乡村旅游蓬勃发展，2017年接待游客28亿人次，营业收入7400亿元；农村创业创新活力迸发，2017年返乡下乡双创人员累计达到740万人，农村本地非农自营人员3140万人；农村一、二、三产业融合发展态势形成良好局面，据测算，农村产业融合使订单生产农户的比例达到45%，经营收入增加了67%，农户年平均获得的返还或分配利润达到300多元。

2017年，党的十九大首次提出乡村振兴战略，指出要"建立健全城乡融合发展体制机制和政策体系，加快推进农业农村现代化"，明确"农业农村农民问题是关系国计民生的根本性问题，必须始终把解决好'三农'问题作为全党工作重中之重"，这意味着乡村振兴已经上升至国家战略，乡村地区将迎来新一轮的重大发展机遇。农业农村部部长韩长赋指出，城乡发展不平衡、农村发展不充分，是新时代我国社会主要矛盾的突出表现，必须解决好。虽然我国农业在国内生产总值中的比重在变小，农民在减少，村庄也在减少，但农村还有约6亿人，农业在国民经济中的基础地位没有变、农民是最值得关怀的最大群体的现实没有变、农村是全面建成小康社会的短板没有变。如果说在决胜全面小康阶段要消除绝对贫困，在全面建设现代化强国阶段，就是要缩小城乡差别。鉴于此，党的十九大提出的城乡融合发展带动乡村振兴战略有着重要意义。

2018年中央农村工作会议强调，走中国特色社会主义乡村振兴道路，必须重塑城乡关系，走城乡融合发展之路。必须巩固和完善农村基本经营制度，走共同富裕之路。必须深化农业供给侧结构性改革，走质量兴农之路。必须坚持人与自然和谐共生，走乡村绿色发展之路。必须传承发展提升农耕文明，走乡村文化兴盛之路。必须创新乡村治理体系，走乡村善治之路。必须打好精准脱贫攻坚战，走中国特色减贫之路。强调实现工作导向的重大转变和工作重心的重大调整，加快推进农业由增产导向转向提质导向，加快推进农业转型升级。

原中央农村工作领导小组办公室主任韩俊表示，乡村振兴战略提出的基础正是对城乡关系、变化趋势和城乡发展规律的深刻认知。城镇化和乡村振兴并不矛盾，城市和农村是命运共同体。现代化不能够建立在城乡分割的基础上。要通过城市的发展、通过推进新型城镇化来带动农村发展。新型城镇化的推进，可以带动农民就业，还可以带动越来越多的人到城里落户。随着时代的发展和进步，乡村的价值和使命已经发生了重大的转变，当代乡村已不仅是传统的农业生产地和农民聚居地，还兼具维护生物多样性的生态功能、保护乡愁乡土的文化功能、发展特色产业的经济功能、稳定城乡关系的社会功能以及满足诗意栖居的生活功能等多重功能和价值。城乡融合成为实施乡村振兴战略的关键，由过去的"城乡统筹"向"城乡融合"发展,由过去资源的单向流动向二者互动互通发展,中国城市与乡村正逐步向互相促进、密切联系的命运共同体转变。

2018年3月,国家发改委印发《关于实施2018年推进新型城镇化建设重点任务的通知》,明确了新型城镇化建设五大重点任务:

一是加快农业转移人口市民化。全面放宽城市落户条件。继续落实1亿非户籍人口在城市落户方案,加快户籍制度改革落地步伐。

二是提高城市群建设质量。全面实施城市群规划,稳步开展都市圈建设,加快培育新生中小城市,引导特色小镇健康发展。

三是提高城市发展质量。提升城市经济质量,优化城市空间布局,建设绿色人文城市,推进城市治理现代化。

四是加快推动城乡融合发展。做好城乡融合发展顶层设计,清除要素下乡各种障碍,推进城乡产业融合发展,推动公共资源向农村延伸。

五是深化城镇化制度改革。深化城乡土地制度改革。改进耕地占补平衡管理办法,建立高标准农田建设等新增耕地指标和城乡建设用地增减挂钩结余指标跨省域调剂机制。深入推进城镇低效用地再开发,探索开展闲置土地处置试点。全面完成土地承包经营权确权登记颁证,扎实推进房地一体的农村集体建设用地和宅基地确权登记颁证。完善农村承包地"三权分置"制度,健全城镇化投融资机制,推进行政管理体制改革,放大试点地区改革平台作用。

2018年6月6日,农业农村部《关于实施农村一、二、三产业融合发展推进行动的通知》提出,到2020年,农村产业融合主体规模不断壮大,产业链不断延长,价值链明显提升,供应链加快重组,企业和农民的利益联结机制更加完善,融合模式更加多样,建成一批农村产业融合发展先导区和示范园,融合发展体系初步形成,为实施乡村振兴战略提供有力支撑。

二、对标对表

站在人类发展历程的高度,全球城市化进程的加快伴随着农业人口减少、农业在现代社会中比重逐步降低的过程,城市化进程加快伴随乡村凋敝是世界多数国家的普遍现象。但是,发达国家经济发展过程显示,城市化达到一定阶段,就出现逆城市化趋向,富人下乡、穷人进城成为潮流。

(一)发达国家乡村建设实践

从历史经验看,发达国家通常主张优化、调整城乡之间的关系,完善城乡格局，促进城乡协调发展，同时，主动遏制过度的城市化。以西欧、北美以及东亚等发达国家城乡发展为例，包括：英国的"大伦敦计划"、法国的"一体化农业"、德国的"均衡发展"、美国的"居住区"类别、加拿大的"城市化趋同"、日本的"农协组织"、韩国的"新村运动"等。

东亚国家具有政府引导并通过农协或会馆来促进城乡统筹与发展的特点；美国是以市场为主导的城市化，美国的城市化是"自下而上"的过程。按照美国地方政府的《自由宪章》规定，如果一个居民社区的人口密度和规模具有了城市的特征而需要获得市政服务时，即组成具有法人资格的"城市"。

改革开放以来，随着城镇化的加快，我国传统村庄渐趋衰败，乡村环境破败、人口净流出、乡村被边缘化。城乡发展中涌现出"融不进的城市，回不去的乡村"、无法安放的乡愁等问题。以城乡融合促进乡村振兴，就是要推动工业反哺农业、城市反哺乡村。要继续深化农村改革，增强农业农村发展新动能，凝聚乡村重建的社会力量，破解乡村"空心化"的体制障碍。同时，注重城乡要素在市场化条件下的自由流动和双向互动关系，建立健全城乡融合发展的体制机制和政策体系，推进城乡在基础设施、公共服务、城乡要素融合等方面的融合发展，实现农业农村现代化。

（二）广东省城乡融合实践

广东省按照产业兴旺、生态宜居、乡风文明、治理有效、生活富裕的总要求，聚焦着力点和突破口集中用力，推动广东农业全面升级、农村全面进步、农民全面发展。

一要大力实施"领头雁"工程，把农村基层党组织建设成为引领乡村振兴的坚强战斗堡垒。把选优配强农村基层党组织带头人队伍作为首要任务，对全省1.97万个村党组织书记履职情况进行全面摸底排查，分类施策引导帮助提升能力水平，以"头雁"工程形成强大的"头雁效应"。今后5年要按照省市县统筹选派、统筹管理、统筹使用原则，每年选派约1000名优秀党员干部到全省贫困村、软弱涣散村、集体经济薄弱村担任党组织第一书记。

二要发展"一村一品、一镇一业"，做强富民兴村产业。以增加农民收入为目标，着力做好"特"字文章，培育特色产业强镇强村，发展乡村旅游和休闲观光农业，实施"粤菜师傅"工程，推动一、二、三产业融合发展，走质量兴农之路。开展"万企帮万村"行动，大力培育新型农业经营主体，促进农业适度规模经营。总结推广"龙头企业+基地+农户"发展产业模式。

三要实施"千村示范、万村整治"工程,全域推进生态宜居美丽乡村建设。认真学习借鉴浙江经验,坚持规划先行,贯彻绿水青山就是金山银山理念,分梯度、分类型推进创建工作,滚动发展打造1000个以上示范村引领带动,用10年时间全面整治提升全省农村人居环境。把培育岭南特色小镇与生态宜居美丽乡村建设同部署、齐推进,规划建设一批体现岭南文化精髓、展现岭南文化特点的特色小镇,打造乡村振兴的新支点、新载体。

四要以社会主义核心价值观引领村规民约修订完善,塑造乡风文明新风貌。坚持党的领导、社会主义核心价值观引领、发挥农民主体作用相统一,在全省乡村全面开展修订完善村规民约活动。深入开展群众性精神文明创建,打好扫黑除恶专项斗争三年攻坚仗,整治陈规陋习,焕发广东乡村文明新气象。

五要鼓励支持人才"上山下乡",为乡村振兴提供源源不断的人才支撑。制定实施更加积极、更加开放、更加有效的扶持政策,建立促进专业人才下沉机制,健全人才结对帮扶机制,强化乡贤和外出务工人员对接机制,提升乡村公共服务水平,吸引和推动人才由城市向农村流动,培育一支爱农业、懂技术、善经营的新型职业农民队伍。

六要打好精准脱贫攻坚战,确保贫困人口如期全面脱贫。把实施乡村振兴战略与打好脱贫攻坚战有机衔接起来,制订实施精准脱贫攻坚三年行动方案,坚持精准施策,注重激发内生脱贫动力。认真落实党中央关于将2018年作为脱贫攻坚作风建设年的部署要求,以作风攻坚促进脱贫攻坚。

为落实好乡村振兴战略,广东省加强和改进党委对"三农"工作的领导,为实施乡村振兴战略提供政治和组织保证。

一要加强组织领导,健全党委统一领导、政府负责、党委农村工作部门统筹协调的农村工作领导体制,建立省、市、县、镇、村五级书记抓乡村振兴的工作格局,压实市、县、乡镇主体责任,一级抓一级、层层抓落实。

二要把握正确方向,牢固树立正确政绩观,结合实际、真抓实干,坚持稳步有序推进,强化农民主体地位,坚决反对政绩工程、形象工程、形式主义,一切从实际出发,把乡村振兴的路子走对走实走好。

三要深化涉农领域改革,加快广东省涉农机构改革,深化农村土地制度改革,加快构建城乡融合发展的体制机制和政策体系。完善土地经营权和宅基地使用权流转机制。推进集体经营性建设用地入市、宅基地制度改革,推进农村承包土地的经营权和农民住房财产权抵押贷款改革。

四要强化投入保障，完善财政投入机制，拓宽政策性资金来源，健全农村金融服务体系，加快形成财政优先保障、金融重点倾斜、社会积极参与的多元投入格局。

五要深入推动先富帮后富，弘扬先富帮后富优良传统，完善珠三角、省直部门和粤东、粤西、粤北帮扶工作体制机制，加大对口帮扶力度，丰富对口帮扶层次，加强宣传发动，形成推动乡村振兴的强大合力。

三、实施路线图

创新城乡融合发展体制。建立健全城乡融合发展体制机制，重塑城乡关系，实现城乡融合发展。打破不同城乡规划割裂、各类规划相互冲突的局面，以国家部委机构整合与深化改革为契机，积极推动部门协调与多规融合，构建多部门联合的运行机制。

"城乡融合"发展更加强调城乡地位平等下的互惠共生关系，更加强调城乡空间上的共融关系，更加强调城乡要素在市场化条件下的自由流动和双向互动关系。城乡融合发展要改变过去以城市发展为主、外延扩张城镇化的战略逐步走向城市和乡村共同发展、统一发展的策略。要以实施农村一、二、三产业融合发展为抓手，构建农村产业融合发展体系。重点推进实施以下六项任务：

一是要落实政策引导融合。要细化实化国家支持产业融合发展的政策措施，组织实施好产业兴村强县等支持产业融合的项目，扶持一批带动力强、影响力大、能够让农民分享二、三产业收益的融合主体。逐步打破土地的二元制结构，落实农村承包地的三权分置制度，深化土地制度改革，使农地参与到城市的开发建设中。尽快取消限制城乡人口自由迁徙、相互对流的二元制户籍制度。保证城乡人口拥有同等权利，这是城乡融合发展中必不可少的重要条件。

二是要以创业创新促进融合。以返乡农民工、退役军人、科技人员、企业家、经营管理和职业技能人员为重点，通过农村创业创新项目创意大赛、成果展示展览等活动，培育一批带头人，树立一批标杆典型来引路。

三是强化产业支撑融合。要实施农产品加工业提升行动，来统筹推动初加工、精深加工、综合利用加工协调发展，不断增强加工业引领融合的能力。谋求城乡产业链的协同发展，城市具有带动和辐射作用强的优势，重点拓展研发、设计等科技含量高、技术密集型领域，延伸城市产业链，提供更多更优的就业岗位。农村根据自然资源的优势，大力发展现代农业、旅游观光、都市农业等，重点开展农产品深加工业、为中心城市工业企业的提高配套加工的产业。

四是要完善机制带动融合。通过支持企业和农户建立紧密的利益连接机制，打造风险共担、利益共享、命运与共的产业融合发展利益共同体，通过股份合作制、股份制的形式，使他们的利益更加紧密。

五是加强服务推动融合。通过购买服务等方式，为企业提供政策咨询、融资信息、人才对接等公共服务，进一步加强与金融机构、产业基金的合作，加大信贷金融支持。建立金融机构的激励机制，吸引金融资本、社会资本流入乡村，扭转乡村资本市场入不敷出的问题。

六是推动通过空间融合。实现城镇体系、城乡规划融合和基础设施逐步融合，尽快达到大中小城市与乡村在数量、位置方面配置科学合理，城乡之间的交通网络通畅便捷、发达完善。

力争到2020年，农村产业融合主体规模不断扩大，产业链不断延长，价值链明显提升，供应链加快重组，农民和企业利益连接机制更加完善，融合模式更加多样，建成一批农村产业融合发展的先导区、示范园。农村产业融合发展体系初步形成，为乡村振兴提供有力的支撑。

为实现上述目标，着力实施七大重点行动：

一是通过协调发展促提升。要统筹初加工、精深加工和后续副产物的综合利用加工，各个环节要协调起来发展，开发多元化产品，提高产品附加值，延长产业链，提升价值链。要优化城市乡村产业布局。城市要逐步退出技术含量低、劳动密集型的产业。根据农村资源优势，优先发展资源型产品、技术含量低的农业产品初级加工和劳动密集型产业，为农民增加就业机会。加强建设农村生产设施，提高科技研发水平，鼓励农村新型经营主体，延长农村产业链，深化农村一、二、三产业融合，加快培育新产业。

二是通过园区聚集促提升。积极推动新型城镇化和特色小镇建设，探索设立田园综合体和农业公园。加大第一产业向二、三产业延伸，引导加工企业向园区集中，特别是向"三区三园"（粮食生产功能区、重要农产品保护区以及特色农产品优势区，现代农业产业园、科技园、农民创业园）聚集发展。支持企业前延后伸，发展原料基地、农产品流通营销。

三是通过科技创新促提升。突出企业创新的主体地位，攻克一批产业发展的关键共性技术难题，取得一批科技成果，加快科技成果的转化和推广。通过集成创新加工出营养安全、美味健康、方便实惠的食品。

四是通过品牌创建促提升。要支持企业提升全程化的质量控制能力,弘扬精益求精、追求卓越的工匠精神,促进农产品加工业增品种、提品质、创品牌。

五是通过绿色发展促提升。要发展绿色加工,引导企业发展低碳、低耗、循环、高效加工,形成一个绿色加工体系。要控制食品质量安全,加工过程要进行质量控制,经得起追溯。

六是通过融合发展促提升。组织实施好一、二、三产业融合发展补助政策,让农户合理分享二、三产业增值的收益。对城乡基础设施建设统筹规划,均衡布局城乡公共资源。加强道路、通信、环境卫生等农村基础设施的建设,补齐农村基础设施建设短板。加强特色村镇和涉农产业园区基础设施建设,实现城乡融合发展。

七是通过金融创新增强资本支撑能力。创新农村金融产品和服务,完善农村金融监督运行体系,适当增加农业政策性银行。加大对农民工返乡创业的信贷支持和利息补贴,将"取之于农"的存款按照一定投放比例"用之于农"。增设改造金融营业网点,扩大乡镇及以下在线或线下网点数量。加大金融机构之间的合作,优化完善互联网金融产品,规范发展农村合作金融。丰富农村信用卡业务,解决农民短期资金需求。完善农民信用体系,降低涉农贷款融资的门槛并提高其授信额度。

四、乡村融合案例

(一) 浙江:城乡融合发展水平不断提高

专栏 浙江:城乡融合发展水平不断提高
——访浙江省发展改革委副巡视员谢晓波

2018-04-27 中国经济导报
中国经济导报记者 栾相科 富庆熙

近年来,浙江省坚定贯彻新型城镇化战略,新型城镇化快速推进,城乡融合发展水平不断提高。2017年,浙江常住人口城市化率达68%;城乡居民可支配收入比为2.051,稳居全国前列;基本公共服务均等化水平大幅提高,城乡环境和城乡居民生活不断改善。浙江省城乡融合发展取得显著效果的主要经验和做法是什么?针对这一问题,《中国经济导报》记者近日专访了浙江省发展改革委副巡视员谢晓波。

中国经济导报：浙江省推动城乡融合发展的首要考虑是什么？

谢晓波：近年来，我们按照中央指示，首先立足规划先行，不断优化城乡融合发展的空间格局。浙江省坚持以新型城镇化为引领，实施主体功能区、都市区和小县大城三大空间结构优化战略，优化城乡空间布局。着力提升四大都市区、中心城市集聚辐射能力，科学编制城镇体系规划和村庄规划，促进城乡发展一体化。

中国经济导报：城乡统筹发展的关键是要坚持以人为主，推动农业人口市民化和公共服务均等化，在这方面，浙江省主要做了哪些工作？

谢晓波：我们积极推进户籍制度改革，全面实施新型居住证制度。除杭州市区略有限制外，全省已基本实行按居住地登记户口的迁移制度。围绕公共服务均等化目标，建立城乡公用事业运营、维护、管理长效机制，推动城市优质资源下沉农村，不断提高农村教育、卫生、养老等公共服务水平。

其次，浙江省还着力改革创新，围绕"城乡融合"持续推动一批重大改革试点。在深化中心镇改革的基础上，开展小城市培育工作。深入推进宁波、义乌、龙港等三批10个地区国家新型城镇化综合试点工作。

中国经济导报：城乡融合要走可持续发展之路，少不了产业的发展壮大。浙江省是如何突出产业为基的？

谢晓波：浙江省大力推动特色小镇建设，着力建设城乡融合发展的新载体新空间。开展下山脱贫、易地脱贫，深化实施山海协作工程，以项目合作为中心，以产业梯度转移和要素合理配置为主线，激发欠发达地区经济的活力。大力发展现代农业、旅游业，积极培育农村电商、民宿等新业态，注重推进农村一、二、三产业融合发展，培育壮大农村发展新动能。组织农村劳动力转移培训和农民工岗位技能提升培训，增强农业转移人口就业创业能力。

与此同时，浙江城乡环境不断改善。我们聚焦环境美化，大力推动美丽乡村建设。以治污水为重点持续深化"五水共治"，在全国首创了"河长制"，推进流域综合治理，构建生态廊道。

中国经济导报：浙江省在推动城乡融合发展方面还将重点推出哪些举措？

谢晓波：下阶段，浙江省将高举习近平新时代中国特色社会主义思想伟大旗帜，以"八八战略"为总纲，围绕解决发展不平衡不充分问题，做好以下工作。

一是凝聚更强改革动力。强化推动城乡融合发展的组织保障和体制保障，加强省市联动和部门协同，提升改革攻坚的凝聚力和战斗力，形成奋勇争先、齐抓共管的良好氛围。

二是抓好一批重点工作。着力完善城乡布局结构，统筹推进大湾区大花园大通道大都市区建设，强化城乡融合发展的空间顶层设计。深化推进新型城镇化建设，加快培育一批小城市和特色小镇，注重以城带乡，大力实施乡村振兴战略，积极探索绿水青山转化为金山银山的有效途径。深化改革创新，在农村三权制度改革、行政管理体制创新、生态补偿、绿色金融等领域积极探索，进一步完善有利于城乡融合发展的政策体系和制度体系。

三是加强总结和推广力度。梳理近年浙江省推动城乡融合发展方面的成功经验和案例，树立一批样本标杆，在全省范围内示范推广，进一步提升城乡融合发展水平。

（二）山东省肥城高新区推进城乡融合

山东省肥城高新区始建于1992年，1995年经省政府批准成为省级高新技术产业开发区。2011年3月，"区街合一"调整为"划定区域、独立设置"。高新区下辖33个行政村，总人口8.3万人，其中农业人口6.06万人，耕地面积4.88万亩，建设面积98平方公里。肥城高新区认真落实中央和省、泰安、肥城市战略部署，把解决好"三农"问题作为全区工作重中之重，扎实推进农业现代化和美丽乡村建设，全面深化农村改革，农业生产能力跨上新台阶，农业供给侧结构性改革迈出新步伐，农民收入持续增长，农村民生全面改善，脱贫攻坚取得新进展，农村生态文明建设显著加强，农民获得感显著提升，农村社会和谐稳定。

1. 加快新型城镇化建设。一是积极发动。引导符合条件的村进行棚户区项目改造，累计为4个村争取棚户区改造和配套基础设施建设专项资金共计2691万元。二是稳步推进。按照搬得起、算得清账、易操作、群众满意等原则，稳步推进十里铺、新胜村棚户区改造工作。三是加快各项配套设施建设。全面完成改厕任务，规划新胜、曹杭、聂庄、冉庄、车庙、米山污水管网。完成区内热力管网铺设，确保供暖。

2. 发展高效现代农业。一是推进农业产业化。深挖农业龙头企业潜力，确立辖区内农业龙头企业，狠抓质量安全示范区建设，确保辖区内农资市场规范有序。新打造示范点，新打造质量安全追溯监管现场、检测室或检测点现场、出口农产品标准化基地现场。加快有机农业发展步伐，调整优化种植结构，巩固发展有机蔬菜认证基地，持续发展"两菜一粮"产业，增加传统产业附加值。高标准实施"十里铺高端农产品"省级高效农业发展平台项目。富世康特精小麦粉、特一粉、水饺粉、紫薯挂面等产品以及十里铺番茄获得绿色食品认证，新胜西兰花获得有机转换种植认证，潘台忠利奶牛养殖场生鲜牛乳获得无公害农产品认证。二是改善田地蓄水灌溉条件。千亿斤粮食产能规划田间工程建设项目确保顺利通过各级验收并发挥效益；策划争取了东大封水库等水库除险加固工程项目、康王河道灾后薄弱环节治理项目、省市级贫困村扶贫项目建设工程；完善编制防洪应急预案，储备防汛物资，确保塘坝、水库、河道安全度汛。三是巩固林木果树栽种成果。森林防火无死角，有效控制春尺蠖、杨小舟蛾和美国白蛾等虫害蔓延。四是落实支农惠农政策。核准小麦种植面积，争取农业支持保护补贴。开展农业技术培训活动，举办小麦病虫害防治现场会、种植科技赶大集等活动。宣传政策性保险，提高小麦、玉米等农作物参保比例。发放"一喷三防"药剂，大力推广小麦、玉米测土配方肥料。五是争取农机购置补贴。新购置各种机具、新上节水喷灌机械、新上孵化器，引导组织农机手跨区作业，承包合同订单业务。

3. 提升农村人居环境，实现乡村生态宜居。加强基础设施建设。开展农村公路网化和安保工程建设，保障农村饮水安全，积极争取农村饮水安全巩固提升工程。

加强农村环境整治。深入开展"三清两禁一建"集中整治活动。"三清"即清六堆、清杂草、清乱种；"两禁"即禁烧、禁锄；"一建"即建模式，彻底整治清理六大堆、清杂草、清乱种。完善环卫设施，实现常态化保洁，实现了通村道路洁净、河道岸坡洁净、沟渠堰边洁净、公共场所洁净、房前屋后洁净，改善了农村环境，提升了农村生活质量。构建完成了城乡环卫一体化工作市场化全托管新模式，推行"镇监管、村监督、市场化运作"的新模式，形成了常态长效工作机制，提高了环卫一体化市场化运作水平。分类推进农村生活污水处理。全面完成了改厕任务。抓实环保监察工作。落实中央环保督察要求，完成了"散乱污"企业、燃煤锅炉、禁养区养殖户的排查、关闭、搬迁、取缔工作。

完善乡村服务功能。推进农村中小学"全面改薄"和幼儿园新建、改扩建工程，改善农村办学条件。完善低保制度，提高补助水平，实现应保尽保；推动敬老院转型升级，新建农村幸福院和日间照料中心。健全广播、电视、网络等通信设施。

（三）寿光市乡村振兴建设经验

2017年，寿光市全年预计完成地区生产总值920亿元以上、固定资产投资

546.6亿元；实现财政总收入133.5亿元，其中一般公共预算收入90.3亿元；金融机构存贷款余额分别达到925亿元、734亿元，成为全省第一个存款过900亿元的县（市）。2017年，寿光农民人均住房面积41平方米，户均存款15万元，人均可支配收入达到1.8万元，70%以上来自蔬菜生产；寿光各项存款余额925亿元中，有65%来自农民；城乡居民收入比为1.95:1，优于全国2.72:1的水平；城乡居民恩格尔系数由31.4%下降到25.6%，农民群众幸福感获得感安全感和满意度增强。

主要做法有：

持续推动土地流转，化解农村人地矛盾。通过土地承包、挂钩试点、农田复垦等方式，将土地从农民手中流转出来，用于发展农业园区、对外租用、联合开发等，提高土地经营效益，村集体从中赚取土地价差，实现村集体和村民的双赢。如台头镇北洋头村通过土地集约经营，落实工业项目9个，引进了家庭农场11个，建设公寓楼24栋，以承包租赁、参股等方式对2处大型加油站、2000平方米沿街商铺和19台工业用变压器进行经营，集体收入连续7年突破1000万元。

发展壮大集体经济，提高农民生活水平。探索总结了盘活集体资源、发展生活性服务业、建设现代农业园区、村庄联合发展、城乡结对共建、实施资本运作、运营产业扶贫项目等10余种发展经济模式和路径。如洛城街道东斟灌村党支部领办了果菜专业合作社、土地股份合作社和资金互助合作社，2016年实现村集体收入92万元，农民人均纯收入2.1万元，走出了一条具有鲜明时代特色的村级发展路子。

推进三产融合，加快新旧动能转换。对发展水平较高、基础条件较好的城中村、城郊村、镇驻地村、中心村、大企业周边村、经济强村等，以现代服务业为主要发展方向，如圣城街道东关村、洛城街道屯西村；对具备一定条件和基础的历史文化名村、生态特色村等，加快发展休闲度假、旅游观光、文化创意、农耕体验等农村新产业，如双王城牛头镇村；同时，借力"互联网+"创新驱动，培育农业农村发展新动能，推动一、二、三产业全面融合，大力发展肉鸭、生猪订单畜牧业，推动水产养殖业转型升级，加快海洋捕捞渔船更新改造步伐，不断壮大林业龙头企业，持续提升设施农业机械化水平，涌现出现代农业产业园、田园综合体、农村电商等一批"新六产"新业态。

统筹全域建设规划，实现共建共享。在美丽乡村建设过程中，根据不同的村情科学规划，确定不同的建设路子。对经济基础较好的村，鼓励社区化、楼房化，以整村迁建、多村联建等形式，建设94个农村社区，实现了旧貌换新颜，如洛城街道屯西社区、洛西社区等；对经济中等的村，本着宜楼房则楼房、宜平房则平房的原则，根据村民意愿进行建设，如稻田镇崔西村、西刘营村等；对经济薄弱村，以净化、绿化、硬化、亮化、美化"五化"提升为主，打造干净整洁、舒适宜居的居住环境。在资金筹集方面，积极探索"政府投、群众捐、社会助"的多元融资机制，如洛城街道李家村，两天就捐了 120 万元。通过设立 2 亿元的美丽乡村建设专项基金，带动各类社会投资 5 亿元。2017 年以来，已累计投入美丽乡村建设资金 12 亿元，先后硬化路面 1000 多公里，新建、维修排水沟渠 900 多公里，栽植苗木 200 多万株，水电管网和省级标准化卫生室覆盖率达到 100%，提前一年完成近 8 万户的改厕任务，在全省率先实现城乡环卫一体化全覆盖，形成人人参与、共建共享的格局。

深化基层组织建设，夯实农村治理基础。加强村级组织建设，做好村"两委"换届选举工作，选优配强村级带头人。大力实施"能人回村"计划，邀请经商、企业管理各界 300 多能人回村，发挥他们路子广、关系多的优势，担当乡村振兴的"领头雁"。例如，上口镇方吕东村聘请该村在上海的"能人"王文修担任支部书记，带领成立寿光德久果品专业合作社，打造冰果品牌，既增加了村民的收益，也增加了村集体的收入，村集体年增加收入 3 万元。构建市、镇街、社区、村四级党群服务体系，全市所有村庄全部建成投用党群服务中心；大力推进移风易俗，弘扬"新乡贤"文化，以县级市第五名的优异成绩一举斩获"全国文明城市"荣誉称号，2 人成为"全国道德模范"，18 人荣登"中国好人榜"；全面开通阳光村务平台，让群众足不出户、随时随地都能获取村务信息；在 975 个村庄建立起了党组织领导下的"自主议事、自治管理、自我服务"的村民自治制度。

加强农业科技研发，加快农业农村现代化。抢占中国种业研发制高点，实现自主培育蔬菜新品种 50 个，种苗年繁育能力达 15 亿株，2017 年水肥一体化推广面积 3 万多亩，新增"沃土工程"面积 3 万亩，"三品一标"产品认证数量达到 349 个，推动实现农业智慧化、智慧农业化，重点规划建设文家街道占地 1000 亩的智慧农业装备示范园区，搭建大宗蔬菜电子交易市场平台，完善农业智慧平台，打造"寿光蔬菜"区域公用品牌，不断完善推广农业智慧监管服务公共平台和生鲜溯源平台，实现全域智慧监控全覆盖，确保"从种子到盘子"全程安全可追溯。

主要政策包括：

完善财政金融支持政策。坚持农业农村优先发展，通过财政金融产业政策和制度创新，引导要素配置和资源条件向乡村、向农业倾斜集聚。优化财政涉农资金供给机制，设立乡村振兴战略基金，统筹整合美丽乡村建设、农村土地综合整治、农村文化发展、农村公路建设等各类涉农资金，优先投向乡村振兴，提高财政资金使用合力。以打造全国农村金融改革试验区为抓手，发挥好与农发行战略合作的效能，探索利用证券、股金、政府引导基金等融资方式，吸引国有企业、工商资本参股、入股参与乡村振兴重点项目建设。充分发挥棚改、新型社区建设、城乡建设用地增减挂钩试点等政策导向作用，积极引导社会资金参与，撬动金融资本和社会帮扶资金投入。

完善农业支持保护制度。用好设施农用地备案政策，充分利用集体建设用地等存量土地，全力保障新型社区建设、基础设施建设、设施农业等用地需求；统筹实施城乡建设用地增减挂钩项目，改善农村居民居住条件和生态环境质量。推进土地整治工程项目，以政府资金引导金融资本、社会资本投入土地整治项目建设，打造核心产业示范区；发挥土地整治综合效益，通过对"田、水、路、林、村"进行综合整治，改善项目区村容村貌，以及农业基础设施条件。

完善人才支撑机制。调整人才战略，完善人才支撑机制，使大量优秀对口专业人才积极主动地聚集乡村，支援乡村建设。加大人才引进力度，制定优惠政策，吸引各类毕业生和专业技术人员到农村大显身手。强化人才激励机制，促进农业科技研发和成果转化。充分利用好国内培训资源、高等院校、专业培训机构，建立新农民网校，搭建田间学校、互联网络等多种形式的培训平台，加强对新型职业农民的技术和经营培训，引导农民工返乡创业，努力培养更多爱农业、懂技术、善经营的新型职业农民。

第十三章
CHAPTER 13

乡村振兴战略的规划编制

第十三章 乡村振兴战略的规划编制

乡村振兴战略是党的十九大报告提出的核心战略之一,是党中央、国务院重大战略部署,也是我国到 2050 年建成社会主义现代化强国的重要支撑。为贯彻落实国家和地方有关战略部署,需要研究并编制适合各地经济社会实际的乡村振兴战略规划报告,用于指导本地区的乡村振兴和融合发展。

一、乡村振兴战略规划编制架构

以 2018 年 3 月开始,以下以编制潍坊乡村振兴战略及三年行动计划为例,阐述全国各地区乡村振兴战略规划的编制思路、模型和实践操作。

为科学编制省、市、县乡村振兴战略,笔者及国合华夏城市规划研究院的研究团队确定了"五步走"的规划编制步骤和架构。包括但不限于:规划背景分析、发展基础研究、战略目标和重点产业等、重点任务和示范工程、规划保障等。具体如图 13 – 1 所示。

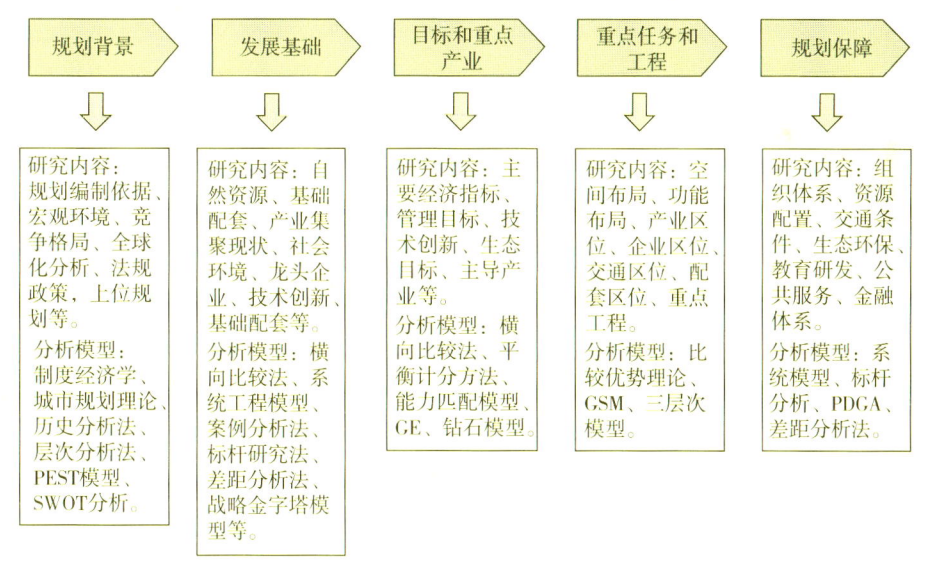

图 13 – 1 乡村振兴战略的规划步骤

在国家战略、上位规划的系统研究和梳理过程中,研究团队注重分析和把握乡村振兴战略与供给侧结构性改革,与党中央、国务院推动的新旧动能转换战略之间的关系。其中,供给侧结构性改革是乡村振兴战略实施的指针,乡村振兴战略是供给侧结构性改革的重要方面;新旧动能转换战略是农业领域供给侧结构性改革的积极推动和实现路径,也是乡村振兴战略的主要抓手。三者的关系如图 13-2 所示。

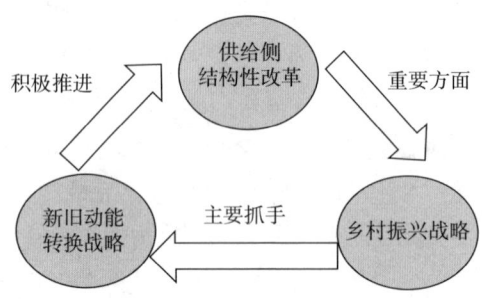

图 13-2　乡村振兴战略与供给侧结构性改革、新旧动能转换战略的关系

为贯彻落实乡村振兴战略,应牢牢把握和着力抓好产业振兴、生态振兴、文化振兴、人才振兴和组织振兴等重大方面。

二、乡村振兴战略规划调研论证

在确定规划编制合作之后,组织专家和研究团队对特定目标政府进行研究,制订规划编制实施计划,专家团队和课题组成员,确定需要整理的资料清单,列明现场访谈提纲和行动安排等,并开展非现场的分析和现场调研。

在此基础上,确定乡村振兴战略的规划编制体系,进行特定地方党委、政府的乡村振兴战略实施背景、宏观形势、国家政策、区域战略,以及本地农业农村产业基础和发展现状等分析,进行非现场研究和论证。同步进行本地区农业、农村和农民产业发展、乡村建设、组织建设、人才培育等调查走访,整理和剖析具体情况,开展相关政策、环境、产业等综合分析,并据此进行本地区乡村振兴的优势、劣势、机会、威胁等系统研究。

依据上面的乡村振兴战略规划体系的顶层设计,研究并确定乡村振兴战略规划编制与产业研究的一般思路,示例如下:

(一) 乡村振兴战略的战略机遇研究

为找准乡村发展面临的问题,可以运用 SWOT 等分析工具,对地方政府乡村振兴战略的优势、劣势、机遇和威胁进行分析。以潍坊市乡村振兴战略规划编制为例,开展 SWOT 分析的简要结论如图 13-3 所示。

通过分析,发现潍坊市实施乡村振兴战略具有以下的战略机遇:一是"一带一路",面向国际市场的机遇;二是"新旧动能转换战略",推动农业产业转型的

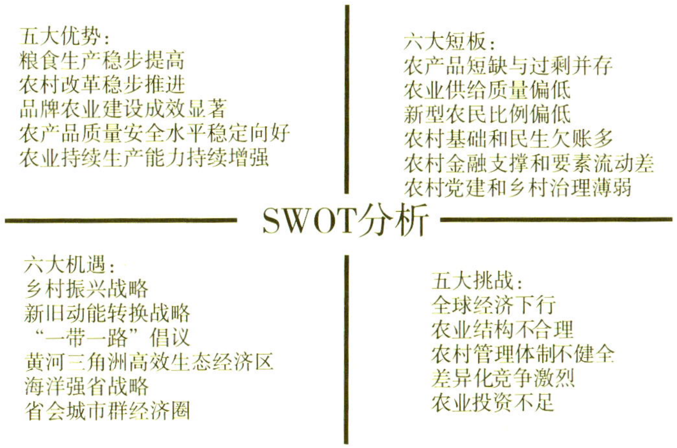

```
五大优势:                          六大短板:
粮食生产稳步提高                    农产品短缺与过剩并存
农村改革稳步推进                    农业供给质量偏低
品牌农业建设成效显著                新型农民比例偏低
农产品质量安全水平稳定向好          农村基础和民生欠账多
农业持续生产能力持续增强            农村金融支撑和要素流动差
                                    农村党建和乡村治理薄弱
                  ——— SWOT分析 ———
六大机遇:                          五大挑战:
乡村振兴战略                        全球经济下行
新旧动能转换战略                    农业结构不合理
"一带一路"倡议                      农村管理体制不健全
黄河三角洲高效生态经济区            差异化竞争激烈
海洋强省战略                        农业投资不足
省会城市群经济圈
```

图 13-3　乡村振兴战略的 SWOT 分析

机遇；三是乡村振兴战略，实现农业农村振兴的机遇；四是山东省实施"海洋强省战略"，扩大国际贸易与海洋产业的机遇；五是"省会城市群经济圈"，实现城市化与产业集群的机遇；六是"黄河三角洲高效生态经济区"，建设生态经济的机遇。分析发现，潍坊市实施乡村振兴战略，具有五大优势、六大短板。

确立了上述机遇、优势等初步结论后，进一步分析了地方政府乡村振兴过程中存在的缺陷，实施了问题导向的战略定位和推进步骤。

（二）乡村振兴战略实施步骤研究

乡村振兴战略规划的实施步骤是乡村振兴战略规划编制的重要内容，它需要结合党和国家乡村振兴战略的总要求，以各省市乡村振兴的实际需求和发展规律为基准，因地制宜设计和确立。以笔者编制的潍坊市乡村振兴战略规划和三年行动计划的编制为例，具体思路如下：

结合党的十九大报告确定的目标任务和国家乡村振兴战略的要求，以山东省乡村振兴战略规划总要求为参照，因地制宜确定潍坊市实施乡村振兴的三个阶段性目标。

——到 2020 年，乡村振兴取得重要进展，制度框架和政策体系基本形成；到 2022 年，乡村振兴战略实现阶段性振兴目标，潍坊市成为全国乡村振兴战略的示范城市。

——到 2035 年，乡村振兴取得决定性进展，农业农村现代化基本实现。

——到 2050 年，乡村全面振兴，农业强、农村美、农民富全面实现。

（三）乡村振兴战略实施策略研究

以潍坊市乡村振兴战略规划编制为例。

为了确保乡村振兴工作落到实处，走在全国前列，制定了明确的市乡村振兴工作的七大实施策略：

——必须重塑城乡关系，走城乡融合发展之路；

——必须巩固和完善农村基本经营制度，走共同富裕之路；

——必须深化农业供给侧结构性改革，走质量兴农之路；

——必须坚持人与自然和谐共生，走乡村绿色发展之路；

——必须传承发展提升农耕文明，走乡村文化兴盛之路；

——必须创新乡村治理体系，走乡村善治之路；

——必须打好精准脱贫攻坚战，走中国特色减贫之路。

三、乡村振兴战略规划地图

在现场调研、论证分析和专家访谈等研究的基础上，初步确立潍坊市乡村振兴战略的规划体系和战略地图，如图13-4所示。

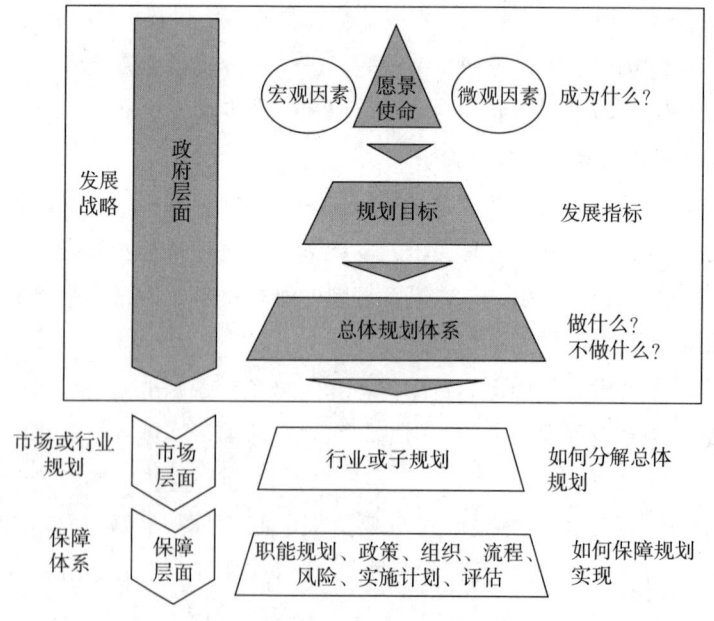

图13-4　乡村振兴战略规划地图

为确保规划编制的系统性、科学性和融合性,确立了本乡村振兴的战略地图。规划编制和研究将重点聚焦和系统解答三个战略性话题:

是什么(目标);

为什么(产业基础和背景);

做什么(实施策略和基本路径、保障机制)。

围绕上述三个战略话题,进行规划编制和初稿撰写,并组织访谈、专家论证和内部研讨等。

四、乡村振兴战略实施路径

基于系统分析和协同发展思维,以乡村振兴的理论为支撑,以习近平关于"五个振兴"的重要指示为依据,研究并确立乡村振兴的实施路径和行动计划。

(一)乡村振兴战略的产业振兴

以潍坊市规划编制为例。结合潍坊市农业实际,在充分调研的基础上,确立了潍坊市乡村振兴的产业发展路线图,如图13-5所示。

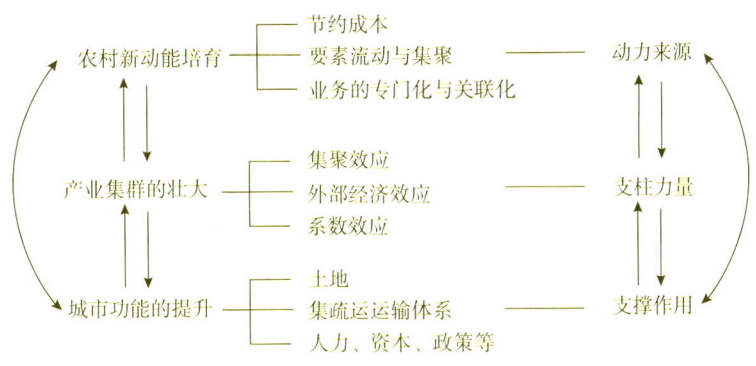

图13-5 乡村振兴战略的产业振兴

1. 乡村振兴战略的"加减乘除"。由于农业产业和社会治理与城市经济等比较,存在产业分散、规模小、人才结构不合理、基础条件差、产业聚集不充分、对外开放少、居民收入水平低、村级治理不规范,以及国际竞争力弱等突出问题,为此,我们以新旧动能转换战略为抓手,积极实施"加、减、乘、除"的产业调整和体制机制转换,并推动深层次改革。具体如图13-6所示。

2. 乡村振兴战略的产业转型提升。经过初步分析,对实施乡村振兴的产业转型作了初步规划,基本思路如下:

图 13-6　乡村振兴战略的现状诊断

产业结构调整。推进新旧动能转换，发展新动能，加快调整县域三产结构比例，提高工业产业，尤其是现代服务业占比，实现县域经济发展新突破。

农业战略突围。响应国家乡村振兴战略部署，探索乡村振兴道路，推进农业现代化发展，构建现代化农业生产经营体系，加快三产融合，打造区域特色农产品品牌，规划实施农业特色小镇、田园综合体等综合项目。

产业园区提升。立足国家及区域战略，抓住山东机遇，依托自身优势产业，积极申请国家级示范园称号，有步骤、有计划地实施现有产业园区的扩大升级。

要素机制健全。创新农业金融体系，提升乡村治理机制，强化要素双向流动，增强党建的主体责任等。

（二）乡村振兴战略的发展模式

聚焦乡村振兴转换线，以地方政府的产业转型和发展方式转变为重点，提出了乡村振兴体制机制转变、对外开放等方面的观点和建议，提出了乡村振兴的一般发展模式。

由低端聚集向产业链优化转变，对传统产业由农业种植养殖向上下游延伸。拉长农产品精深加工、休闲旅游等产业链，发展农副产品深加工、生产性服务业和生活性服务业。

由零散无序向产业聚集转变，引导相似农业企业或同类产业聚集发展。规划发展休闲农庄、特色小镇和田园综合体等，打造城乡融合示范区、产业转型升级先行区。

由低端向中高端转变,推动主导产业和新兴产业在农业产业价值链的高端环节重点布局。

由要素驱动向创新驱动转变,引导科技创新和智能种植、规模养殖、国际合作等。

由封闭向开放分享转变,鼓励农户、农民家庭和农村合作社等之间在技术、人才、市场和平台建设方面共建、开放、分享,鼓励农业企业抱团出海,探索发展休闲产业、海洋经济、滩涂经济。

由国内市场向全球市场转变,以国际化的视野,进行有机种养殖、专业人才优化、农业技术研发和涉农资本运作。

由种养殖向生产性服务业和全球供应链转变,依托农业基础资源,提高全球整合资源和分配资源的能力。

由自我积累向资本运营转变,以资本运作促进农村农业转型与融合、国际化布局,实现"传统农民"向"产业工人"、向"资本家"的转变。

(三) 乡村振兴战略的"八流"融合模型

为探索并推动农业产业的产业链、价值链、供应链的三链重构,创新性地提出"八流融合"的发展理念。积极推动政策流、人才流、税收流、贸易流、产业流、设施流、资金流和信息流的融合与一体化。

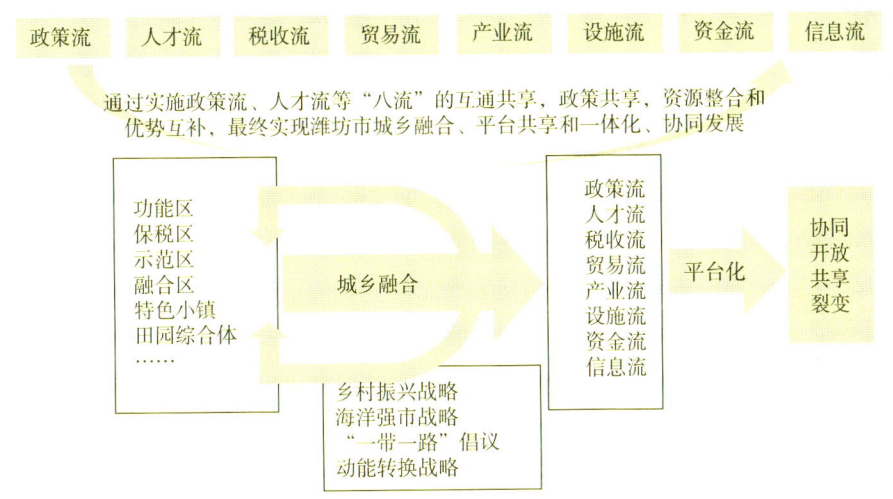

图 13-7 乡村振兴战略的"八流"融合模型

(四) 乡村振兴战略的总体行动计划

乡村振兴,既要产业兴旺,也要生态宜居、乡风文明、治理有效、生活富裕,为此,各级政府、产业园和企业家要根据各自的发展阶段,因地制宜实施八个方面的重点任务与改革开放。

具体包括但不限于:凝聚战略共识、聚焦振兴主线、城乡融合发展、加大项目库建设、推动传统产业转型、培育发展新动能、深化体制机制改革、推动要素资源的双向流动八个方面。同时,着力于强化村组织建设和生态环境建设。具体如图13-8所示。

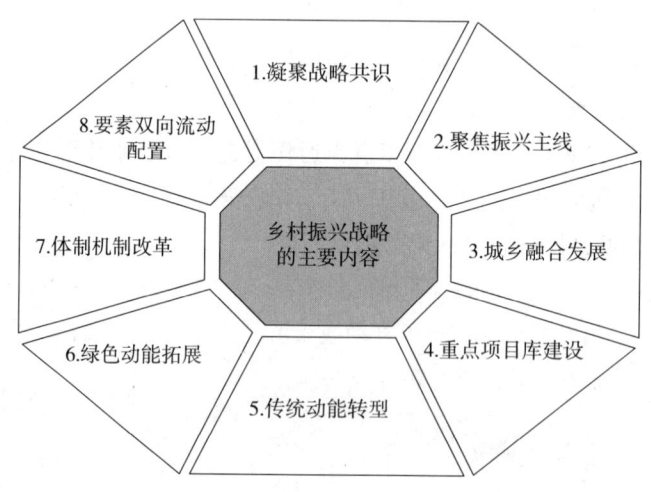

图 13-8 乡村振兴战略的主要内容

为贯彻落实以上的实施路线图,重点做好以下具体工作:

1. 乡村振兴战略的产业选择。产业振兴是乡村振兴的核心和关键。为科学界定和选择主导产业和经济发展的重点,运用了产业矩阵分析地图。具体如图13-9所示。

2. 乡村振兴战略的产业价值链分析。构建产业价值链是乡村振兴战略目标实现的重要支撑。为此,规划编制组强化了对地方政府和农业产业园关于产业价值链的研究,以便尽快帮助地方政府梳理和优化、构建未来5~10年可持续发展的主导农业产业价值链,帮助地方政府找到农业转型和经济发展的主线,以提高资源要素聚集能力和资源投入产出比率。

3. 乡村振兴战略的主要任务和重大工程。地方政府推动乡村振兴战略,首先要明确振兴的基本原则、主要工作任务和重点实施工程,并根据战略路线图,确立2022年、2035年和2050年的战略目标及主要任务。

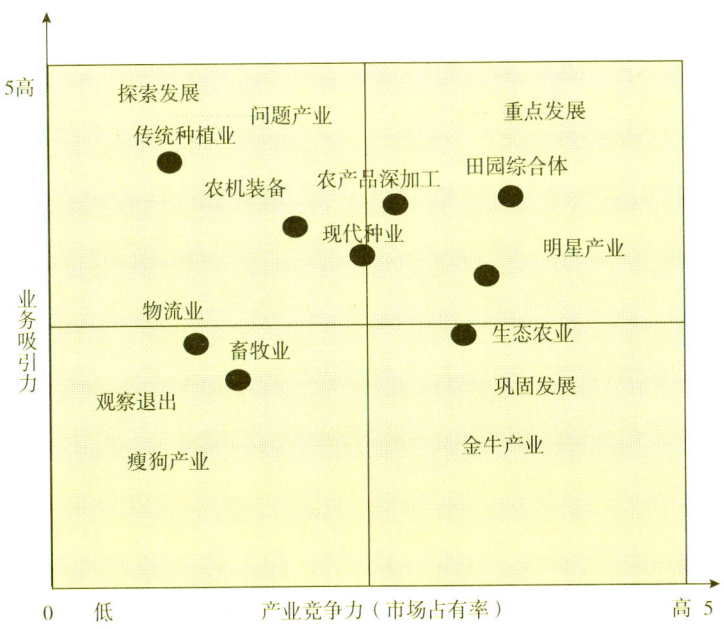

图 13-9　乡村振兴战略的产业矩阵分析

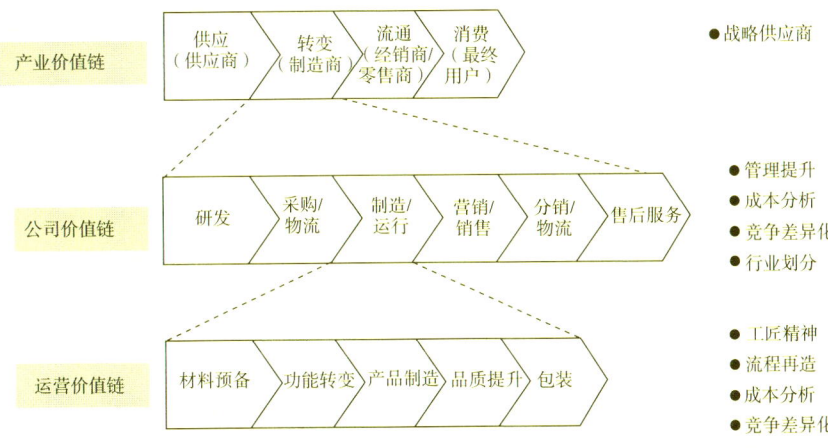

图 13-10　乡村振兴战略的主导产业价值链分析

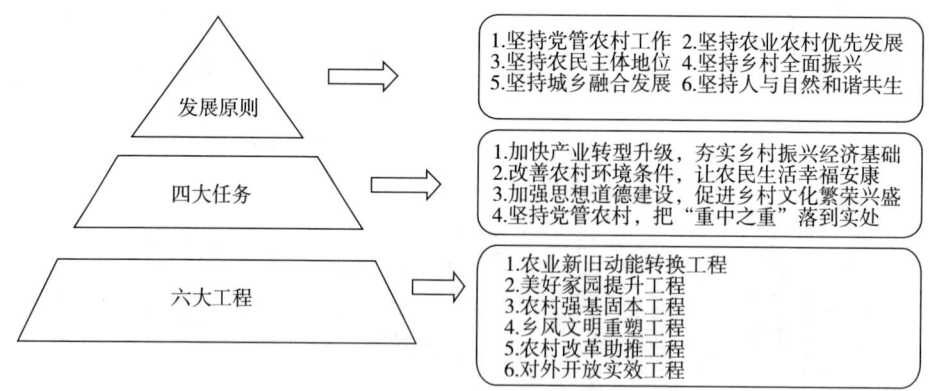

图 13-11　乡村振兴战略的实现路径研究

4. 乡村振兴战略的动能转换模型。农业产业的新旧动能转换是乡村振兴战略的核心工作之一。如何实现农业产业的旧动能优化调整，如何培育发展新动能，要重点做好旧动能转换、新经济驱动、新动能拓展和机制要素支撑四大重点工作。

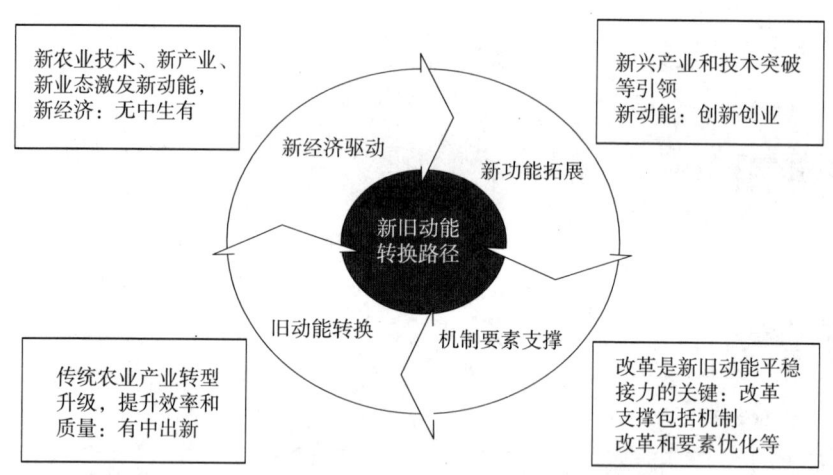

图 13-12　乡村振兴战略的新旧动能转换战略分析

5. 乡村振兴战略的重大项目库。选择和建设乡村振兴的重大项目库，推动重大项目持续开发，以项目带动产业，以产业聚集带动经济发展，以经济发展促进民生并提高农民和农业收入，减少城乡收入差距，是实现乡村振兴战略目标的基础保证。

6. 乡村振兴战略的传统农业与服务业转型。传统农业种养殖和传统农业领域潍坊市实施乡村振兴战略要吸收新旧动能转换战略的实践经验，筛选和构建重点项目库。选择什么样的重点项目，如何配置要素和资源，推动乡村振兴战略的顺利实施，是各级政府需要重点决策的战略性问题。
是否以人民为中心
是否符合国家产业政策
是否满足盈利和税收等要求，并可持续发展
项目库筛选标准
是否符合规划定位和环保要求
是否拥有核心要素和支撑机制
规划先行，明确时间表“路线图”任务书，按照工作方案倒排工期，压茬推进，做到组织到位、人员到位、责任到位、措施到位

图 13－13　乡村振兴战略的重大项目库

的服务业长期以来面临着有效需求与供给不匹配、部分供给结构和内容过时、供给总量不足等突出问题，需要积极推动转型升级。具体转型思路如图 13－14 所示。

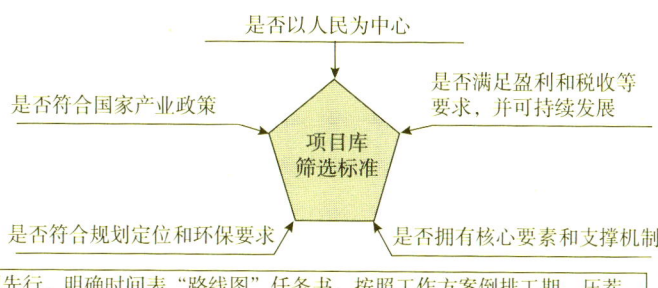

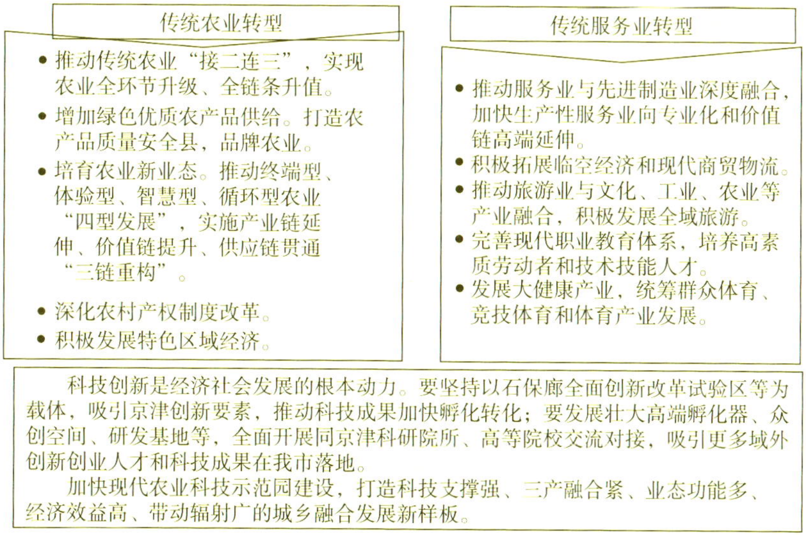

传统农业转型
• 推动传统农业“接二连三”，实现农业全环节升级、全链条升值。
• 增加绿色优质农产品供给。打造农产品质量安全县，品牌农业。
• 培育农业新业态。推动终端型、体验型、智慧型、循环型农业“四型发展”，实施产业链延伸、价值链提升、供应链贯通“三链重构”。
• 深化农村产权制度改革。
• 积极发展特色区域经济。
传统服务业转型
• 推动服务业与先进制造业深度融合，加快生产性服务业向专业化和价值链高端延伸。
• 积极拓展临空经济和现代商贸物流。
• 推动旅游业与文化、工业、农业等产业融合，积极发展全域旅游。
• 完善现代职业教育体系，培养高素质劳动者和技术技能人才。
• 发展大健康产业，统筹群众体育、竞技体育和体育产业发展。
科技创新是经济社会发展的根本动力。要坚持以石保廊全面创新改革试验区等为载体，吸引京津创新要素，推动科技成果加快孵化转化；要发展壮大高端孵化器、众创空间、研发基地等，全面开展同京津科研院所、高等院校交流对接，吸引更多域外创新创业人才和科技成果在我市落地。
加快现代农业科技示范园建设，打造科技支撑强、三产融合紧、业态功能多、经济效益高、带动辐射广的城乡融合发展新样板。

图 13－14　乡村振兴战略的传统产业与服务业转型分析

7. 乡村振兴战略的现代服务业建设路径。根据各地经济社会需求与实际进展，因地制宜地推动现代服务业有序健康发展。

载体培育：建设国家级创新谷、高端科技孵化城、现代物流产业园、农业创意产业园、休闲旅游生态园、广告创意产业园、人力资源服务园、智慧产业园区、节能环保产业园、检验检测产业园、健康养老家政服务示范区、国际生态健康城等现代服务业集聚区。

标准制定：推动服务标准与国际接轨，创建国家级服务标准化示范单位，制定地方服务业标准和行业服务规范，形成国家和省级服务标准，打造行业标准服务体系。

品牌塑造：提升知识产权保护水平，培育国家级、省级服务名牌和著名商标，形成自有创新品牌和影响力、竞争力强的现代服务企业，树立城市品牌和行业品牌。

企业孵化：辅导企业公司治理体制改革，建立隐形冠军企业库，构建梯次成长、竞进升级的企业集群。

供应链协同：推进制造业与生产性服务业融合创新，促进研发设计、信息技术、节能环保等企业与供应链上下游企业联盟。打造工业云、企业云，推动生产制造向智能化、柔性化、定制化和网络化发展。

模式创新：培育专家智库平台和创新创业团队，推动新技术与新产业、新模式、新业态融合发展。扶持"众创空间"成长，为小微企业和个人创业提供服务。

8. 乡村振兴战略的公共服务平台建设。基础设施和公共服务平台建设是乡村振兴的关键领域。为了提高地方政府和产业园等在乡村产业聚集、文化价值、生态环境、乡村治理等方面的综合能力，需要构建农业技术研发与应用、人才要素流动、开放与融合、新动能培育、高效行政审批等综合服务平台，以更好地保障产业提升、文化要素聚集、环境综合治理、乡村党组织建设，以及对外开放等重点工作的推进。

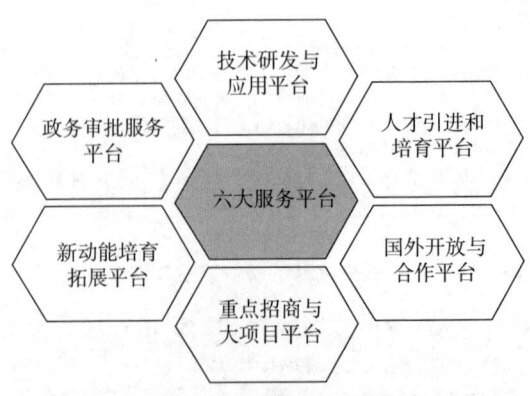

图 13-15　乡村振兴战略的公共服务平台建设

9. 乡村振兴战略的技术升级路线。技术研发和应用是提高乡村产业、民生改善和综合治理的保障,也是各地区乡村振兴工作的重要内容。为此,应该加大传统农业和服务业等技术的优化与推广,积极培育农业新技术、服务新平台。

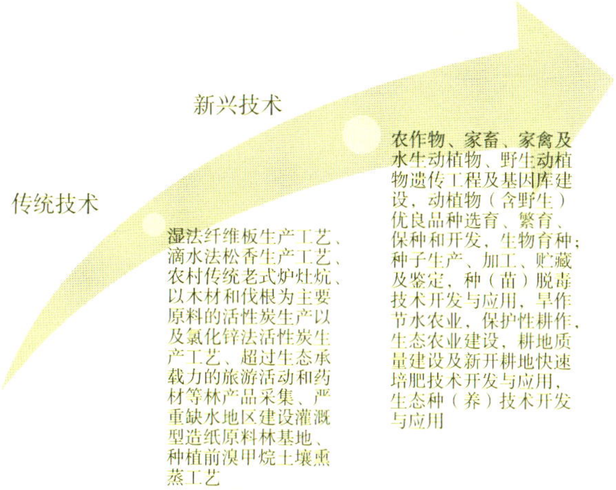

图 13-16 乡村振兴战略的技术升级路线

10. 乡村振兴战略的要素双向流动。人才、土地、资金等要素资源双向流动和优先向农村农业倾斜,是乡村振兴的关键。为此,各地区应重点抓好政策制度建设、生态补偿机制、教育文化、政策措施分工与考核兑现等关键性、重点性工作。

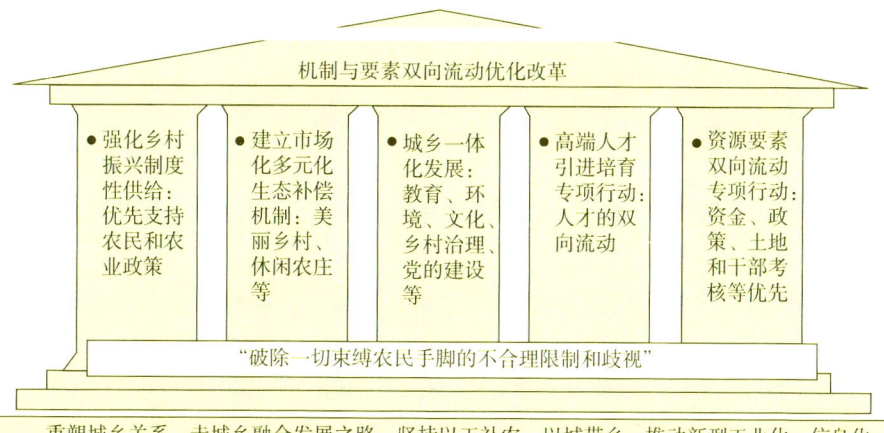

图 13-17 乡村振兴战略的要素双向流动分析

11. 乡村振兴战略的体制机制改革。规范完善乡村振兴战略的优惠政策、引导鼓励企业深层改革和强化政府推动是乡村振兴战略体制机制改革的主要内容，也是当前的重要工作任务。在政策层面，重点构建容错制度、鼓励竞争与改革、实行负面清单管理、加快构建现代企业制度、积极走出去、推动政府业绩考核改革，以及强化投融资管理等。具体可根据地方政府的实际需求而确定。

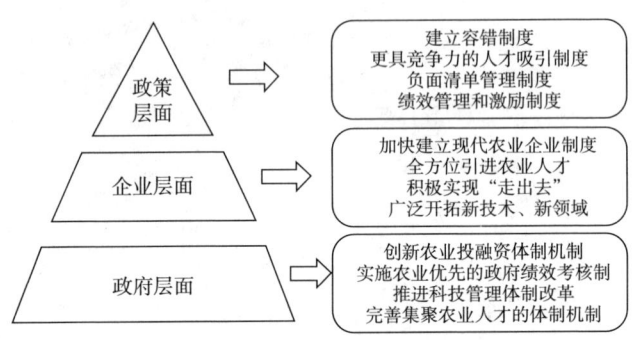

图 13－18　乡村振兴战略的体制机制设计

乡村振兴战略事关我国经济社会发展，是建设强大国家和实现人民特别是农民群众对美好生活更高需求的保障，也是各地区各级党委、政府首要的政治任务和经济战略。各地区应树立新的业绩观，功成不必在我，功成一定有我，要以乡村振兴战略规划的科学编制和全面实施为引领，以政策制度为支撑，以重大项目和主要任务为抓手，以体制机制改革和要素配置等为驱动，久久为功，克服困难，不畏挑战，奋力拼搏，确保乡村振兴战略目标的全面实现。

五、潍坊市乡村振兴战略规划编制案例

潍坊市是全国农业大市，也是全国农业发展与改革的重要的示范城市。习近平总书记2018年3月8日全国"两会"期间参加山东代表团审议时，提出了乡村振兴战略的"五个振兴"，并对潍坊模式、寿光模式、诸城模式等给予了较高肯定。

学习贯彻习近平总书记重要讲话，深刻领会习近平新时代中国特色社会主义"三农"思想，是潍坊市委、市政府把握新形势、立足新目标，以农民的利益为出发点和落脚点，聚焦于农民群众对美好生活的更高需求，主动解决农业农村发展不平衡、不充分的矛盾的战略部署、政治站位和光荣任务，也是各级党委、政府需要系统研究和大胆创新、不断突破的大课题、大挑战、大格局。为此，潍坊

市委、市政府邀请国家部委系统新设智库——国合华夏城市规划研究院编制潍坊市乡村振兴战略规划报告（2018—2022年）和潍坊市乡村振兴战略三年行动计划（2018—2020年），共同探索和创新构建乡村振兴的"潍坊模式"，以对党组织和人民群众负责的历史责任感，砥砺前行，不断探索，争取并努力确保乡村振兴工作始终走在全省，乃至全国的前列。

以下是潍坊市乡村振兴战略规划和三年行动计划的目录设计及示例。

（一）潍坊市乡村振兴战略规划报告（2018—2022年）编写示例

在编制潍坊市乡村振兴战略规划及行动计划工作中，项目组邀请了国家发改委、农业农村部、水利部、财政部、科技部等部委领导和专家学者，多次调研了潍坊市及各县市区，考察了浙江、贵州、云南、山东、河北、江苏、广东、海南等省市，做了大量充分的前期工作。同时，2018年春节期间，组织实施了基层乡村振兴战略现状与问题的专项调研，撰写形成了《基层乡村振兴战略现状与政策建议》的调查报告，获得国家发展改革委2018年春节返乡调研报告二等奖。

在大量调研和沟通互动的基础上，项目组逐步研讨、确立了乡村振兴战略规划报告的撰写提纲和三年行动计划的初步目录，与潍坊市领导及市发改委、市农工办等职能部门反复沟通和讨论，进行调整、优化，不断完善报告目录和整体架构，并组织了部委、行业专家和课题研究团队，进行调研并撰写乡村振兴战略规划报告及行动计划，初稿提交专家交流和组织论证，反复修改后提交潍坊市委、市政府，并由潍坊市发布。

以下简介潍坊市乡村振兴战略规划报告目录的基本思路，后续调研和论证之后，将对目录和文稿做了大量的修改和调整，特此说明。

实施乡村振兴战略，是党的十九大作出的重大决策部署，是决胜全面建成小康社会、全面建设社会主义现代化国家的重大历史任务，是新时代"三农"工作的总抓手。习近平总书记参加山东代表团审议时，提出了"五个振兴"和"潍坊模式"，把打造乡村振兴样板的重任交给了山东。"全国农业看山东，山东农业看潍坊。"市委、市政府高度重视"三农"问题，全面贯彻落实党中央、国务院战略部署和习近平总书记重要讲话，行动快，抓得实，效果好，出台了潍坊市乡村振兴的系列政策文件，努力打造乡村振兴的齐鲁样板。

本规划以《中共中央 国务院关于实施乡村振兴战略的意见》《山东省乡村振兴战略规划（2018—2022年)》等文件为编制依据，秉承"五大理念""五位一体""四个全面"、潍坊市乡村振兴系列工作部署以及"四个城市"战略，强化规划引领，确定发展布局、目标任务和重点项目，将其作为指导和推动全市乡村振兴战略的重要依据，努力打造全国乡村振兴的新标杆，确保乡村振兴工作始终走在全省、全国前列。

《潍坊市乡村振兴战略规划》除了前言外，共包括15章内容。前四章分别阐述了实施乡村振兴战略的背景、基础、总体要求和总体布局。第五章和第六章围绕"产业兴旺"，结合新旧动能转换的策略和要求，从旧动能质量提升以及发展"新六产"激发新动能的角度，提出了主要任务。第七章聚焦特色小镇和特色小城镇建设。第八章和第九章围绕"生态宜居"，聚焦绿色发展方式和产融结合，提出了建设生态宜居城市和产融结合城市的目标。第十章围绕"乡风文明"的要求，重点聚焦齐鲁农业文化的发掘和弘扬。第十一章和第十二章围绕"治理有效"，从治理体系构建和体制机制创新的角度提出了要求。第十三章围绕"生活富裕"，提出了改善民生的具体措施。第十四章以提升开放水平为重点，探索通过开放兴农，建设农业新格局。第十五章提出了推动乡村战略实施的保障措施。具体内容如下：

第一章　规划背景。明确国家乡村振兴战略的背景和总体部署，阐述潍坊市实施乡村振兴战略的意义。

第二章　发展基础。总结了潍坊市在"三农"领域已有的成就，判断未来潍坊市机遇和挑战。

第三章　总体要求。明确了潍坊市实施乡村振兴战略的指导思想，提出了到2020年、2022年两个时间节点的发展目标理论体系，对2023年到2035年和2036年到2050年两个长远阶段进行了谋划。

第四章　优化城乡空间，塑造协同发展新格局。明确潍坊市实施乡村振兴战略的总体布局，细化落实区域布局和产业布局。明确地区差异化定位，突出特色化和品牌化。

第五章　坚持质量兴农，提升传统农业发展水平。围绕"产业兴旺"的要求，重点体现质量兴农。聚焦农业生产能力提升、质量兴农战略落实、现代农业经营体系构建以及城市品牌、区域品牌构建。

第六章　坚持产业兴农，大力发展农业"新六产"。围绕"产业兴旺"的要求，从产业协同和融合提升的角度，提出培育新型职业农民和新型经营主体、大力实施"三链重构"、促进一、二、三产业融合发展、重点培育新产业新业态、打造农业"新六产"平台载体等主要任务。

第七章　规范推进特色小镇和特色小城镇。围绕新型城镇化建设和特色小镇建设，重点突出产业建镇、加强政府引导、推进"三生融合"、创建达标制度、压实"三生融合"市县责任等主要任务。

第八章　坚持生态兴农，构建乡村绿色发展新环境。围绕"生态宜居"的要求，以生态兴农为重点，提出了统筹乡村人居环境集中整治、完善农业基础设施建设、实施多元化生态补偿机制、全面推进农村"七改"工程等主要任务。

第九章　坚持产融兴农，建设美丽休闲富足乡村。结合国家实施的产融结合试点城市要求，创新产融结合与乡村振兴的融合，提出了全民扶持农业金融创新、多渠道拓展农业融资渠道、构建农业金融服务聚集区、优先扶持农业示范项目（工程）等主要任务。

第十章　坚持文教兴农，培育齐鲁乡村文明新风尚。落实"乡风文明"的要求，重点聚焦培育齐鲁农业文化，提出弘扬乡村文明行动、挖掘齐鲁优秀文化资源、完善农村文化教育服务、健全农业公共服务体系等主要任务。

第十一章　坚持法治兴农，构建新型乡村治理体系。围绕"治理有效"的要求，重点落实法治兴农，提出加强农村社区建设、强化农村社会治安、建设法治平安乡村、弘扬乡村自治德治等主要任务。

第十二章　坚持改革兴农，优化现代农业体制机制。重点突出体制机制改革，提出完善农村基本经营制度、深化农村土地制度改革、推进农村集体产权制度改革、完善农业农民支持保护制度等主要任务。

第十三章　坚持发展兴农，促进民生与精准脱贫。围绕"生活富裕"要求，实现精准脱贫和改善民生，提出做好农村精准扶贫攻坚、构建长效脱贫防贫机制、狠抓农村就业和农民增收、加大脱贫考核监督等主要任务。

第十四章　坚持开放兴农，促进城乡融合发展。重点聚焦提升对外开放水平，提出构建开放共享农业新格局、扶持小农户和现代农业融合、强化跨区域开放协同、鼓励农业产业国际化战略、重点打造国家农业开放综合试验区等主要任务。

第十五章　规划保障措施。重点从完善党的农村工作领导体制机制、强化党对乡村振兴的主体责任、强化规划引领作用、加大业绩考核激励、培育乡村振兴的良好环境等方面提出规划保障措施。

上述各章节，根据前面确定的规划模型和编写步骤，逐步展开调研和专家论证，撰写和提交规划报告文本。如空间布局的规划研究如下：

产业布局。实施产业兴村强县行动,打造"一村一品、一县一业"发展新格局。根据各市县区实际情况,分功能、分层级建设农业产业功能区(示范区),培育建设粮食生产功能区和重要农产品生产保护区、种子种苗功能区、畜牧功能区、苗木花卉功能区、水产功能区、蔬果功能区以及"新六产"示范区等功能区(示范区)。

村镇布局。各县市区及市属各开发区确定归并城区、归并镇区、归并社区和归并中心村的四类村庄,实行分类管理。大力推进"2221"工程,尽快构建县域、城镇、农村新型示范社区和美丽宜居示范村融合发展的大格局。

(二)潍坊市乡村振兴战略三年行动计划(2018—2020年)编写示例

乡村振兴战略行动计划是在研究和贯彻国家战略、上级有关重大部署及总体要求的前提下,立足本地区乡村振兴战略规划报告确定的战略目标、空间布局、主要任务和重大工程等,更具操作性和系统性的规划与布置,它更偏重于具体任务、重点项目、部门分工、时间节点、监督考核以及保障体系的构建与推进等。乡村振兴战略三年行动计划是乡村振兴战略规划真正落地并全面执行的任务分解和重大保障。潍坊市乡村振兴战略三年行动计划的初步思路示例如下。

为认真贯彻习近平总书记参加十三届全国人大一次会议山东代表团审议时的重要讲话精神,全面落实党中央、国务院、山东省委省政府关于乡村振兴战略的重要部署,以及潍坊市乡村振兴战略(潍发〔2018〕1号)、潍办发〔2018〕9号、潍办字〔2018〕33号等文件精神,推进《潍坊市乡村振兴战略(2018—2022年)》的实施,特制订本行动计划。

本行动计划围绕"产业兴旺、生态宜居、乡风文明、治理有效、生活富裕"的要求,分别提出了十大工程、七大行动、五大活动、六项机制、八项重大建设、五项改革、五大组织体系等主要行动任务。其中:

第一章 聚焦产业兴旺。实施农业传统产能转型升级工程、农业"新六产"培育工程、省市级现代农业产业园建设工程、现代农业科技创新工程、十大农业品牌提升工程、农产品质量安全监督工程、农村农业产业融合示范工程、乡村旅游示范试点工程、潍坊国家级农业开放发展综合试验区建设工程。

第二章 聚焦生态宜居。实施农村人居环境综合整治行动、乡村全域绿化行动、南部山区生态保护开发行动、镇域差异化协同发展计划、"四好农村路"建设计划、农业绿色发展计划、河长制湖长制。

第三章 聚焦乡风文明。开展优秀文化传承活动、基层公共文化服务体系建设活动、移风易俗活动、"美在我家"活动、省级或国家级"产教融合"示范城市创建活动。

  第四章　聚焦治理有效。重点构建乡村组织建设机制、村集体财产管理机制、村民自治机制、农村法治建设机制、平安乡村建设机制、农村普法教育机制。

  第五章　聚焦生活富裕。提出建设农村集体经济、建设农村教育体系、建设农村养老服务体系、建设农村社会保障体系、建设健康乡村、建设新型农村社区、建设新型职业农民、建设精准扶贫网络等主要任务。

  第六章　聚焦城乡融合。要求深化财政扶持机制、金融支持机制、土地政策支持机制、深化农村集体产权制度改革、深化供销社综合改革。

  第七章　提出了五大组织体系保障行动落实。分别是健全党的领导机制、健全监督考核机制、健全典型示范机制、健全"三农"队伍建设、健全乡村振兴环境建设机制。

  （注：以上是潍坊市乡村振兴战略规划和三年行动计划目录初稿，具体目录和文稿，需要调研、协商、论证和修订之后才能最终确定。）

第十四章
CHAPTER 14

乡村振兴战略规划实施考评

地方政府对国家战略执行和实施的最大问题是缺少执行力，监督考核偏弱，往往流于形式。政策执行的监督约束成本很高，并且存在时滞效应，考核结果偏差较大。

为解决此类问题，需要应用智慧政务等管理决策信息系统。当今世界，信息技术日新月异，数字化、网络化、智能化深入发展，在推动经济社会发展、促进国家治理体系和治理能力现代化、满足人民日益增长的美好生活需要方面发挥着越来越重要的作用。

习近平总书记强调"推进数据资源整合和开放共享，保障数据安全，加快建设数字中国。"数字中国建设要"以信息化培育新动能，用新动能推动新发展，以新发展创造新辉煌"。这就要求各级党委、政府和企业等，适应新时代，创新新理念，构建新格局，运用大数据、云计算等信息技术，高效开展乡村振兴战略的规划编制、执行、评估和优化，全面落实上级党委、政府战略部署，实现科学决策、示范试点。对重大任务和项目进行动态监督，对下级单位和各部门进行网上监测和智能化业绩考核，持续高效推动村两委组织建设和农民致富。因此，研发并应用乡村振兴规划、决策与监督考核管理信息系统，是各级党委、政府和企业等决策管理与业绩考评的现实需要。

一、规划实施与监督考评（SRVS）的重大价值

以习近平同志为核心的党中央准确把握时代大势，把实施网络强国、加快建设"数字中国"当成举国发展的重大战略，意义巨大，影响深远。习近平指出，要构建以数据为关键要素的数字经济。建设现代化经济体系离不开大数据发展和应用。我们要坚持以供给侧结构性改革为主线，加快发展数字经济，推动实体经济和数字经济融合发展，推动互联网、大数据、人工智能同实体经济深度融合，继续做好信息化和工业化深度融合这篇大文章，推动制造业加速向数字化、网络化、智能化发展。数字化转型意味着文化、理念、战略、运营组织和外部合作的变革，需要一套有效的方法论和完善的落地方案，并在整个产业链和生态上实现跨界融合。

习近平总书记强调，要运用大数据提升国家治理现代化水平。要建立健全大数据辅助科学决策和社会治理的机制，推进政府管理和社会治理模式创新，实现政府决策科学化、社会治理精准化、公共服务高效化。要以推行电子政务、建设智慧城市等为抓手，以数据集中和共享为途径，推动技术融合、业务融合、数据融合，打通信息壁垒，形成覆盖全国、统筹利用、统一接入的数据共享大平台，构建全国信

息资源共享体系，实现跨层级、跨地域、跨系统、跨部门、跨业务的协同管理和服务。要充分利用大数据平台，综合分析风险因素，提高对风险因素的感知、预测、防范能力。要加强政企合作、多方参与，加快公共服务领域数据集中和共享，推进同企业积累的社会数据进行平台对接，形成社会治理强大合力。

PDCA循环是落实战略执行与项目实施，实现项目动态管理，进行部门监督考评的有效工具。其含义是：将质量管理分为四个阶段，即计划（plan）、执行（do）、检查（check）、处理（action）。在政府和企业的质量管理活动中，要求把各项战略规划或工作计划按照做出计划、计划实施、检查实施效果，然后将成功的纳入标准，不成功的留待下一循环去解决的工作方法，这是质量管理的基本方法，也是各级党委、政府和企业管理决策的一般规律和方法。

为满足国家部委、各地党委、政府、涉农企业、街道村庄等编制乡村振兴战略规划、传达政策文件、分解落实规划目标、推动重大项目落地、扶持骨干企业、建设美丽乡村等工作任务，国家部委系统新设智库国合华夏城市规划研究院聚集整合了国内一流政策、产业、技术等人才，与国内知名高校院所和相关战略合作伙伴，大胆创新，系统策划，联合研发了"全国乡村振兴战略规划编制与决策监督考评管理信息系统"（The Management Information System of Planning, Decision-making , Supervision and Evaluatio Nonrural Vitalization Strategy，简称"SRVS"），它集成并应用PDCA的基本原理，有效实现了地方党委、政府或者企业的乡村振兴等多个规划与计划、执行、监督、调整的一个完整的闭环循环。这是我国实施乡村振兴战略领域的重大实践突破，也是服务各级党委、政府、园区、骨干企业、行业组织和街道村庄等的重大决策、管理与业绩考评工具，是建设创新型国家、创新型城市和创新型政府的实践探索。

该系统（SRVS）的服务对象主要是地方党委、各级政府及其职能部门，如农工办、发改委、组织部、农业、畜牧业、林业以及各类行业组织、实体企业、农业经营主体、街道村庄和智库机构等。不同用户可以根据管理决策需要，以及规划执行和考评重点，选择不同的功能模块和业务单元，组合设计和针对性地在实践中推广应用。

该系统的研发、设计、投产和管理应用，将促进地方党委、政府、企业、园区和街道村庄等逐步科学、高效、智能化地进行政策解读、环境跟踪、规划编制、项目决策、智慧政务、智慧办公、在线管理、综合服务与智慧监督，显著提升各自规划编制、政策把握、战略决策、实时跟踪、动态监督、定期考评与兑现奖惩等能力，改进政务办公和企业经营的综合水平，培养和提高核心团队的政策分析、产业决策、项目执行与市场反馈能力。

该系统的策划、开发、投产和实践应用，有助于地方党委、政府部门、产业园和党政工作人员逐步从繁琐、海量、重复的各类会议、上传下达的汇报文件中解放出来，实现通过信息管理系统，在线、全天候跟踪、解读和落实上级党委、政府有关战略、政策和文件部署，使用电脑、手机等终端载体，以互联网＋、大数据、云计算和区块链等技术手段，高效、自动、全面地完成部门和职责范围内的决策审批、项目监督、基层调研、工作汇报和分析报告等，实现地方党委、政府、职能部门、行业组织、产业园、实体企业、社区街道和村庄等办公和为民服务的在线化、融合化、一体化、自动化、智能化，并实现分层考评、授权管理等现代管理工作目标。

二、规划实施与监督系统（SRVS）的管理架构

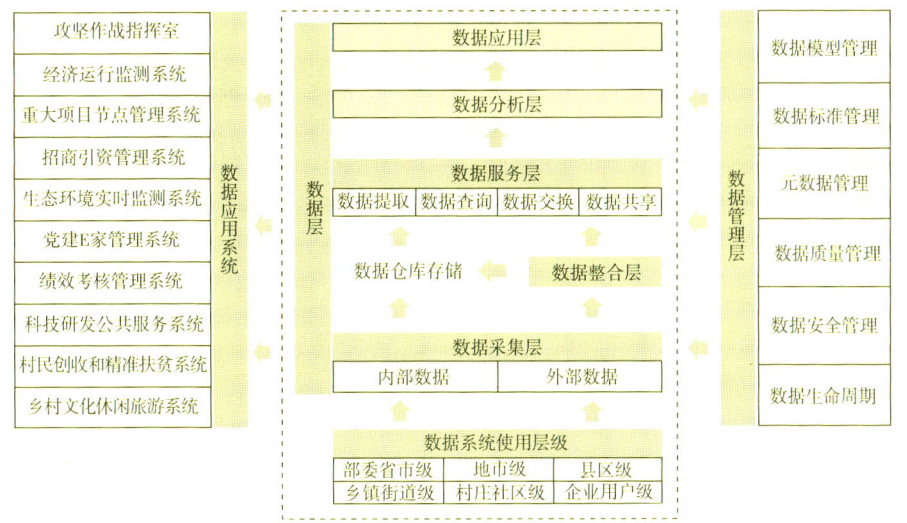

图 14-1　乡村振兴规划实施与监督系统（SRVS）

乡村振兴战略规划实施与监督系统（SRVS）采用 J2EE 多层次分布的开放结构体系，整个系统在保证标准规范和信息安全的前提下，构筑了数据管理层、数据层、数据系统使用层级、数据应用系统。各层都以其下层提供的服务为基础，SRVS 系统采用单点登录的模式，经过系统身份认证和授权后方可进入系统。

数据管理层：对数据层中数据的质量、安全、标准、生命周期进行管理，确保数据层的稳定有效运行，保证数据的质量，维护数据的安全性和私密性，建立

数据标准和数据生命周期管理，及时更新数据，确保数据的实时性。

数据层：是系统的大脑，保证数据的获取、分析与输出运用。主要是将采集到的数据，即内部数据与外部公开数据进行整合，利用数据仓库进行存储信息，通过特有的筛查技术对冗余技术进行去重处理，筛选出有用的热数据，再对数据重新提取、查询、交互与共享，从而进行科学分析，最后输出应用层。

数据应用系统：是系统的展示层面，将输出内容应用于PC端、移动端以及大屏端，对数据进行最终加工处理以及汇集作用。

数据系统使用层级，即部委及省市级、地级市、县区级、乡镇街道、村庄社区、企业六级客户，可根据客户需求对"政务决策、项目监督、乡村振兴战略执行与业绩考评、党委政府线上会议与办公、农业园区（重点项目）投资与开发调度、各级党政任务分工与业绩对标考核、镇村两委建设与考评奖惩、农业农民综合开发与就业扶贫统计、党政任务实时部署与在线动态汇报、涉农工程龙头企业金融创新与资本运作对接"等具体工作进行有效的实时监控，借力大数据捕捉、管理和处理数据，达到数据的分析与运用价值，使得数据辅助决策。SRVS系统根据数据系统使用用户等级和需求不同，对数据应用系统设置数据传输和查看全流程分级权限管理，不同部门查阅和调度权限不同，以此保证数据的安全性、私密性。省市级领导可以查看省级，精细到市级、县级、乡镇街道、村庄社区、企业关于经济运行监测系统、重大项目管理系统、招商引资管理系统、生态环境实时监测系统、党建E家管理系统、绩效考核管理系统、科技研发公共服务系统、村民创收和精准扶贫系统、乡村文化休闲旅游系统相关数据、可视化指标，而市级领导只能看到市级以下数据，以下各级领导依此类推。

三、规划监督实施与系统（SRVS）的核心功能

习近平总书记指出：获取数据、分析数据、运用数据是领导干部做好工作的基本功。SRVS系统以此为逻辑，进行数据融合，最大限度挖掘数据价值，为各级党委、政府决策研判提供全面、客观的数据支持和依据。该系统有以下十大核心功能：

攻坚作战指挥室。经济数据分析调度应用指挥仓，领导决策可视化。展示人文、经济监测、"新六产"、基础建设、重点项目等基本概况，助力领导干部在统观全局态势的同时，着重设计和凸显全局工作的绩效成果和关键价值指标，使各决策主题核心思想明确，核心价值突出，最大化提高领导干部的研判效率，让领导干部快速抓住态势并理解重点。

经济运行监测系统。分解和落实本级党委、政府和下级单位乡村振兴战略主要指标，实现对经济指标的运行监测。获取数据方面，通过海量数据精细化标准化处理和复合大数据按照33制可视化呈现、动态化呈现工作内容三大功能，可按市、县、乡镇不同地区层级或按照年、季度、月份不同时间长短进行经济指标查看，满足不同阶层领导的各方面需求，领导干部可以按照关键词进行搜索查询相关指标数据，实现"无纸化"办公，提升政务效能。分析数据方面，拥有指标数据全维度及专业化解读、经济指标动态智能调配两大功能，领导干部可根据该系统了解到邻近县区以及所属市、所辖县区、乡镇经济指标比对，根据系统提供的科学严谨的数据分析，进行政务决策。运用数据方面，拥有动态预警预测及时反馈决策、数据关联度责任到人、细致化任务并辅助工作三大功能，以便领导干部及时发现经济指标出现的问题，并可了解和联系到该问题相关联产业、项目及其负责部门，帮助领导进行科学决策，并提高办公效率。

重大项目节点管理系统。推动落实本级和下级单位重点工程和重大项目库，监测下级单位重点指标实施进度配置、任务完成差距。获取数据方面，该系统提供项目创建模块化的功能展示了项目工作节点及进度表，并对项目时间节点精细化，领导干部可以根据需求，灵活增减节点任务，同时清晰明了项目计划用时、实际用时、节点完成情况，精确问责至项目节点的责任人和责任单位，便于领导干部高效办公，统筹全局。分析数据方面，系统提供项目节点状态实时更新功能，以便领导随时随地进行浏览，掌握全局，心中有数。运用数据方面，系统根据分析系统，展示任务清单详情，协助各部门、各责任人明确自身任务，避免项目过多造成遗漏以致审批滞后。同时，助力各级领导精准了解各节点环节详细情况，进行实时项目节点监测，了解超时原因，定期分析汇总战略决策执行情况，管辖单位工作业绩。

招商引资管理系统。辅助监测管理招商进展情况。获取数据方面，有资源整合功能，以信息化手段整合全国各行业TOP 500强及政策数据资源，集成全省各主要招商单位和业务部门信息，实现招商管理信息的收集、流转、分析、调阅、使用和数据存取。分析数据方面，系统对招商项目进行多维度统计，展示招商项目总体概览，统计招商小分队任务排名及完成情况，便于各单位随时掌握本单位及下属机构招商考核情况并进行奖惩，调动积极性。运用数据方面，更新招商项目进程，辅助领导实时监督项目进度，提高招商引资整体工作效率。

生态环境实时监测系统。推动生态振兴，乡村生态农业绿色发展。获取数据方面，将各地区面积结构、人口结构、绿化面积、森林覆盖率、河流数量及流域、农作物面积及产量等资源整合，通过智能化系统分析，锚定各单元间的联系，借助可视化实时监测技术便于各单位统筹和利用资源。分析数据方面，系统对大量数据进行重组、汇总及对比分析，挖掘更有利于提升环境水平和质量的有价值数据，为领导决策提供依据。运用数据方面，该系统增加对区域内存在异常的生态数据提出警示的功能，并作出汇总分析，各级领导直接在平台上发布环境信息、具体的治理方案，强化对乡村生态环境综合治理，真正实现数据辅助决策。

党建 E 家管理系统。实现线上线下干部交流互动，标杆样板的学习推广，以及村集体资产、村民创收、精准扶贫等信息和动态变化。获取数据方面，各级管理者可在微平台上将"十九大"的重要指示、内容等资料上传至平台供党员学习，而系统可显示在线学习的人数以及学习状况等信息，以便对各部门学习情况动态掌握。分析数据方面，系统对各单位、各学员学习状况进行汇总排名，并公开展示，以便监督，发挥标杆示范带头作用，提高学习积极性和效率。运用数据方面，系统有动态培训功能，可根据系统的咨询和交流模块，实现线上学习交流互动。

绩效考核管理系统。落实对党委、政府部门任务执行监督考核。获取数据方面，系统提供如个人月度考核表录入、个人月度考核表管理、个人月度考核表查询等。同时系统根据查看用户的层级不同，对用户设置了不同的权限，可以查看部门及个人的年度、月度任务。分析数据方面，系统会自动根据各类考核方法显示需录入操作界面，对每个部门干部的任务落实情况进行统计，添加考核记录，包括客观指标考核、年底综合评价等模式，解决了绩效考核评估方法难以做到及时更新的问题。运用数据方面，实现人工评估向自动评估的转变，系统每天晚上自动计算各责任单位年度目标的考核得分，并更新考核排名，使得年度目标考核动态化、实时化，解决任务执行度考核、反馈滞后，监督指导任务工作不及时，年底集中考核工作量大等问题。

科技研发公共服务系统。为本地区的科技进步和技术创新提供有力支撑。获取数据方面，系统展示各地区实施科技研发的经费投资、重点项目、骨干企业、优势技术、重大工程，以及重点实验室、研发中心空间分布，并重点展示在北京、上海等地联合高校设立"飞地实验室"的团队组成、经费预算、项目概况和重点技术，帮助领导了解区域内整体科技研发基本情况。分析数据方面，系统对各企业、各科技研发团队的研发进展、资金使用、成果转化，以及国内外科研院所的成果合作及项目进展等进行分析预算，辅助领导掌握科技研发的整体进程。

运用数据方面，对资金、资源、技术人才的使用情况实时汇总、计算、监督，确保科技研发资金使用合理、资源共享、技术转让和人才流动。

农民创收和精准扶贫系统。为政府部门科学扶贫奠定坚实基础。获取数据方面，领导干部可以通过扫描二维码，查看扶贫对象的基本家庭情况、学历、技能、经济收入来源、位置分布，并对查看权限做设定，保证用户信息的私密性。分析数据方面，系统对于扶贫对象的信息进行统计分析，得出地区致贫原因，并对扶贫成效进行归纳分析，生成周报、月报、季报、年报，供领导干部对扶贫政策的实施效果及时调整，还可对新型职业农民培训等需求进行监测与统计。运用数据方面，提供组织培训功能，根据不同区域需求，提供不同类型技能培训，最后对各类扶贫项目、扶贫农户、扶贫工作和扶贫效果等进行监测，辅助领导干部精准扶贫政策落实、监督。

乡村文化休闲旅游系统。达到旅游政务管理体系的智能高效服务。获取数据方面，利用可视化实时监测技术，动态显示旅游区客源、人流量增减情况、收入等基本信息，并统计各类农耕文化、休闲旅游、农业综合体、旅游景点、重点企业和餐饮等现状、业务，便于领导干部在线监测，对乡村旅游资源合理分配规划。分析数据方面，对景区各项数据指标进行汇总、整理，以不同颜色显示旅游区热门景点、饭店、商品等，加强领导干部对节假日旅游高峰期客流的引导能力。运用数据方面，通过旅游区实时监控，系统拥有旅游区安全突发事件的远程传感报警功能，提高政府对旅游安全事件的监控和应急调度能力，实现与各级应急指挥中心信息平台的信息共享、协同联动。

四、规划实施与监督系统（SRVS）的决策支撑

该系统（SRVS）主要由十大模块组成，这十大模块根据乡村振兴战略规划的建设目标构建，遵循数据辅助决策的理念，通过对乡村振兴战略规划的各项指标数据，经智能化系列算法输出数据，对规划项目、经济指标、监督管理作出预测预警，辅助各单位科学决策。

（一）攻坚作战指挥室

技术实现方式。首先，通过数据服务平台对数据进行数据源接入、自动化数据萃取、数据分析建模、数据存储、数据预计算、集群系统控制，用于建设管理和建设预警模块；其次，经过处理的数据将储存于数据云管理器中，供管理平台随时调配使用。管理平台通过报表配置和组态配置两种方式进行布局管理，运用

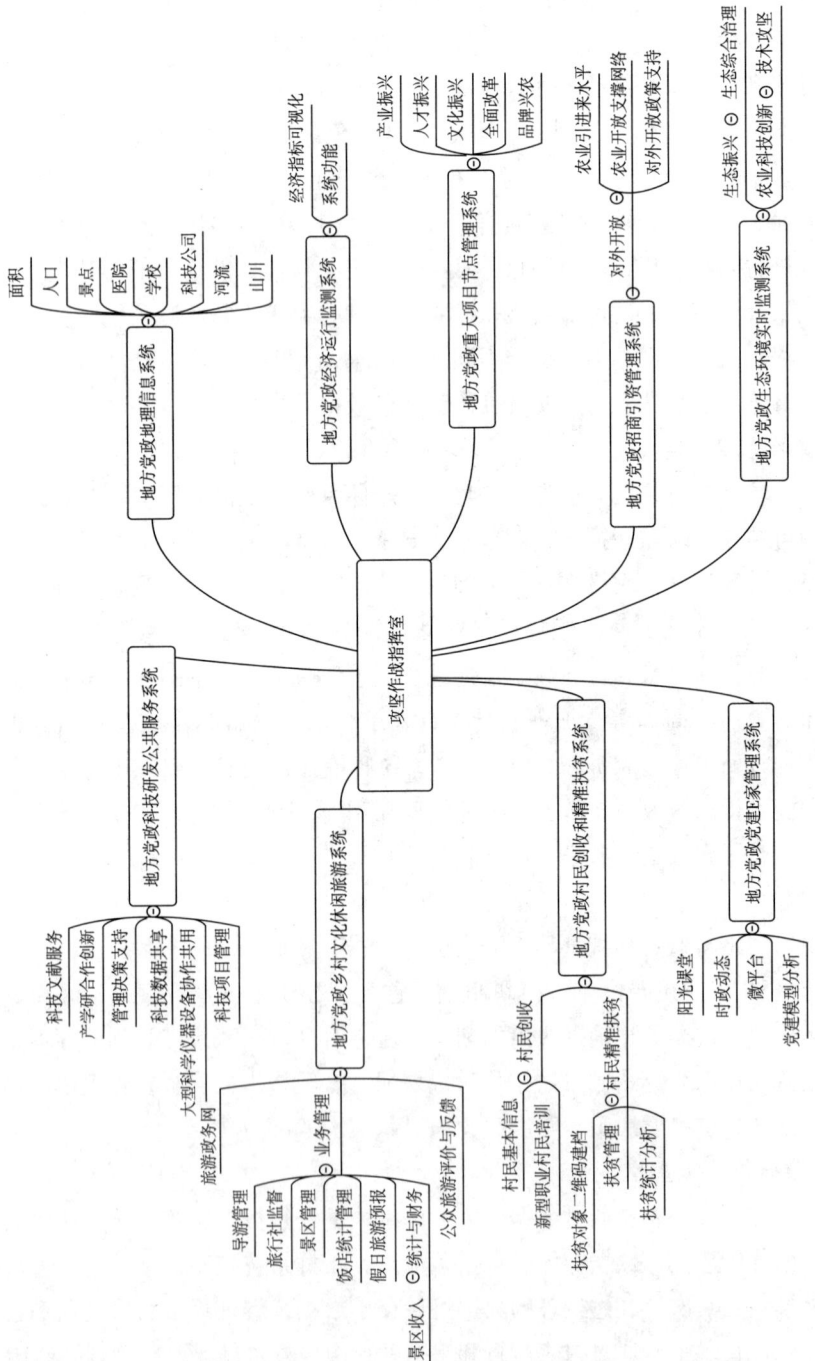

图14-2 攻坚作战指挥室

瓦片数据服务技术、要素数据服务技术、高程数据服务技术、数据转换矫正服务技术将数据组态生成报表、图表、系统页面；然后运用三维渲染插件生成三维空间可视化场景；最后，通过可视化渲染运行平台，经过信号源控制中心管理，将可视化数据输出于总检测控制中心：大屏、分监控中心、电脑 PC 端、手机安卓端。其中系统对不同用户进行授权管理，开放不同程度的数据。

（二）经济运行监测系统

技术实现方式。经济运行监测系统将可视化基于计算处理层，分析包括简单的查询分析、流分析以及更复杂的分析（如机器学习、图计算等），查询分析多基于表结构和关系函数，流分析基于数据、事件流以及简单的统计分析，而复杂分析则基于更复杂的数据结构与方法，如图、矩阵、迭代计算和线性代数。一般意义的可视化是对分析结果的展示，通过交互式可视化，使分析获得新的线索，形成迭代的分析和可视化。基于大规模数据的实时交互可视化分析及在这个过程中引入自动化的因素，输出于报表、组态、系统页面等，利用数据输出层进行经济数据指标可视化展示。

（三）重大项目节点管理系统

技术实现方式。首先对重大项目工程有关产业、人才、文化、组织、生态的指标数据进行收集，储存于数据云中，通过数据服务平台，对数据进行整理、运用、分析，最后输出于总监控心、分监控中心、移动手机端，以供领导干部根据多维度可视化数据进行沟通、作出决策、加强监督。

（四）招商引资管理系统

技术实现方式。该系统建立在 J2EE 平台之上，使用 JAVA 语言开发完成，运用三框架整合技术，将系统在逻辑上划分为视图层、控制层与持久层，该框架程序从构成上可以分成客户端和服务端两部分。客户端部分用来在手机端中实现页面，服务器接收并处理前端发出的请求。两部分相互协调合作，通过框架整合调用不同功能模块，通过服务器前端客户页面并显示给用户。用户通过服务端，将业务模块与数据件进行交换，进而使招商引资更便捷。

（五）生态环境实时监测系统

技术实现方式。对生态环境实时监测系统进行远程控制，开发手机 APP 进行实时监测。系统平台应用主要提供对数据的访问与相关操作。通过系统中心服务，建立数据交互系统，接收来自现场的自动监测数据，将数据保存至本地进行存储；建立数据处理系统，接收数据交互系统转发的自动监测数据，同时将数据

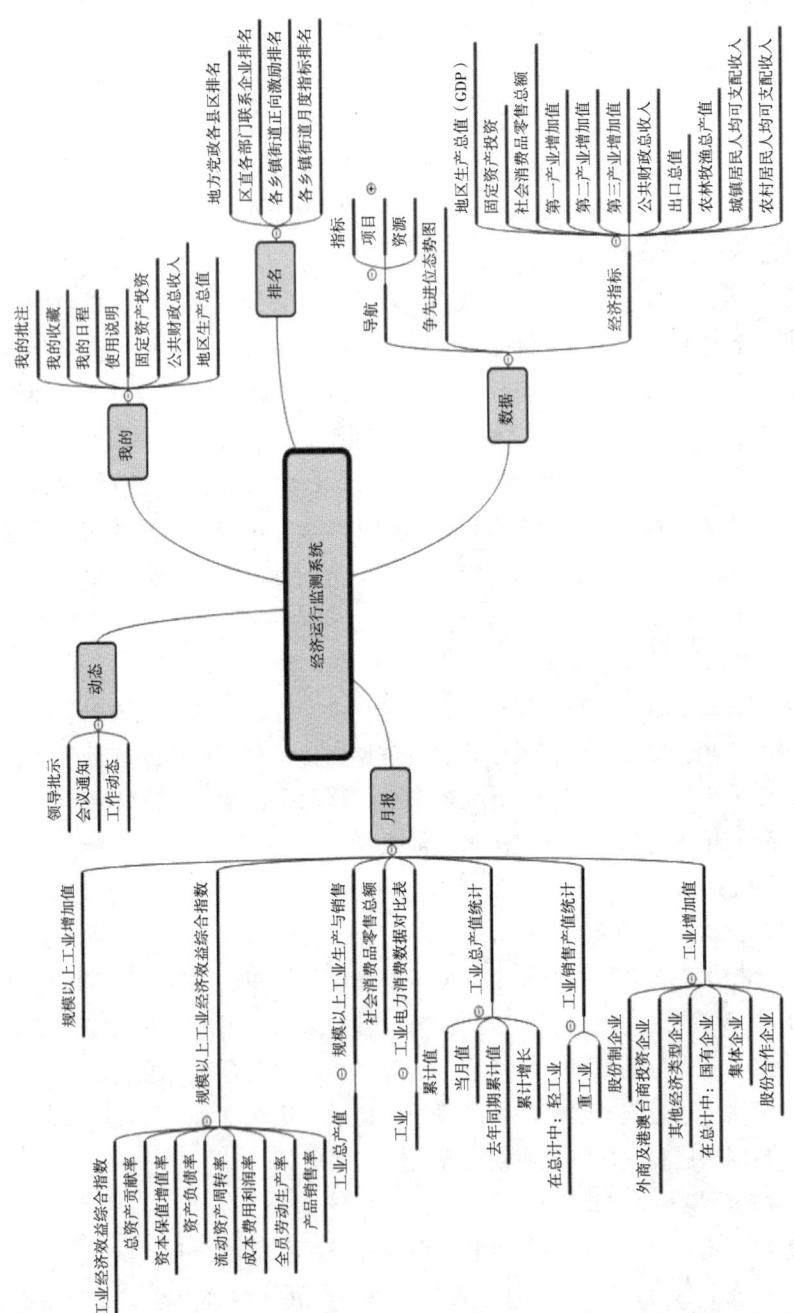

图14-3 经济运行监测系统

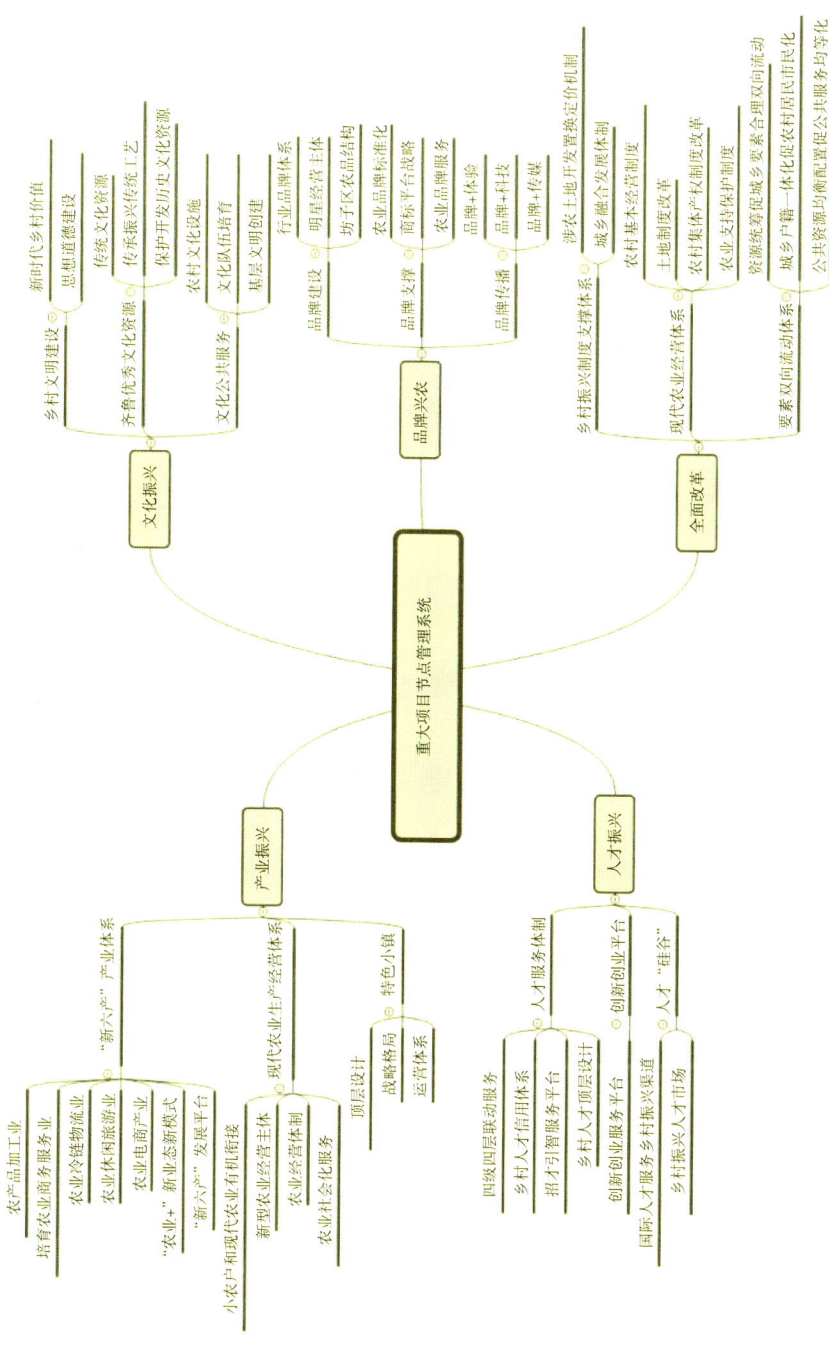

图14-4 重大项目节点管理系统

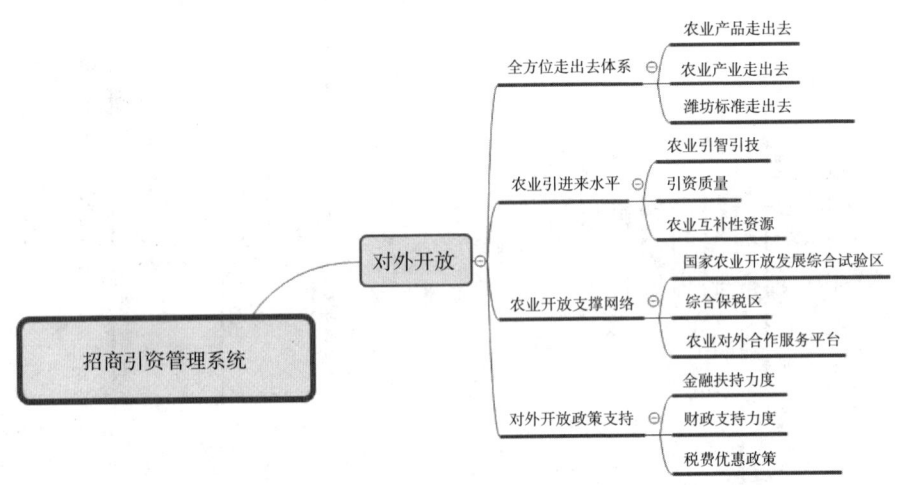

图 14-5　招商引资管理系统

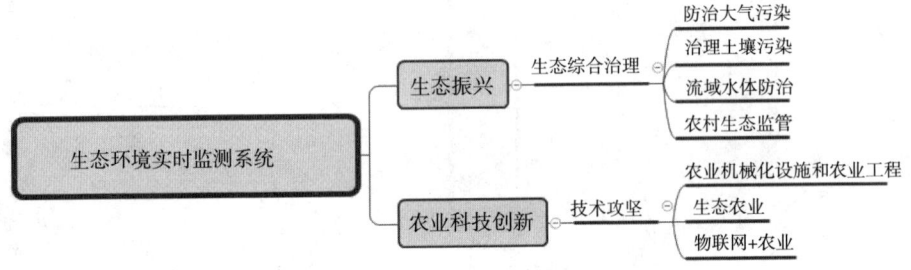

图 14-6　生态环境实时监测系统

保存至数据库中；建立对外服务接口，对第三方软件平台提供数据访问的接口，可定制化开发。最后通过基站软件应用主要对仪器进行控制、测试、数据采集、上传；通过环境数据中心的建设实现对环境数据资源的有效收集、存储、整合、管理、分析，推动信息资产的管理、共享和利用，提高数据综合分析应用和决策分析支撑能力。同时，构建环境 GIS 应用展示平台，将所有辖区内环境状况展现于管理者面前，整合所有环境信息及资源，为后续的生态实时监测奠定基础。

（六）党建 E 家管理系统

技术实现方式。党建 E 家管理系统基于 MAS 系统，由应用平台、数据库平台、接口平台组成。应用平台通过 Web 应用为用户提供窗口界面，展示系统并接收用户指令信息；数据库平台采用 Oracle，负责系统数据的保存和调用；接口平台负责移动代理服务器的接口程序，实现移动信息化服务调用。

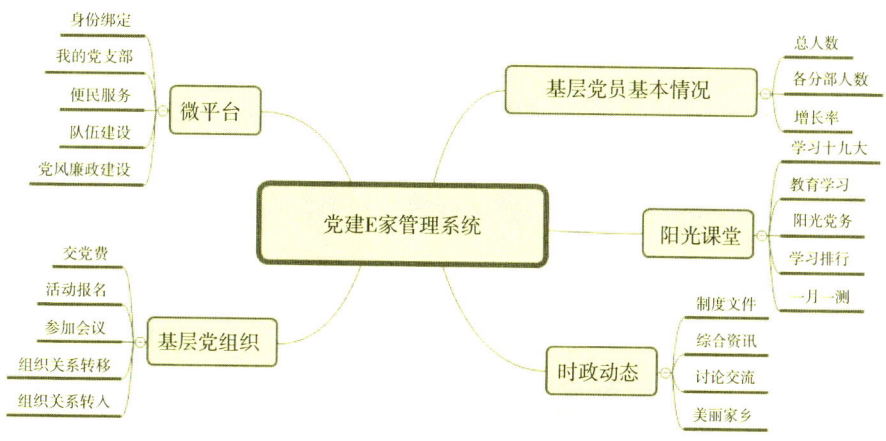

图 14-7 党建 E 家管理系统

(七) 绩效考核管理系统

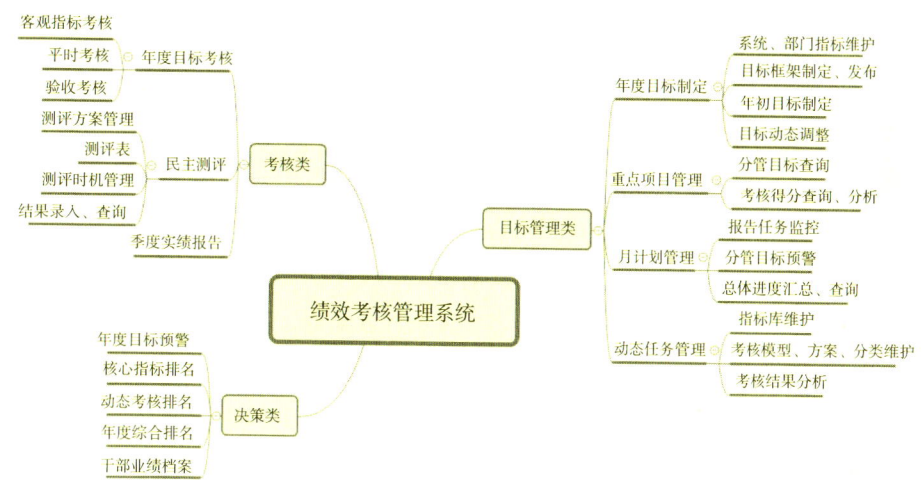

图 14-8 绩效考核管理系统

技术实现方式。系统开发基于 J2EE 平台，紧跟最新的 JAVA 技术的发展，采用众多成熟可靠先进的 J2EE 技术，在基于消息和服务的软总线技术上实现系统数据的集成和交互，保证系统的开放性和可扩展性。设置集中数据库服务器，数据库采用 Oracle 10G 或 DB2，以及 J2EE 应用服务器组，所有的系统客户端直接使用手机，运行绩效考核系统管理程序，完成绩效考核指标设置、考核表导出、绩效考核数据导入、考核评分、考核汇总、考核导出、查询全流程操作。

(八) 科技研发公共服务系统

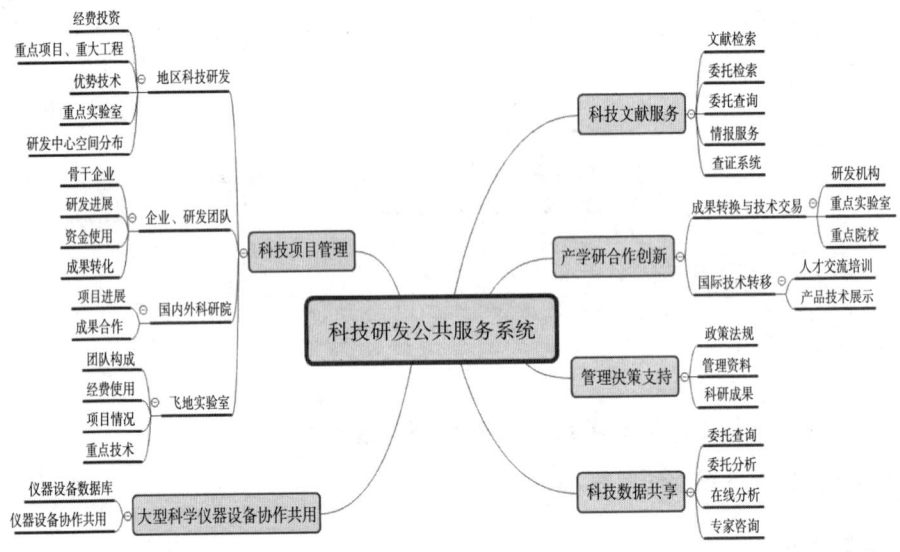

图 14-9　科技研发公共服务系统

技术实现方式。运用面向服务的构建体系结构（SOA），是指为解决在互联网环境下业务集成的需要，通过链接能完成特定任务的独立功能实体实现的一种软件系统构架。SOA 是一个构建模型，将应用程序不同功能单元通过不同服务之间定义良好的接口和契约联系起来。接口是采用中立方式进行定义，独立于实现服务的硬件平台、操作系统和编程语言，使构建在各种系统中的服务以一种统一和通用的方式进行交互。该系统实现最大限度柔性面对需求变化，不仅满足现在需求，同时增强了系统未来抗风险性。

(九) 村民创收和精准扶贫系统

技术实现手段。系统采用 MVC 模式，数据访问层使用 ORM 技术构建，将数据表映射成实体，并统一实现数据访问接口包括增、删、改、查等操作，并对非法字符统一过滤避免 SQL 注入攻击。编程严格按照三层体系架构，业务层不允许直接访问数据库的代码；视图层采用 HTML5 和 jQuery，编写通用列表、表单和数据前段控件；控制层实现 URL 路由并实现相关业务操作。

(十) 乡村文化休闲旅游系统

技术实现方式。该系统基于 Hadoopapache 技术，通过分布式结构，一方面可以直接进行服务器扩展，支持服务的快速部署；另一方面没有单点故障，通过集

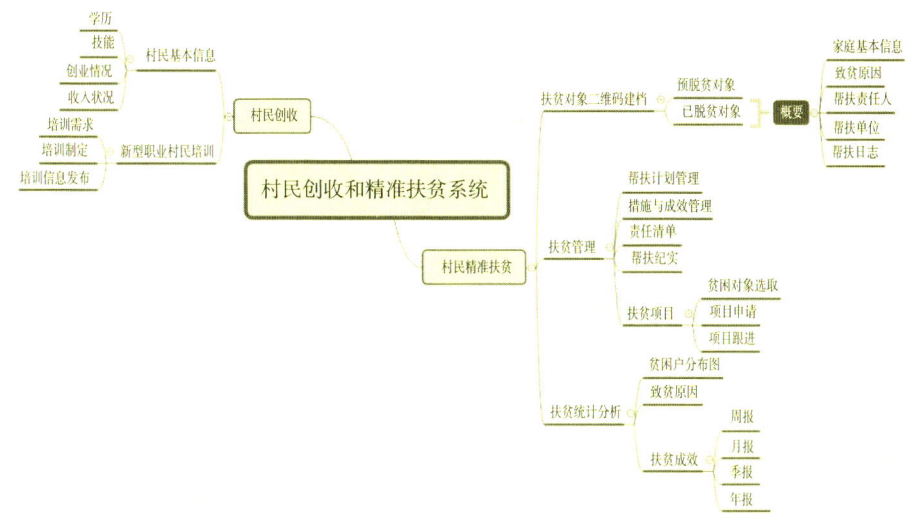

图 14-10 村民创收和精准扶贫系统

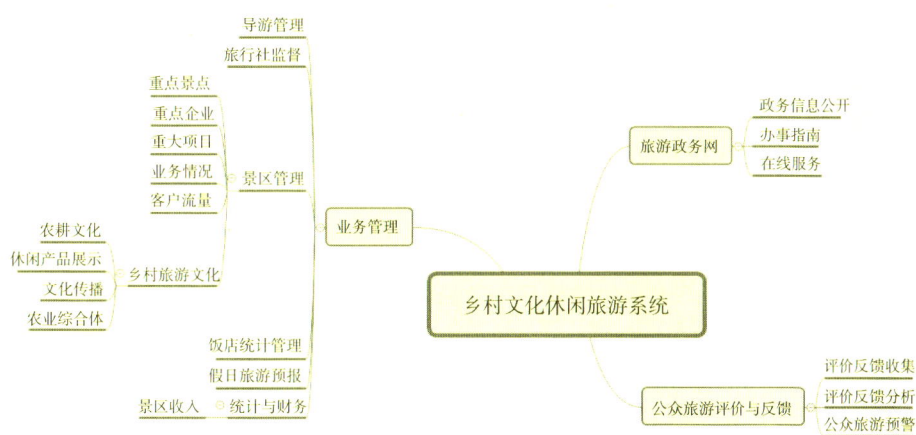

图 14-11 乡村文化休闲旅游系统

群技术实现高可用、高扩展性。统计分析采用一定的算法和模型通过 Spark、Hadoop 的 Yarn、Hive、Pig 等读取、处理数据，结果保存在服务层数据库，为用户提供可信的数据，最后通过可视化以各种统计图展现出来，通过 PC、手机查看结果。

五、规划实施与监督系统（SRVS）的目标实现

该系统（SRVS）可以持续推进智慧城市和数字中国战略的实施，是各级党政机关全面减少会议汇报，释放一线调研时间，提高决策效率，动态掌控基层业绩，科学评估和任用干部，杜绝业绩造假和用人失察问题，构建廉政勤政高效、公开透明亲民党委和政府的重大实践创新与探索。开发并应用该系统将会产生以下效应：

（一）构建智慧政务决策与项目监督协调平台

坚持数据辅助决策理念，运用数据化智能算法实现数据辅助决策，提高政府部门领导干部对于政务事务决策的科学性。引入项目监督模块，通过对项目节点、项目任务清单、项目进度等数据进行及时更新，助力领导干部精准了解各项目环节详情，并加以监督，使领导干部统筹全局，提高办公效率，同时也为领导干部的下一步决策提供保障。

（二）构建乡村振兴战略执行与业绩考核平台

加强对乡村振兴战略相关政策文件的学习，保证各级领导干部及时落实乡村振兴战略规划指标，建立业绩考核平台，实现对政府各部门工作的科学化、精准化、常态化绩效管理，减轻手工考核劳动强度，并对数据自动汇总和排名；以信息化、数据化和智能化的手段，推动政府绩效的持续改善；注重考核结果运用，实现结果与奖惩相联系，持续增强考评效力，提高干部的执行力，更高效完成工作任务。

（三）构建党委政府线上会议与办公自动化平台

在平台上实现动态呈现工作内容的功能，跨越时间场地界限，现代化、信息化呈现内容，将各级领导批示、会议通知、工作动态、表扬与批评嵌入系统，使各级领导干部随时随地可在平台上举行会议，派发工作任务，使"自动化"办公贯穿始终，提升政府部门政务的效能。

（四）构建农业园区（重点项目）投资与开发调度平台

突出项目的重点、开发的重点、包装的重点、招商的重点、部门联手的重点，结合农业园区的实际情况，规划开工时间节点、投资强度、投资时限、上交税收、环保、安全、让利条件等，解决招商引资工作中目标不够精准、资金利用率低、政府信息不对称等问题，提升农业园区招商引资工作的层次、水平和效率。

（五）构建各级党政任务分工与业绩对标考核平台

细致化工作任务，将工作任务分发至各部门领导，实现智能化办公，并展示各人任务清单详情，协助各单位、各责任人明确自身工作任务，避免项目过多造成遗漏以致审批滞后；同时引入绩效考核模块，对每个部门领导干部的工作完成程度和完成质量进行考核，实现对各级领导干部工作监督，最终达到提高工作效率的目的。

（六）构建镇村两委建设与考评奖惩平台

加强农村基层党组织建设，选优配强农村"两委"班子，充分履行镇村两级干部带领乡村脱贫、走向生活富裕、建设美丽乡村的工作责任和义务，并建立健全考评奖惩和工作责任机制，实现分工明确、责任到人的工作理念。同时加强了对镇村两级干部工作效率的监督，提高干部工作积极性和执行力，有效推进脱贫和其他治理工作的开展。

（七）构建农业农民综合开发与就业扶贫统计平台

对农民经济收入、就业等实际情况进行统计更新，辅助领导干部实现想民之所想、忧民之所忧、解民之所惑、帮民之所难，增加集体和农民收入，提升就业质量，调动广大农民积极性、主动性、创造性，把广大农民对美好生活的向往化为推动乡村振兴的动力，从而推动乡村振兴政策更好的落实。

（八）构建党政任务实时部署与在线动态汇报智慧平台

动态呈现工作内容，跨越时间场地界限，现代化、信息化呈现党政工作任务信息，将领导批示、工作任务、工作动态、工作进度嵌入系统，使各级领导干部随时随地部署并接受自身的任务，使"无纸化"办公贯穿始终，提升政务效能，提高乡村振兴战略规划的实施效率。

（九）构建乡村文明村民自治重大事项集体决策与多方监督便民平台

推动组织振兴，构建新型乡村治理体系，建设自治乡村。加强村民对重大事项的了解和参与程度，充分发挥村民知情权、决策权，同时有助于领导干部把人民的根本利益作为决策的出发点和立足点，增强决策的科学性，避免决策的片面性。通过监督便民平台，实现村民在享受政府服务的同时，加强对村级组织干部工作的监督，从而提升基层组织干部的工作作风和工作效率，最终向"自治—管理—服务"乡村格局进一步迈进。

（十）构建涉农工程龙头企业金融创新与资本运作对接平台

辅助政府领导干部对符合条件的科技创新优势企业给予资金支持，推动完善科技金融配套体制机制，拓宽了农业科技企业融资渠道，向发展多元化融资渠道的目标进一步迈进。同时，落实了科技创新政策体系、推动乡村振兴战略规划中发展农业科技、科技金融融合发展的要求，激发涉农工程企业不断进行科技创新和发展规模，带动乡村经济的发展。

（十一）构建乡村振兴战略规划、行动安排节点调度与中期评估优化平台

实现领导干部对战略规划、行动安排节点的计划用时、实际用时、节点的完成情况有详细的了解，并且实现对项目的精确问责至责任人和责任单位，通过这些了解中期的进度和评估，明确战略规划、行动安排中不合理、效率较低、进度较慢的部分，辅助领导干部进行后期战略规划和安排节点调度，统筹全局，提高乡村振兴战略规划的运行效率。

（十二）构建乡村文化结合休闲娱乐旅游型平台

实现对各类农耕文化、休闲旅游、农业综合体、旅游景点、重点企业和餐饮点等现状、业务、客户流量、收入和客户投诉重点统计分析和在线监测，以及对休闲产品展示、文化内涵传播、重大项目监督和考核等，辅助领导干部开发乡村旅游市场潜力，同时传播乡村农耕文化，对构建美丽乡村、乡村振兴战略落实有积极作用。

附件 1
ENCLOSURE 1

基层乡村振兴战略现状和实施建议

为贯彻落实国家发改委、国家发改委国际合作中心关于春节期间开展基层调研的通知要求，2018年春节期间，本课题组由吴维海牵头组织，选择了"乡村振兴战略"题目，确定了访谈提纲，设立了33个问项的调查问卷，对山东、北京、甘肃等地方政府进行了书面访谈，并开展了网络调研、问卷调查和部分地区的现场访谈，分析归纳、系统研究并最终形成了一本"乡村振兴战略"现状与实施建议的调研报告。①②

一、基本调研概况

本次调研以对个人发放问卷，对山东、北京等政府进行书面访谈等形式，进行了非现场的调研和访谈。调研范围涉及北京、山东、甘肃等地市、县、乡镇政府部门和部分村庄，重点调研了北京市平谷区，山东省东明，泰安市肥城，潍坊市寿光、临朐、安丘、青州，东营市垦利区等市县区、乡镇政府部门，以及部分村级组织。同时，组织团队进行了部分现场访谈和调研。其中：

2月20日至26日，由国家发改委农经司原司长高俊才带队，到潍坊市发改委、安丘市、青州市、潍城区等地进行了现场调研和专题访谈，与潍坊市委、市发改委、安丘市、青州市等领导，部分乡镇、村庄，以及潍坊工程职业学院、潍坊市博物馆、潍坊市帛方纺织有限公司、潍坊麓台书院、潍坊世纪泰华集团有限公司等职业院校和企业人员进行了座谈或现场调研，听取了各方建议和意见。调研组还派人到山东菏泽市单县高韦庄镇、安徽濉溪县等地进行了现场调研和问卷调查。

本次"乡村振兴战略"书面访谈和现场调研的内容，包括但不限于：地方经

---

① 注：本调研报告由吴维海博士牵头组织实施，获得"国家发展改革委2018年春节返乡调研报告"二等奖，2018年由国家发改委张勇副主任颁发证书并给予表彰，国家发展改革委人事司、机关党委等发文并给予鼓励。

② 课题组成员

高俊才：国家发改委农经司原司长

吴维海：国家发改委国际合作中心执行总监、研究员兼国合华夏城市规划研究院执行院长

杨 萍：山东省农科院副研究员

吴秋寒：国合华夏城市规划研究院课题研究人员

孙 鲁：国合华夏城市规划研究院课题研究人员

宋 岩：国合华夏城市规划研究院课题组成员

吴 玥：本课题组成员

崔文岭：国合华夏城市规划研究院课题组成员

济现状；地方政府乡村振兴战略的主要政策、产业基础、发展机遇和主要问题、可能挑战；各地政府在实施的乡村振兴计划和重点工程，主要经验和采取的措施；2018—2020年推动经济转型和乡村振兴战略过程中可能的战略布局、重点任务、发展策略和需要的资源；当地乡村振兴战略面临的阻力、问题和制约瓶颈及当地人民群众的主要关注点和希望解决的核心问题；希望上级政府给予的特殊政策、资源和服务；预计到2020年实施乡村振兴战略可能的目标、基本原则、重点指标；地方在深化乡村振兴战略方面的体制和机制改革建议；完善农村承包地"三权分置"制度及宅基地所有权、资格权、使用权"三权分置"问题；培育新型职业农民问题；深入推进农村集体产权制度改革和集体经营性资产股份合作制改革；农村旅游产业、养老产业、电商、品牌发展状况及农村文化和乡村治理等。

本次问卷访谈设计了33个问项，共收回有效问卷150余份，调查问卷的题目包括各地区居民和社会各界对乡村振兴战略的政策满意度、熟悉程度，当地乡村经济现状、产业基础、问题、居民满意度、村级自治冲突、微腐败问题，各地乡村振兴战略的预期目标、实施政策和可能的措施等。

二、调查过程和方法

本次调研采取了模型分析法、调查问卷法、非现场访谈法、现场座谈法、实地调研法、案例分析法、统计分析法、归纳分析法和对比分析法等研究方法。

调查时间从2018年2月8日开始到2月26日结束。

三、调研主要发现和问题及挑战

（一）主要发现

初步归纳，各地区实施乡村振兴战略呈现以下特点：

1. 各地较为重视农村农业发展，乡村振兴战略具备良好环境。调研发现，各地政府普遍重视"三农"工作，坚持把解决好"三农"问题作为各项工作重中之重，积极推进农业现代化、美丽乡村建设、农业供给侧结构性改革等，农业农村发展取得了新的成就。农业生产能力不断增强，农民收入持续增长，农村民生全面改善，脱贫攻坚取得成效，农村生态文明建设加强，农民获得感提升，农村社会和谐稳定。农业农村发展取得的成就和"三农"工作积累的经验，为实施乡村振兴战略奠定了基础。

调查认为，国家乡村振兴战略是对过去农业农村发展的综合、提升、丰富和超越，是综合考虑协调发展要素，统筹城乡关系、改善生态环境、增进社会公平等各方面要素的总体战略和顶层设计。这一战略的提出，为各地优先发展农业农村，缩小城乡差距，转变过去以城带乡、以工促农、以点带面的单向发展理念为城乡互动、工农互补、点面结合的多维发展理念，为各地优化资源配置、新旧动能转换、城乡互动发展等指明了方向，从政策层面提供了机遇和更大的操作空间。

2. 地方县市乡镇农村农业差异较大，发展模式各不相同。调研发现，各地农村农业产业现状和经济基础差异较大，各地发展优势、重点和发展模式也各不相同。如北京市平谷区作为"京津冀协同发展桥头堡"和北京的"后花园"，经济实力较强，2017年全年实现农业总产值39.8亿元；农民人均可支配收入23760元，同比增长8.7%。该区实施以生态带产业的发展思路，生态保护任务重，乡村振兴注重体现绿色、生态、环保等理念，注重夯实农民主体地位、增进农民福祉。

潍坊市临朐县东城街道作为典型的工业化街区，乡村经济结构以工业经济为主、农业经济为辅，街道辖区有企业600余家，涵盖铝型材、机械、电子、化工、纺织、商贸物流等十多个门类。其中铝型材产业是临朐县东城街道的特色主导产业、支柱产业，有近30年的发展历史，现有铝型材生产加工企业53家，关联配套企业264家，产业集群年产值达200多亿元。发展起江北建材城、江北物流城等专业市场7个，是中国江北最大的铝型材集散地，被评为"中国铝型材产业基地"，临朐县也由此荣膺"中国（江北）铝型材第一县"称号。2017年，临朐县实现财政总收入7.2亿元，一般公共预算收入4.2亿元，同比分别增长21%和20%。该县是典型的工业反哺农业的发展模式。

山东省东营市垦利区依托沿海优势和黄河入海口的特殊地理位置，大力发展特色养殖、旅游等产业，走出了生态优先、农旅结合、创新产业的路子。2017年，实现地区生产总值440亿元，同比增长7.3%；一般公共预算收入22.7亿元，同口径增长12.5%；完成固定资产投资318亿元，增长7%；城镇居民、农村居民人均可支配收入达到41370元、16947元，分别增长7.9%、8.6%，为全面推进乡村振兴战略打下了坚实经济基础。在下一步乡村振兴的工作中，该区重点探索和推动涉农产业的生态环保技术、休闲生态农业、现代服务业等发展模式和重点示范项目。

山东省泰安市肥城高新区通过创建省和国家级高新技术产业开发区，享受了省和国家高新区政策，从"区镇合一""区街合一""区处合一"等园区与地方的合署办公过渡到"划定区域、独立设置"，探索出了城乡融合的园区化发展模式。2017年，完成主营业务收入102亿元，利税7.8亿元，分别比上年同期增长16%和26.3%；完成固定资产投资125亿元，同比增长26.2%；实现地方财政收入3.82亿元，其中工商税收1.86亿元，同比分别增长6.42%和24.83%。今后几年，该区将在以工促农、一、二、三产业融合和产业特色化等领域进行示范试点。

山东省潍坊市寿光市和菏泽市东明县、单县的调研分析发现，这三个县区均为传统农业市县，两地经济实力差距较大。寿光是"中国蔬菜之乡"，农业是寿光的金字招牌，拥有农产品物流园大市场、菜博会大平台、国家现代蔬菜种业创新创业中心等一批高科技基地和数以万计懂技术的农民，特别是近年来，寿光市通过大棚"两改"，推动了蔬菜产业升级换代，智慧产业化、产业智慧化、质量全链条监管等做法走在了全国前列。全市现有蔬菜面积60万亩，年产450多万吨，种子种苗企业数量达300多家，培育了50个具有自主知识产权的蔬菜新品种，年育苗量达15亿株。2016年以来，全市新建第五代高标准大棚1.6万多个、面积9万亩，农民直接增收20多亿元。先后被评为"国家现代农业示范区""全国农业标准化生产示范县""国家农产品质量安全县"等。寿光已经走出了依靠知识和创新引领高效农业发展的新路子。山东省东明县、单县是传统贫困县，发展现代农业的基础设施还有待完善，各类项目尚在起步阶段。对于未来的乡村振兴战略，这两个县可以在农产品精深加工、农产品平台交易、新型职业农民和对外开放等领域有所布局。

3. 乡村振兴规划均刚起步，有待进一步创新完善。从部分地市县区和乡镇调研来看，山东省潍坊市、青州市、安丘市，安徽省濉溪县等地区，开始研究和着手编制乡村振兴战略。北京市平谷区、山东省肥城市等县市区已经初步研究和编制了乡村振兴规划；有的地区在此之前，对本地区的农业农村经济发展制订了农业领域的规划方案，如东营市垦利区等。但总体来看，这些已有的乡村振兴规划的总体目标、发展路径和行动计划尚不完善，存在就事论事、定位不高、缺乏可操作性的制度办法和政策体系等问题，需通过进一步调查研究，明确新的思路和行动计划。

（二）问题及挑战

调研发现，各地在乡村经济转型和乡村振兴过程中存在的问题和挑战具有共性和普遍性，主要的问题和挑战大致包括：

1. 乡村振兴的政策和资源资金投入不足。多数被调查单位在乡村振兴和农业农村经济发展工作中的规划缺少，或者规划目标过低，本地区扶持政策不多、涉农投资规模不大，农业农村发展需要的资源支撑不够。

2. 村级发展不平衡，落后村与先进村的差距大。从调研的部分乡镇和村集体2017年的经营性收入看，整体收入水平有所提升，但是绝大部分收入的增幅来自于发展较快的村庄。个别产业薄弱的村庄村组织不健全、工作畏难发愁、等靠盼上级政策的问题突出，缺少稳定的集体产业和规模化的产业项目。

3. 农业农村产权和经营权改革阻力大。农村经济转型中的土地制度改革、农村集体经营性资产股份制改革等关系农民群众切身利益的重大改革，受历史、宗族、人际关系、制度、法律法规不健全、资源缺乏等因素影响，情况错综复杂，整体推进难度较大。

4. 村庄面貌改善和生态环境欠账多。局限于本地区管理人员思路、资金、人才等因素的影响，部分乡镇的美丽乡村建设浮于表面，许多村集体没有足够的资金开展生态治理和美丽乡村建设，没有前瞻的规划思路和技术带头人。需要各级政府出台优惠政策引导，尽快研究制定美丽乡村、特色小镇和生态环保重大项目、节能环保龙头企业的扶持政策、专项资金，引导和整合各方资源，上下联动，以点带面，加大农业农村的绿化美化投入，持续改善乡村面貌，尽快建设宜居宜业美丽乡村。

5. 农村基础设施和公共服务水平低。与城市相比，不少的农村在居住、采暖、交通、教育、医疗、购物、金融服务等与生活紧密相关的公共品供给方面存在明显的差距，农村旱厕、污水处理、冬季取暖燃煤污染等问题仍然存在，农业道路管网、通信设施和医疗教学条件等设施不健全。相关服务和设施需要更多的政策、资金和项目支撑与保障。

针对各地区乡村振兴战略推进中存在的问题和挑战，一些地方政府开始研究制定适合本地特色的乡村振兴目标和解决方案，如东营市垦利区地处黄河口防汛区域，该地区所在的黄河南展区是20世纪70年代为解决黄河下游麻湾至王庄窄河段防凌防汛问题，由原国家计委、水电部批准而设立的黄河下游蓄滞洪区。黄河南展区工程于1971年兴建，1978年完成主体工程，南展大堤全长38.65公里，面积123.33平方公里。垦利区境内南展大堤长28.15公里，面积96平方公里，涉及房台47个村、10851户、32651人。40余年来，由于受蓄滞洪区功能的影响，区内土地利用和产业开发受到政策限制，水电路讯等基础设施不完善，产业发展滞后，群众生产生活环境较差，区内农民人均纯收入仅为全区平均水平的56.6%，房屋大多是20世纪70年代建设的土坯房，人均居住面积11平方米，仅为全区平均水平的29.4%，且住房陈旧简陋，大多已成危房。地方拆迁改造工作虽取得了一定成果，但项目实施以来，无论是资金筹措、项目配套、土地指标等方面都遇到了不少困难，仅靠市区两级实施此项工程，压力大，后劲不足。为了尽快改变该地区落后的乡村面貌，当地政府提出了"改善黄河南展区居民生产生活条件"的实施计划，加大了财政投入，积极筹措专项资金，争取山东省政府等对南展区搬迁改造工作的资金支持和政策扶持。再如生态环保、节能减排与安全生产是乡村振兴战略面临的主要问题。为了打造有机、生态蔬菜的地区品牌，寿光市聚焦解决当地蔬菜的农残、药残超标和蔬菜废弃物处理等老大难问题，主动塑造寿光蔬菜的安全品牌，促进了乡村振兴重点工程的全面落地。

（三）主要任务和振兴路径

访谈和调研发现，各地市县区、乡镇和村庄等在乡村振兴战略过程中打算采取的主要措施如下：

1. 强化顶层设计。各被调查单位注重研究国家经济形势，聚焦当地优势资源，大力发展特色产业，推动农业农村的生产发展。如寿光市优先发展蔬菜产业，适时促进农业转型升级；青州市聚焦花卉产业，实施产业链上下游延伸，塑造全国著名花卉城市的品牌形象；东营市垦利区优先发展海水养殖和农旅结合的新兴涉农产业，打造黄河口生态养殖和休闲农业的区域形象；等等。下一步，各地区如何结合国家和各省乡村振兴战略的总要求，研究并编制地市、县市区、乡镇街道和村级专项规划和行动计划，是各级政府当前重要的、首要的工作。

编制各级乡村振兴战略的规划模型和思路，如图1所示。

2. 加强重大项目建设。重点筛选和引进重大农业农村产业项目，通过推进农村土地和集体经济改革，引进和开发重点涉农项目，实现涉农产业聚集和产业链延伸，提高农业产业聚集能力，推动涉农产业健康发展，提高农业农村的资产性收入水平。

3. 发展乡村文化教育产业。增强制度自信和文化自信，加强新型职业农民培训，提高农民综合素质。强化优秀农村农业文明挖掘和农业文化建设，提高农业文化的软实力。

4. 改善乡村生态环境。结合各地区、各县乡镇的棚户区改造、农村环境整

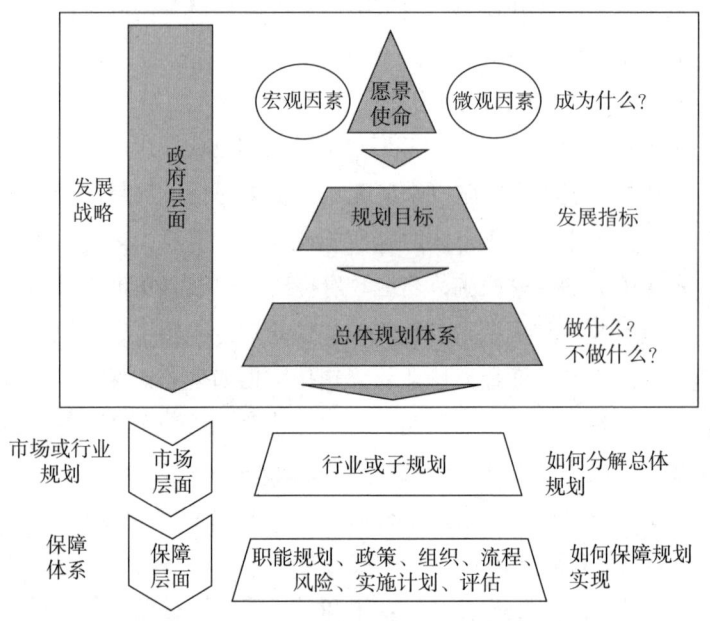

图1 乡村振兴战略的规划

治、城乡一体化建设等部署,改善村民交通、居住和就业环境,建设村容整洁、生态宜居的美丽乡村。

5. 加强乡村治理。在村级层面加强党的建设,坚持把党建工作作为总统领,从严从实推进基层村组织党的建设。加大乡村微腐败的治理,确保基层党组织发挥在经济发展、民生改善、服务群众等方面的堡垒作用,建立健全管理民主的乡村治理体系。

四、问卷分析结果

根据回收的150余份问卷调查结果进行数据分析与探讨,主要反映出以下情况。

(一)受访者认可政府在农业、农村发展方面作出的努力,但对基础公共服务和收入现状仍存在不满意

在问卷设计的对政府政策态度的问题上,如"您认为当地政府对农业、农村的重视程度""您对所在地区乡村(农业、农民、农村)的政府补贴、财政投资、政策扶持和金融融资便利性等的满意程度"等问题,调查结果都显示没有人选择否定选项,表明政府政策措施运用得当,得到了群众认可。

对于农村现状感受问题,如"对比我国和欧美国家乡村(农业、农民、农村)生活便利和收入情况,您对我国乡村居民收入和便利性的满意程度""您对所在地区乡村的基础设施建设(道路、取暖、医疗、养老设施)现状的满意程度""您对所在地区乡村的公共建设服务(文化建设、教育、厕所卫生)满意程度""您所在地区农业、农村的道路交通、医疗养老和教育便利等基础设施,与城市比较差距"等问题,调查结果显示每个人的感受不一致,仅有一半左右的被调查者表示了肯定,不少人对现状表示不满,甚至特别不满意。

其中:男性被访者对我国乡村居民收入和便利性的满意程度总体上比女性被访者更低;被调查对象对乡村基础设施的满意程度上,男性跟女性的态度差异不大,但是更多男性认为与城市相比,农村的基础设施差距较大;对乡村公共服务的现状持肯定或居中态度上男女基本持平,但男性的不满意程度明显偏高。

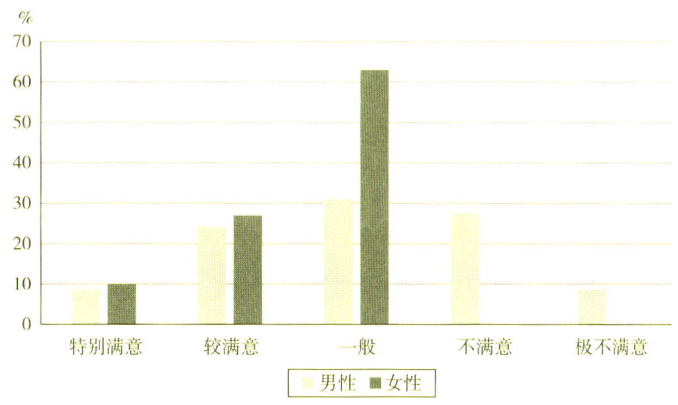

图2 对乡村居民收入和便利性的满意度

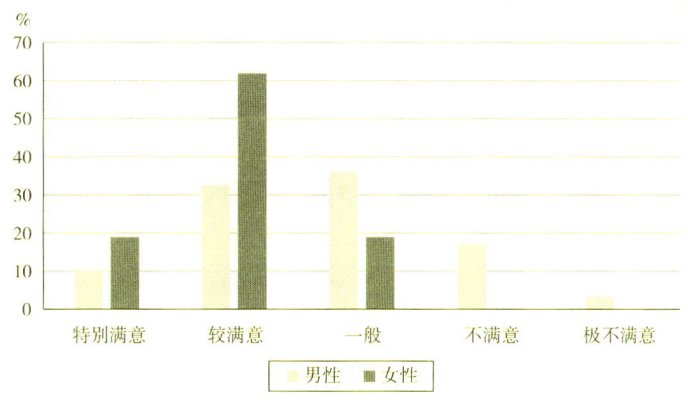

图3 对乡村基础设施满意度

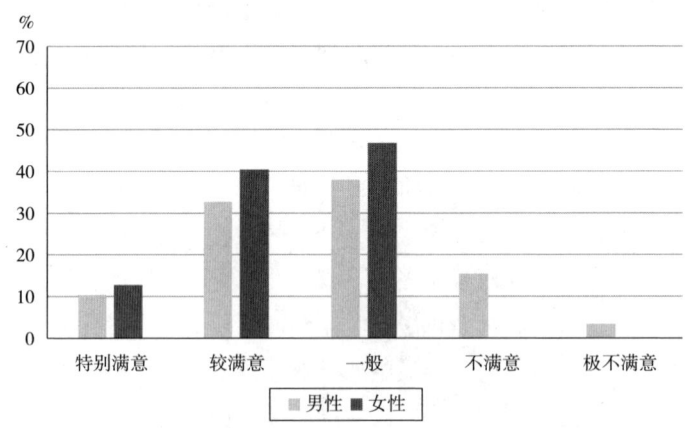

图 4　对乡村公共服务满意度

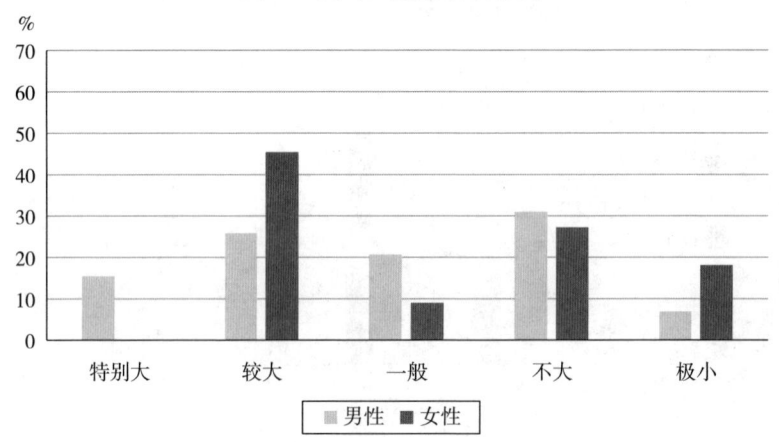

图 5　对农村与城市基础设施差距的看法

（二）"乡村振兴战略"已深入人心，但具体措施步骤需明确

调查结果显示，86%以上的被访者表示听说过"乡村振兴战略"，并认为"乡村振兴战略"和"新型城镇化""特色小镇"相关，对当地政府实现"乡村振兴战略"目标有信心，说明被访者普遍对"乡村振兴战略"都有所了解。同时，调查发现，一般职员明显比科级或中层被访者对实现乡村振兴目标更有信心；年龄越小的被访者对实现乡村振兴越有信心，如图6、图7所示。在如何实现问题上，86%以上的被访者选择了"当地政府编制和实施县、乡、村三级乡村振兴战略规划"，其中，有平均45%以上不同年龄段和职位层次的人对实现乡村振兴战略目标充满信心。

附件1　基层乡村振兴战略现状和实施建议

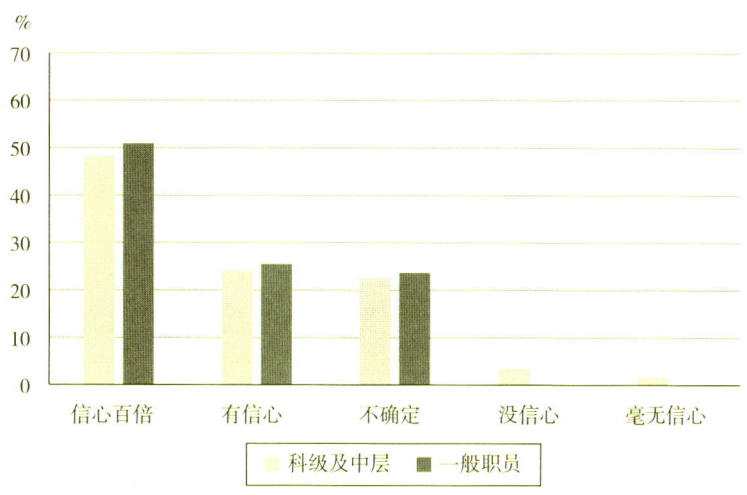

图6　不同职位被访者对当地实现乡村振兴目标的信心

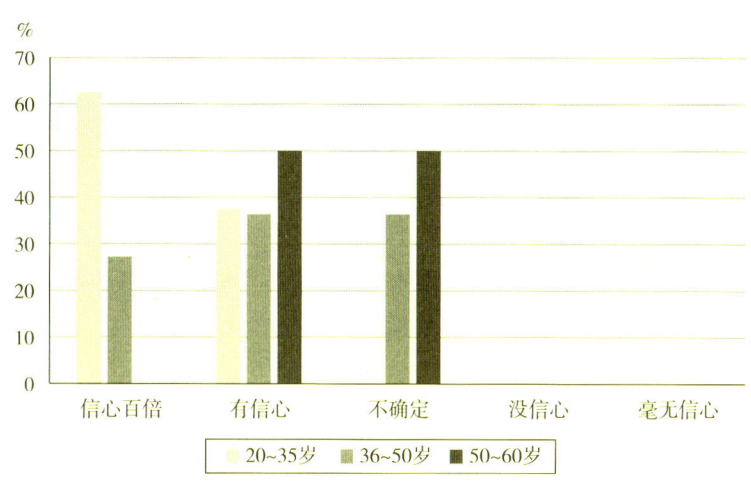

图7　不同年龄对当地实现乡村振兴目标的信心

（三）在农村土地政策改革、农村集体经济发展等关系农民重大民生关键问题改革上，尚未形成广泛和一致的民间共识，折射出当今农村涉农主体利益出现分化，需要深化乡村治理与产权体制改革

在针对农村土地政策、农村集体经营性资产改革等具体改革问题上，调查显示被访者尚缺乏全面的认识，对政策的态度也不尽一致，政府要做的工作还很多。如"您对农民的土地、宅基地和承包权被涉农企业、农业合作社进行总体承

包和统一经营满意吗"这一问题，72%的被访者表示"特别满意"或"满意"，这从侧面说明目前涉农企业、合作社进行土地承包和统一经营是目前比较受欢迎的土地经营形式，但也说明农民缺乏对其他土地经营形式和资产性增收的了解。当问及"您认为所在地区投资机构到农村承包土地经营对您的收入是否有贡献"时，被访者态度很不一致，如图8所示，只有合计60%的被访者认为"特别有"或"较有"贡献，认为贡献"不大"或"极小"及"一般"的仍有40%，说明投资机构到农村承包土地经营这一形式尚未得到认可。针对"您对当地政府目前实施的农业补贴政策、土地承包政策和宅基地流转政策的满意程度""您认为所在地政府对农村集体经营性资产股份合作制改革的支持力度"，给予肯定答案的仅分别占68%和76%。从被访者职位层级来看，一般员工总体满意度比科级或中层人员低，但科级或中层被访者未出现否定情形。而一般员工对"当地政府在农村集体经营性资产股份合作制度改革的支持力度"问题上，有14%选择了否定，如图9、图10所示，显示在土地和农村集体经营性资产股份合作制改革这些涉及农民切身利益的重大改革中，尚需更多的政府顶层设计工作来落实和完善相应的制度和办法。

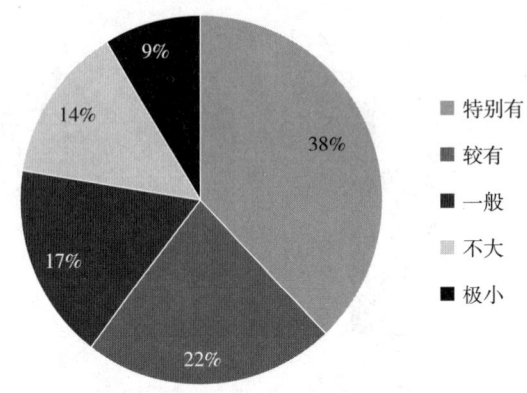

图8　投资机构到农村承包土地经营对农民收入是否有贡献

（四）在改善农村创业环境方面，政府亟须出台政策措施以加强人才引进与培育、农业产业化人力资源建设

在"您对所在地区乡村的政府职业培训、农民返乡就业的满意程度""您认为当地政府带动村民就业增收的支持力度""您认为当地政府对乡镇龙头企业的支持力度"3个问题中，选择肯定选项的比例分别为63%、64%、63%；有63%的被访者希望当地政府对乡村建设和农业加大投资力度，表明尚有接近一半的被访者对政府在营造农村创业环境方面的工作不予认可。在"您认为大家不愿意返

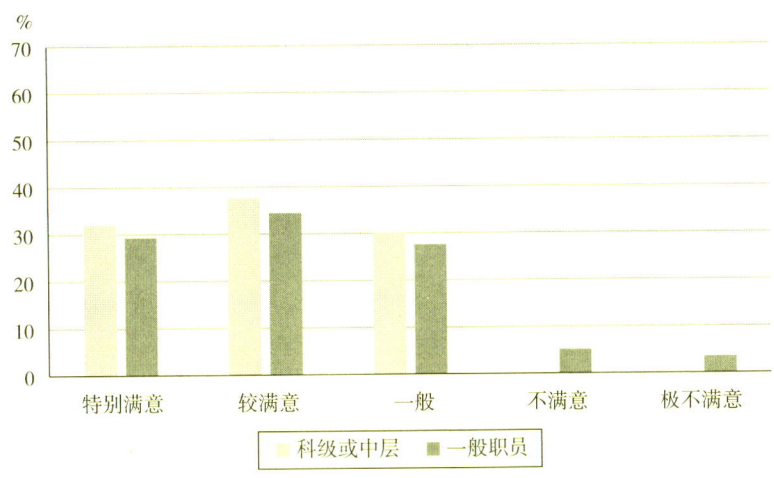

图9　对当地政府目前实施的农业补贴政策、土地承包政策和宅基地流转政策的满意程度

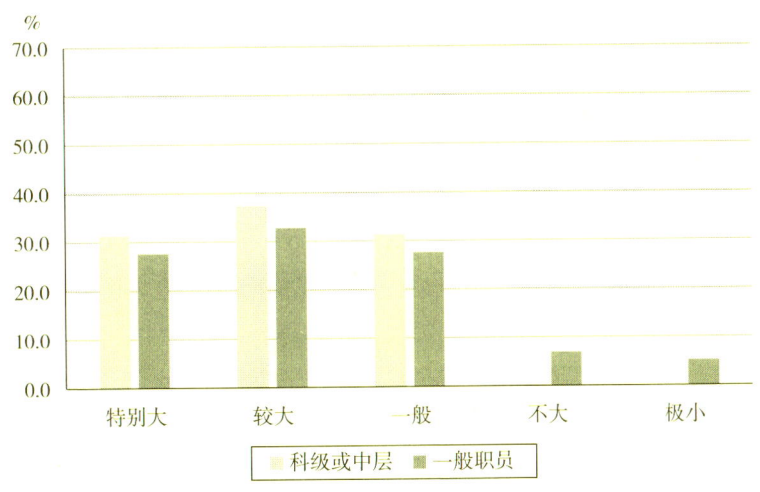

图10　所在地政府对农村集体经营性资产股份合作制改革的支持力度

乡创业的原因"调查中,选择最多的是"没有创业环境"和"不知道该做些什么",说明在营造农村创业环境和创业引导这两方面政府的服务工作有待加强。在"您认为当地政府对培养新型职业农民支持力度"和"您认为当地政府引进高端人才的支持力度"两个问题中,选择肯定选项的比例分别为73%和37%,表明新型农业职业化人力资源的发展提升是未来农业产业化提质增效的内在诉求和关键动力。

（五）农村社会经济信息化趋向明显，互联网深入农村生活，农民对食品安全和产品打假的民生问题关注度高

被访者全部是互联网用户，其中57%的被访者表示在互联网上卖过东西，说明互联网已经不仅是人们的交流平台，更成为营商平台，走入千家万户。在"您对所在地区的生态环境、空气质量、土壤污染等的满意程度"和"您对所在地区乡村的农副产品生产能力和品质的满意程度"两个问题中，选择"特别满意"和"满意"的合计比例分别为70%和80%，对上述两个问题，男性的满意程度优于女性，如图11和图12所示。值得注意的是，有18%的被访者表示对乡村食品安全和政府打击假货"很不满意"，说明直接影响人们健康的食品安全问题和假冒伪劣商品是人民的重大关切问题，需要常抓不懈，重拳出击。

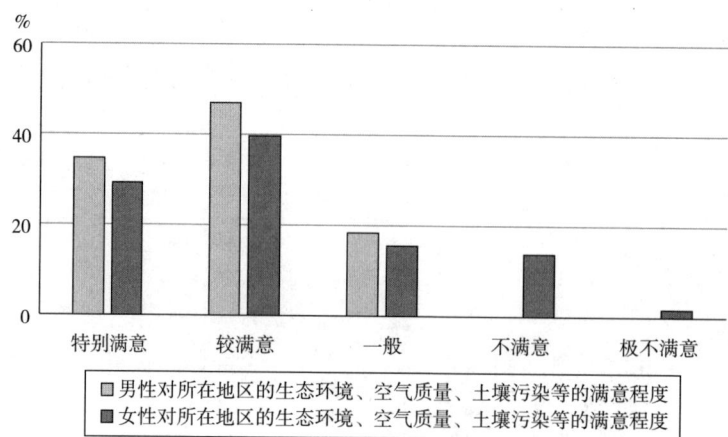

图11　对环境的满意度

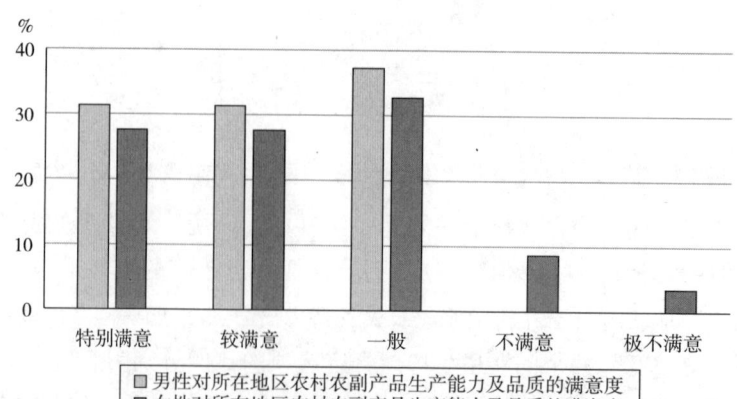

图12　对农副产品的满意度

（六）农业相关收入占个人收入比重很低，农业三产融合度小，农民难以通过农业提高收入，显示农业产业化重塑空间巨大

参与调查的乡村人员年龄在 20 岁至 60 岁之间，属于从事农业生产生活的主要人群。从个人年收入、个人农业收入、个人从事制造业（如加工罐头、制作器械）带来的收入、个人从事服务业（如休闲观光、游客采摘、农家乐等）带来的收入四个维度来分析农村一、二、三产业对农村收入的影响程度，从图 13、图 14 中可以看出，占据主要比重部分（1000~5000 元，71%）的年收入区间中，农业制造业带来的收入、农业服务业带来的收入占调查人员收入比例非常低，均不足 20%，乡村中涉农服务业占比较低，由此说明农业产业链延伸不够，农村一、二、三产业融合度不足。

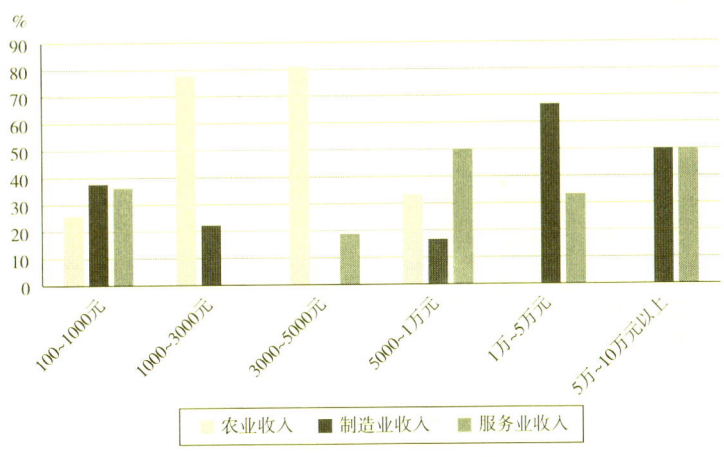

图 13　不同区间农业相关年收入来源属性权重对比

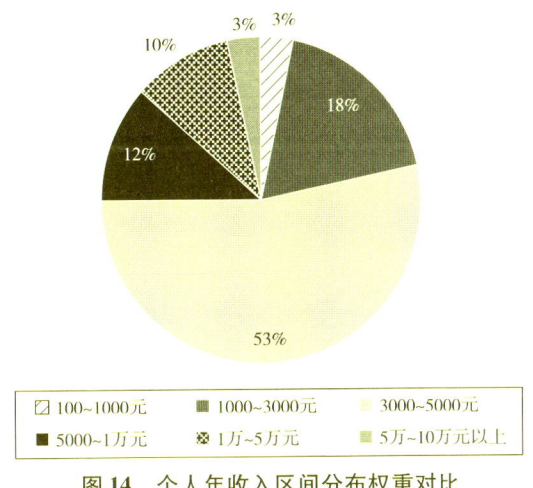

图 14　个人年收入区间分布权重对比

（七）乡村治理成效差强人意，村级组织的小微权力腐败现象普遍，精准扶贫工作有待提升

在"您对所在地区乡村的乡村书记、村主任的换届选举的满意程度"和"您对所在地区乡村的村书记、村主任的履行职责、业绩表现和做事公正的满意程度"这两项满意度调查中，如图 15 所示，未有被访者选择否定的选项，选择"满意"的居多，且男性满意度优于女性。在"您认为当地村一级组织的小微权力腐败现象（村账务不公开、侵吞村集体资产、选举受贿、宗族势力等）的严重程度"这一调查中，31% 的受访者认为"不严重"，但有合计 37% 的受访者认为"特别严重"和"严重"，如图 16 所示，显示村级组织的小微权力腐败现象非常普遍，应引起高度重视和关注。

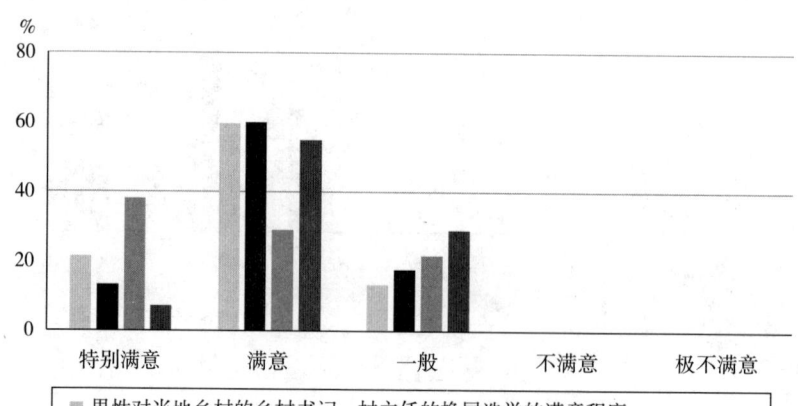

图 15　对乡村治理的满意度

在对精准扶贫工作满意度的调查中，有 73% 的受访者持"很满意"和"满意"态度，但仍有 3% 的被访者表示"很不满意"，表明精准扶贫工作有待进一步加强。

五、对策建议

针对春节期间对各地区基层政府、乡镇、村庄的乡村振兴战略调研分析，提出下一步乡村振兴战略的实施策略和建议。

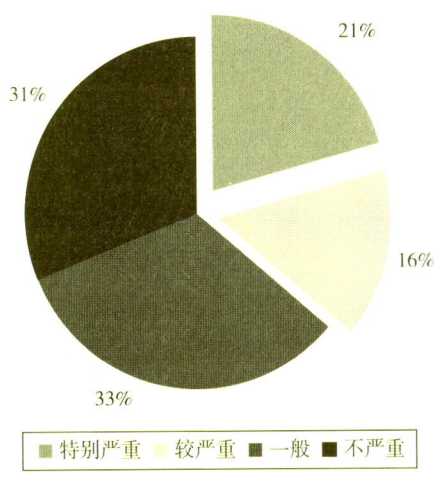

图 16　对小微权力腐败程度的认识

（一）研究制定各省、市、县、乡、村落实"乡村振兴战略"的专项规划、实施方案、关键路线图

明确具体任务，加快推进实施，且在上述规划、实施方案、路线图等制定过程中加强基层参与，特别是涉农企业和农民参与，一方面有利于政策落地，另一方面有利于政策宣传。同时，加快调整县域三产结构比例，推进新旧动能转换，发展新动能，提高工业产业，尤其是现代服务业产业占比，实现县域经济发展新突破。

（二）转换政府农业农村发展观念，实施农业战略突围

彻底解决部分政府领导重工轻农的错误观念，真正理解和全面落实国家乡村振兴战略部署，探索乡村振兴的新道路、新模式，推进农业现代化发展，构建现代化农业生产经营体系，优化和延伸农业产业链，加快三产融合，打造区域特色农产品品牌，规划实施农业特色小镇、田园综合体等综合项目，凸显"一村一品"，打造县域乡村振兴新品牌。

（三）出台乡村振兴扶持政策

国家各部委出台相关配套支持政策，同时给予地方政府和部门更大的自主权。金融政策和具体措施向乡村建设倾斜，鼓励金融机构创新金融形式，更多地参与乡村振兴类项目，对于农业主体贷款从事经营活动给予更多优惠。加强各级政府对农业农村人才的集中派遣、政策引导，加强涉农人才和专业技术培训，营造良好的人才发展环境；积极鼓励各类人才投身乡村振兴战略的创新创业，吸引

农村人才返乡创业，鼓励人才投身农村建设和涉农产业。鼓励地方政府将乡村振兴与我国"一带一路"倡议、"G20峰会"、"金砖国家峰会"、亚投行建设等重大国际交流和涉农项目结合，整合国际、国内两种资源，为地方乡村振兴提供国际化的资源平台和实现道路。鼓励地方政府将乡村振兴的传统产业转型升级和人工智能、大数据、新材料等新兴产业结合起来，对新兴产业发展给予专门的政策、税收等优惠。

（四）加强精准扶贫工作

强化产业扶贫和项目扶贫，优先做好农业农村精准扶贫管理。针对当前在农业农村领域存在的扶贫弊端和问题，改进精准扶贫的机制和方法，提高精准扶贫的质量和效率。

（五）实施项目带动战略

以重点项目和重大工程促进农业产业聚集、农民就业和农业增收。强化各级财政的农业投入，培育新兴产业，促进农业合作组织和涉农企业通过以工促农、以技术推动传统农业转型、以生态环保带动美丽乡村建设，真正体现青山绿水也是生产力。

（六）乡村治理强化自治德治

完善乡村综合治理机制，增强党建的主体责任，对村级小微权力腐败等群众反映强烈的问题进行严厉惩治，让农民感受到公平公开公正，增强获得感和幸福感。

基层"乡村振兴战略专题"调研问卷
（请您单项选择并回答本问卷）

1. 您认为当地政府对农业、农村的重视程度＿＿＿（单选）

　　A. 特别高　　B. 较高　　C. 一般　　D. 不高　　E. 极不重视

2. 对比我国和欧美国家乡村（农业、农民、农村）生活便利和收入情况，您对我国乡村居民收入和便利性的满意程度＿＿＿（单选）

　　A. 特别满意　　B. 较满意　　C. 一般　　D. 不满意　　E. 极不满意

3. 您对所在地区乡村（农业、农民、农村）的政府补贴、财政投资、政策扶持和金融融资便利性等的满意程度＿＿＿（单选）

　　A. 特别满意　　B. 较满意　　C. 一般　　D. 不满意　　E. 极不满意

4. 您对所在地区乡村的基础设施建设（道路、取暖、医疗、养老设施）现状的满意程度＿＿＿（单选）

　　A. 特别满意　　B. 较满意　　C. 一般　　D. 不满意　　E. 极不满意

5. 您对所在地区乡村的公共建设服务（文化建设、教育、厕所卫生）满意程度____（单选）

　　A. 特别满意　　B. 较满意　　C. 一般　　D. 不满意　　E. 极不满意

6. 您所在地区农业、农村的道路交通、医疗养老和教育便利等基础设施，与城市比较，差距____（单选）

　　A. 特别大　　B. 较大　　C. 一般　　D. 不大　　E. 极小

7. 您听说过"乡村振兴战略"吗____（单选）

　　A. 非常熟悉　　B. 较熟悉　　C. 一般　　D. 不知道　　E. 从未听说

8. 您认为"乡村振兴战略"和"新型城镇化""特色小镇"的相关程度____（单选）

　　A. 强相关　　B. 有关联　　C. 不清楚　　D. 不相关　　E. 无任何关联

9. 您对农民的土地、宅基地和承包权被涉农企业、农业合作社进行总体承包和统一经营满意吗____（单选）

　　A. 特别满意　　B. 较满意　　C. 一般　　D. 不满意　　E. 极不满意

10. 您认为所在地区投资机构到农村承包土地经营对您的收入是否有贡献____（单选）

　　A. 特别有　　B. 较有　　C. 一般　　D. 不大　　E. 极小

11. 您对当地政府目前实施的农业补贴政策、土地承包政策和宅基地流转政策的满意程度____（单选）

　　A. 特别满意　　B. 较满意　　C. 一般　　D. 不满意　　E. 极不满意

12. 您认为所在地政府对农村集体经营性资产股份合作制改革的支持力度____（单选）

　　A. 特别大　　B. 较大　　C. 一般　　D. 不大　　E. 极小

13. 您对所在地区农村农副产品生产能力及品质的满意度____（单选）

　　A. 特别满意　　B. 较满意　　C. 一般　　D. 不满意　　E. 极不满意

14. 您是否通过互联网卖东西____（单选）

　　A. 是　　B. 否

15. 您在互联网上卖的东西一般是____（单选）

　　A. 农副产品类　　　　　　B. 手工艺品类

　　C. 土特产类　　　　　　　D. 服务类（培训等）

16. 您对所在地区乡村的政府职业培训、农民返乡就业的满意程度____（单

选）

  A. 特别满意 B. 较满意 C. 一般 D. 不满意 E. 极不满意

17. 您认为所在地区农村年轻人是否愿意返乡创业____（单选）

  A. 是   B. 否

18. 您认为大家不愿意返乡创业的原因____（单选）

  A. 政府政策不到位   B. 没有创业环境

  C. 不知道该做些什么   D. 没有专业技能

  E. 城市创业更好   F. 其他

19. 您认为当地政府带动村民就业增收的支持力度____（单选）

  A. 特别大 B. 较大 C. 一般 D. 不大 E. 极小

20. 您认为当地政府对乡镇龙头企业的支持力度____（单选）

  A. 特别大 B. 较大 C. 一般 D. 不大 E. 极小

21. 您对所在地区文化旅游、健康养老等产业发展的满意程度____（单选）

  A. 特别满意 B. 较满意 C. 一般 D. 不满意 E. 极不满意

22. 您认为当地政府对培养新型职业农民支持力度____（单选）

  A. 特别大 B. 较大 C. 一般 D. 不大 E. 极小

23. 您认为当地政府引进高端人才的支持力度____（单选）

  A. 特别大 B. 较大 C. 一般 D. 不大 E. 极小

24. 您对所在地区的生态环境、空气质量、土壤污染等的满意程度____（单选）

  A. 特别满意 B. 较满意 C. 一般 D. 不满意 E. 极不满意

25. 您对所在地区乡村的食品安全、政府打击假货的满意程度____（单选）

  A. 特别满意 B. 较满意 C. 一般 D. 不满意 E. 极不满意

26. 您对所在地区乡村的乡村书记、村主任的换届选举的满意程度____（单选）

  A. 特别满意 B. 较满意 C. 一般 D. 不满意 E. 极不满意

27. 您对所在地区乡村的村书记、村主任的履行职责、业绩表现和做事公正的满意程度____（单选）

  A. 特别满意 B. 较满意 C. 一般 D. 不满意 E. 极不满意

28. 您认为当地村一级组织的小微权力腐败现象（村账务不公开、侵吞村集体资产、选举受贿、宗族势力等）的严重程度____（单选）

A. 特别严重　　B. 较严重　　C. 一般　　D. 不严重

29. 您对当地政府实施的精准扶贫工作的满意程度____（单选）

A. 特别满意　　B. 较满意　　C. 一般　　D. 不满意　　E. 极不满意

30. 您认为当地政府编制和实施县、乡、村三级乡村振兴战略的必要性____（单选）

A. 特别必要　　B. 很必要　　C. 一般　　D. 没必要　　E. 毫无用处

31. 您希望当地政府对乡村建设和农业的投资程度，应该____（单选）

A. 加大投资　　B. 投一点　　C. 无所谓　　D. 不投资　　E. 绝不投资

32. 您对当地政府实现"乡村振兴战略"目标的信心____（单选）

A. 信心百倍　　B. 有信心　　C. 不确定　　D. 没信心　　E. 毫无信心

33. 填表人的基本信息

A、性别____（单选）

A. 男　　　　　B. 女

B、年龄____（单选）

A. 小于20岁　　B. 20～35岁　　C. 36～50岁　　D. 50～60岁　　E. 60岁以上

C、您的职业____（单选）

A. 政府公务员　　B. 事业单位　　C. 企业员工　　D. 农民　　E. 其他

D、您的职务____（单选）

A. 县处级及以上高管　　　　B. 科级干部或企业中层

C. 一般员工　　　　　　　　D. 无固定职业

E、您的学历____（单选）

A. 高中及以下学历　　　　　B. 大专或本科学历

C. 硕士学历　　　　　　　　D. 博士及以上学历

F、您的个人年收入____（单选）

A. 3000元以下　　　　　　　B. 3001元到3万元

C. 3万元到6万元　　　　　　D. 6万元到10万元

E. 10万元以上

G、在您的年收入中，农业带给您的收入____（单选）

A. 100元到1000元　　　　　B. 1000元到3000元

C. 3000元到5000元　　　　 D. 5000元到1万元

E. 1万元到5万元　　　　　　F. 5万元到10万元以上

H、在您年收入中，制造业（如加工罐头、制作器械）带来的收入____（单选）

A. 100 元到 1000 元　　　　B. 1000 元到 3000 元

C. 3000 元到 5000 元　　　 D. 5000 元到 1 万元

E. 1 万元到 5 万元　　　　 F. 5 万元到 10 万元

G．10 万元以上

I、在您的年收入中，服务业（如休闲观光、游客采摘、农家乐等）带来的收入____（单选）

A. 100 元到 1000 元　　　　B. 1000 元到 3000 元

C. 3000 元到 5000 元　　　 D. 5000 元到 1 万元

E. 1 万元到 5 万元　　　　 F. 5 万元到 10 万元

G. 10 万元以上

附件 2
ENCLOSURE 2

"美好生活"内涵与"美好生活指数"研究

吴维海

党的十九大提出了我国社会主要矛盾是人民日益增长的美好生活需求和不平衡不充分发展之间的矛盾的重大论断，这标志着我国经济社会发展理论与实践进入了新时代、新征程。在新的历史时刻，研究分析"美好生活"内涵及"美好生活指数"顶层设计，具有重大的理论和实践价值。

一、美好生活内涵及重要论断

研究发现，美好生活是与特定历史时代的发展水平相关联的。它是社会发展的最大价值公约数，它包含了对发展成果（财富等）的占有，精神价值与意义的体验、感受，以及主体（他人、群体和社会）之间的相互尊重、理解和合作等，它是公正社会的制度安排和充满理性、自由、开放氛围的生活。美好生活既包括"日益增长的物质文化需要"等"硬需求"，也包括人民的获得感、幸福感、安全感，人的尊严、权利、当家做主等"软需求"。

梳理"美好生活"研究与实践，贯彻领会党的十九大和习近平中国特色社会主义思想及重要论述，将"美好生活"的内涵定义如下：美好生活是在特定历史发展时期，一国的国民或个人享有的更多发展成果，广泛的自由、尊严、开放和安全的生活感受，人与自然、社会和自身关系协调、和谐、有机的生态生活，以及公正、包容的社会制度安排等。

二、"美好生活"的理论和实践演变

归纳"美好生活"的理论和实践，将其归纳为四个发展阶段。

（一）萌芽阶段：体现哲学特征的"美好生活"

时间跨度：公元前至17世纪之前。该阶段，古希腊的亚里士多德、德谟克利特、伊壁鸠鲁对美好生活进行了阐述和探索研究，他们将美好生活与物质、自由、快乐等相联系，提出了各自的定义和学说。其中：

亚里士多德。古希腊亚里士多德是第一个提出"美好生活"一词的哲学家，他认为：美好生活指一个人在拥有基本的物质需求后，经过审慎思考之后追求的生活方式。亚里士多德认为，美好生活包含自由，美好生活可定义为"理解"，理解的对象是知识，随着个人理解能力和知识的增多，可以达到更高层次的享受，从而实现美好。

德谟克利特与伊壁鸠鲁。古希腊唯物主义哲学家德谟克利特认为，"快乐和不适"构成了应该做和不应该做事情的标准。这种快乐主要是指精神快乐，灵魂的安宁，但不排斥物质的丰裕带来的幸福。古希腊哲学家伊壁鸿鲁继承发展了德谟克利特的理性主义幸福观，提出了"快乐论"的观点。

上述学者和哲学家的相关定义充满了哲学的意味，同时也有很强的时代局限性。

（二）发展阶段：体现唯物主义特质的美好生活

时间跨度：17世纪前后至20世纪初。该阶段，霍布斯、萨缪尔森等提出了个人欲望、基数效用论、序数效用论等美好生活的相关观点，逐步对美好生活进行了定性和量化研究。

霍布斯。17世纪，霍布斯采用朴素唯物主义的观点提出人的"本性利己"论，阐述了不断进取的个人主义的幸福观。他认为人生就是无限追求个人欲望满足的历程。19世纪之后流行的功利主义，追求"最大多数人的最大幸福"的福利幸福观，成为西方社会的主流。在大众幸福方面向社会福利转化，在个人幸福方面向物质追求转化。

效用论。自19世纪开始，西方思想家和经济学家提出幸福感的"基数效用论"，用数值把幸福感写作快乐、痛苦及持续长度等因素的数学算式。基数效用论认为效用大小是可以测量的，其计数单位就是效用单位。但这种方法实际上无法操作。后来，提出序数效用论，用排序法测量幸福，仍然难以测量。效用作为一种心理现象无法计量，也不能加总求和，只能表示出满足程度的高低与顺序。于是新古典主义经济学便将快乐约等于"欲望"。

（三）推广阶段：以量化测量和政府采纳为特征

时间跨度：大约在20世纪前后。各国在理论和实践上探索美好生活指数和公式等测量，从个人和国民等维度进行分层指标的探索与量化分析。

公式与量化测算。近代西方学者探索公式法和调查问卷等测试主观幸福感。经济学家萨缪尔森进行了国民幸福指数的研究，给出了计算幸福的方程式：幸福＝效用/欲望，把影响效用的因素分为物质、健康、自尊、环境、社会公正五类。马斯洛提出了多层需求理论。心理学家罗斯威尔结合马斯洛需求理论认为：幸福等于个性、生存需求和高级心理需求之和，包括幸福感本身的不同维度。澳大利亚心理学家库克将幸福指数分为个人幸福指数和国家幸福指数：个人幸福指数包括个人生活水平、健康状况、在生活中取得的成就、人际关系、安全状况、社会参与、未来保障等；国家幸福指数包括人们对国家当前的经济形势、自然环境状况、社会状况、政府、商业形势、国家安全状况等方面的评价。

函数测量。20世纪后期,随着全球心理学的逐步成熟,生物心理学家发现灵长类生物的大脑中有两个不同的神经系统——"欲望"与"体验",行为经济学家提出效用的二分法——决策效用和体验效用,前者(决策效用)指个人可以选择得到什么,从而实现心理满足;后者(体验效用)指个人对得到的东西的具体体验,这进一步深化和细化了人们对幸福感的认识。为了定量测算影响幸福感的主要因素,行为经济学和心理经济学家开始探索和将幸福感表示为由多种外部变量决定的一组函数。这些变量包括GDP、人均收入、就业率、预期寿命、有无医疗/养老保险、环境及安全等。

国家考核指数。随着幸福感用于衡量一个国家发展程度,不少国家将幸福感纳入发展考核中。20世纪,不丹提出以国民幸福总值替代GDP,作为政府管理的评价标准;美国、英国、法国、荷兰、日本等也开始了幸福指数研究,并编制了不同形式的幸福指数,联合国于2012年正式发布了首份《全球幸福指数报告》。幸福问题在我国逐步被重视,党的十八大报告明确提出了"共同创造中国人民和中华民族更加幸福美好的未来"的倡议。

(四)提升阶段:美好生活成为基本国策

时间跨度:21世纪以来,世界各国更加重视本国社会福利和幸福感,积极探索和推动实施"美好生活"战略。

海外各国倡议。美国、印度、尼泊尔等各国结合各自国情,提出了类似"美好生活"的战略或倡议。如印度提出了在2022年前实现安全、繁荣和有能力的国家愿景,打造人人平等、享有公平机会的新印度;特朗普政府提出"美国梦",让美国经济双倍增长,在一定程度上体现了美国政府对于人民美好生活的期望。

我国基本国策。党的十八大以来,我国持续探索和推动幸福生活、美好生活等理论和实践研究,将其纳入基本国策。我国政府提出"中国梦"愿景,党的十九大提出未来30年,把人民对美好生活的向往作为奋斗目标,着重解决人民日益增长的美好生活和不平衡不充分的发展之间的矛盾,这在更高层次对美好生活进行了阐述。2018年中央1号文件提出了乡村振兴战略的发展目标,积极推动产业兴旺、乡村文明和农民富裕[①]等。应该说,这在世界发展史上具有划时代的历史意义。我国作为全球人口最多、经济总量世界第二的发展中国家,这是中国政

---

① 吴维海,潍坊市乡村振兴战略中长期规划(2018—2022年),地方委托规划课题,2018年。

府对人民追求美好生活的庄严承诺和国家战略。

基于上述"美好生活"演变的研究可知，美好生活已经成为中国共产党和我国政府当前乃至未来几十年，乃至更长时期孜孜追求的最高战略目标。

三、"美好生活"实践缺陷与窘境

尽管党中央、国务院积极倡导和推动美好生活建设，但是，这方面的理论研究和实践探索还处在浅层次，理论研究基本空白，评估与考核指标缺失，地方经济与管理实践措施零散、无序，且不充分。具体表现在以下五个方面：

（一）"美好生活"局限于概念层面，缺少对应政策支撑

"美好生活"及相关概念尽管在我国已经提出了几年，党中央、国务院高度重视并大力推进，但是，相应政策和部委文件几乎没有，各地政府、各行业、社会各界如何参与和推进，竟然没有相关的实施意见和文件予以引导。

（二）"美好生活"停留于贯彻层面，缺少指标体系引领

党的十九大再次把"美好生活"提到了前所未有的高度。但是，各级政府、各部委和各行业目前还处在学习报告文件和领会上级精神的阶段，至今没有系统可参考的指标体系和操作办法等。

（三）"美好生活"偏重于物质层面，忽视精神与环境建设

由于理论研究、实践认知和社会价值的差异或偏颇，不少地方政府、行业、学者或居民等把"美好生活"看作GDP增长、居民收入增加，以及住房条件改善等，而没有上升到自由、尊严、安全等较高层面。

（四）"美好生活"仍处于倡导层面，缺少硬性约束与评估

从各地实践看，地方政府、企业和行业组织等都在积极学习和领会"美好生活"等文件部署，但是，各层面的"美好生活指数"意识不强，尚未研究和形成"美好生活"的指数体系，也没有将其与地方政府、行业机构的发展质量、考核指标挂钩。

（五）"美好生活"停留于静态思维，忽视动态优化与管理

"美好生活"具有时效性和动态性。它对于不同政府、不同行业、不同个体的公民，以及不同的发展阶段，有着不同的指标重点和考核原则。同时，应该与国际宏观环境、全球发展趋势、经济发展水平、消费文化、生活习惯和个人教育程度等相关联。而当前，不少政府、行业机构、公民个人等习惯于把"美好生活"看作固定的、一成不变的居民收入标准、GDP数据，或者一种模糊的感觉。

这五种存在的现实缺陷及窘境，制约了我国各层级、各领域"美好生活"的建设效率，以及经济、社会结构优化和公民个人的精神层面追求与价值观实现等。

四、美好生活指数研究

作为未来较长时期我国的基本国策和国家战略的核心目标，"美好生活"将成为中央政府、地方政府、各类城市，以及各行业、各领域评估、考核自身发展质量和国民、个人生活水平高低的重要指标。"美好生活指数"研究和构建必然成为国家部委、各级政府、行业智库积极推动并持续做好的重点研究内容。

基于对"美好生活"相关概念和指标的研究，以及对我国政策和实践的思考，拟组建专家团队，对"美好生活指数"进行系统、统筹研究，并设计完善的指数体系，用于指导地方实践和政府决策。

（一）"美好生活指数"的主要维度

1. "美好生活指数"研究维度。"美好生活指数"的专业研究与指标体系设计，可以从组织和个人两个领域进行研究和设计。其中：

组织层面，可以分为政府、城市、行业、群体等维度分析，具体将进一步研究、论证，调整和细化。

个人层面，可以从城市与农村，学历层次、年龄层次、性别层次等维度分析，具体将进一步研究、论证，调整和细化，并形成二级、三级指标体系。

2. "美好生活指数"研究要素。"美好生活指数"的要素研究，可以从财富、情感、健康、尊重、自由、民主、法治、公正、开放等一级要素予以分析，并研究、论证和逐步形成二级、三级要素指标体系等。

（二）"美好生活指数"的指标体系

根据组织和个人的分析维度，从"美好生活指数"的要素分析，进行组织和个人"美好生活指数"的两维结构研究和矩阵分析，进而确定"美好生活指数体系"。具体有待本研究团队的后续研究和论证。

表1　　　　　　"美好生活指数"的指标体系

"美好生活指数"分析维度	组织层面	个人层面	权重%
财富	待研究并论证	待研究并论证	待确定
情感	待研究并论证	待研究并论证	待确定
健康	待研究并论证	待研究并论证	待确定

续表

"美好生活指数"分析维度	组织层面	个人层面	权重%
尊重	待研究并论证	待研究并论证	待确定
自由	待研究并论证	待研究并论证	待确定
民主	待研究并论证	待研究并论证	待确定
法治	待研究并论证	待研究并论证	待确定
公正	待研究并论证	待研究并论证	待确定
开放	待研究并论证	待研究并论证	待确定

(三)"美好生活指数"的研究重点

为了构建并优化"美好生活指数",并引导、推动其逐步成为国家政策、部委战略和各行业的基本规范,将重点做好以下八个方面的研究:

一是"美好生活指数"体系与架构研究;

二是"美好生活指数"的组织机构和运行机制研究;

三是"美好生活指数"的政策倡议和实施推动研究;

四是"美好生活指数"的维度和要素研究;

五是"美好生活指数"的政府评价和考核制度研究;

六是"美好生活指数"的个人评估与考核研究;

七是"美好生活指数"的开放融合与国际接轨研究;

八是"美好生活指数"的动态优化与战略融合研究。

上述八个方面的研究,将推动"美好生活"的贯彻执行和逐步落地。

五、"美好生活"落地的措施建议

(一)对国家部委的措施建议

建议国家层面各部委加强对"美好生活"细分领域的评估和研究,出台"美好生活"政策与实施办法。

建议建立"美好生活"联席会议制度,进行重大政策、重大课题、跨部委协调,以及重大指标等研究,建立定期会议和沟通机制。

建议将"美好生活指数"纳入各级政府引导性评估指标和约束性检测体系,并纳入责任考核和窗口指导目录。

(二)对地方政府的措施建议

建议各级政府结合国家政策和人民的需求,进行"美好生活"建设的政策和管理办法的研究与实施，同时，与经济指标、民生指标、法治建设、环境改善等结合。

建议各级政府、各城市成立"美好生活"建设跨部门领导小组，构建协调运行机制。将主要指标和要素考核纳入部门和相关评价与考核，根据不同指标的性质等将其作为指导性与约束性指标。

建议强化地方政府对于行业组织、个人等"美好生活"的政策激励、引导与业绩考核，加强对主流媒体等引导、督促和推广，提高各行业、各机构参与"美好生活"建设的积极性和主动性。

（三）对行业组织的措施建议

建议强化行业组织对"美好生活"内涵和指数的研究与建设，积极推动平台建设。

建议加强行业组织协调与沟通，提高整体协同能力与效果。

（四）对专业智库的措施建议

建议国家部委加强和提升对国家政策和"美好生活"概念与应用研究，更好地发挥战略决策的参谋职能。

建议加强合作与互动，强化基于"一带一路"倡议的国际开放与合作，构建全球共建共享的国际智库平台，探索国际化的"美好生活"研究联盟，以我国"美好生活"实践引导各国的共同繁荣与发展。

（五）对公民个人的措施建议

建议公民和学者等加强自我修炼，深刻理解"美好生活"的深刻内涵和指数构建的价值，全面参与"美好生活"的本质与架构研究。同时，学习领会国家和各级政府关于构建"美好生活"的政策与思路，加强理解和互动，整合自身资源和能力，积极参与到"美好生活"的经济发展、民生改善、环境改善、法治建设、精神文明和国际合作中，推动机构、行业、地方和全国范围"美好生活"指数构建、目标实现和个人更多的幸福感、获得感和美好生活的享受、体验，在国家发展、地方繁荣、环境改善、依法治国与个人和国家价值观融合的过程中，享受生活、获得尊严、享受人生，共建社会主义现代化强国，尽快实现以"中国梦"为愿景的中华民族伟大复兴的最高目标。

附件 3

ENCLOSURE 3

发达国家农业及乡村振兴的实践借鉴

吴维海

美国、英国等发达国家在农业农村发展方面经历了各不相同的历程，多数是在工业化过程中，或者工业化之后，实施了工业反哺农业、以工促农等城乡融合发展策略。同时，注重解决农业与城市收入的差距等问题，其经验做法和城乡发展理论，均值得实践借鉴和认真反思。

一、英国"大伦敦规划"

在英国，19世纪末"田园城市"产生，其出发点是健康的生活和工业布局。这一概念的创始人霍华德提出"田园城市"理论，是一种对社会的改革，即对构成社会发展起着关键作用的城市风貌、城市有机体的总体规划。包括城市的总体布局及与周围城市的关系，是对城市发展的全方位规划及安排。英国政府在20世纪40年代实行的"大伦敦规划"部分体现了霍华德"田园城市"思想。按照该思想，在距离中心城一定的距离选择地价较低的农业区建立新城，把城市人口转移到就业、生活自给自足的新城。在伦敦周围建设一条平均5英里宽的绿带，限制城市的过度膨胀，建设一批居住和工作自我平衡的真正符合霍华德思想的新城，达到疏散中心城拥挤人口的目的；并推广到一切城镇居民体系规划布局中，形成结构完整的城镇体系，均匀地分布生产力和人口，推进城市化与乡村城镇化的目的尽快实现。"大伦敦规划"汲取了20世纪初期以来西方规划思想的精髓，提出了可操作的对策与方案，对控制伦敦市区的自发性蔓延、改善混乱的城市环境起到了积极的作用，也对当时各国大城市规划有着深远影响。

二、法国"一体化农业"

法国的城市化起步晚，是资本主义国家后起缓慢的典型。1954年起，法国开始"领土整治"，限制大城市的发展，发展中小城市，建立协调的城市网络。措施是调整工业布局，鼓励巴黎和北部工业区企业迁入落后地区或就地办厂，国家提供补偿和优惠，同时禁止巴黎等大城市建立占地500平方米以上的工厂。为了解决城乡矛盾，促进一体化发展，1965年法国政府通过了"巴黎地区整治和城市规划方案"。在城市密集区以外建立新城，通过对新的公路、快速地下铁道等基础设施的周密设计和建设，把巴黎、新城、郊区农村结合起来，使它们在形态职能上形成和谐的统一体。从空间布局上看，新城分布均匀，与巴黎保持良好的联系，避免与市区的截然分开。通过修建深入农村和落后地区的公路和铁路，促进工业分散化和布局的合理化，刺激小城镇的发展。在发展一体化农业的同时，开展了大规模的领土整治,鼓励发展农村工商业,恢复发展农村手工业,大力发展农业畜牧业,促进农业和非农业之间合理的生产布局。

三、德国"均衡发展"

德国城乡关系沿着"合—分—合"的历史轨迹步入城乡一体化的高级阶段,城市化水平达到90%以上,形成城乡统筹、分布合理、均衡发展的独特模式。运用立法形式引导城乡协调发展,《德国联邦基本法》规定:国家必须保持联邦地区内人民生活条件一致性的目标要求。在这一基础上,又制定了《空间秩序法》《改善区域经济结构共同任务法》《联邦区域规划纲要》《结构援助法》《区域经济政策的基本原则》等法律,将区域经济的平衡发展定位为联邦政府和州政府的共同任务,为区域经济的协调发展奠定了法律基础。

在均衡发展思想指导下,根据中心地理论,通过一级、二级、三级、四级区域中心来配备公共基础设施和市政设施。公共基础设施通过区域规划和县域规划统一安排,并由政府出资修建,污水处理、垃圾处置等实行城乡居民一体化收费制度。对于城市边远地区的村庄和经济欠发达的农村水、电、煤气等基础设施,政府给予特殊的经济资助。

四、美国"居住区"类别

美国城镇的发展主要依靠市场的力量。20世纪50年代,由于大中城市规模急剧膨胀,城市生存环境恶化,城市发展分散化,边缘城市、新城不断出现。1970年,美国的郊区人口超过了中心城市,成为人口最多的地区。80年代,美国城市人口进一步向郊区分散,居住在郊区的人口超过一亿,占其总人口的44%。

五、加拿大"城市化趋同"

加拿大(不包括魁北克)与美国都以英语为主,历史与文化上承袭了英国政治和法律传统,也都是由移民开拓的近代民主国家,因此其城市化以及城乡发展的进程有许多相似之处。如城市市政官制度,1913年被蒙特利尔郊区的威斯特芒特所首先采用,阿尔伯塔省在20世纪20年代后期采用了美国式规划体系,包括基本控制方法、综合规划、区划法。在加拿大城市(尤其西部)发展中,地方因素和社区精英具有重要地位和关键作用。加拿大城市学家阿蒂比斯借用美国学者的概念"促进主义"（Boos-terism）分析了地方精英在地方城市发展中的主客观能动作用，指出联盟以后60年间草原中心城市成为本地区发生重大变化的关键力量，在很大程度上依赖于地方集团的促进。地方精英群体出于私人利益和社区利益共同增长的目的，积极地兴建铁路，鼓励移民，吸引工业，设立大学，推动政府改革，争取独立市政地位，组织地方人员和资金共同发展城市，以谋求自己的城市成为省会城市。除了城市规模迅速扩大，乡村经济也在发生"城市化趋同"的变化。在乡村基础设施上，城乡交通发达，高速公路、国道、省道一直延伸到乡村。农户绝大部分是私营农场主。农户住宅是高标准的庭院式。乡村成为城市坐标延伸的一个原点，使越来越多的城市居民为追求人与自然和谐舒适的生活方式而向乡村迁移。

六、日本"农协组织"

日本城乡协调发展的具体实践之一，体现在借助农协组织的力量与政府对话，争取农民利益。为更有效地服务于农业生产，农协建立了自己的农机具服务中心，为农民提供大型农机设施服务，包括粮食加工、育苗、育种、贮藏、饲料加工等，有力地提高了农业的现代化和机械化水平。日本的地方小城市通常指遍布全国各地的人口3万至10万人的小市及市町村，在这些小城市的形成与发展过程中，政府、企业及当地民众都十分重视发挥其综合功能，既要发挥其经济功能，还要发挥其生态功能和社会功能，如长野县小布施町可以称为地方小城市综合功能齐全的典型，该町除三大功能效应明显外，还在将传统风俗与现代化相互融合、推进城乡交流及发展旅游农业等方面的做法颇有独到之处。小布施町的总体发展方针是振兴产业要有个性，力求自然、历史与文化相协调，使本町对町民及外界均富有魅力。在小布施町，不仅能够看到繁华的市区街道、富有日本传统的建筑、整齐的农田和果园，还可以看到传统与现代相结合的食品加工企业。这些措施的实施都为农民提供了充分的就业机会。

七、韩国"新村运动"

韩国在20世纪五六十年代时，实行重工轻农的发展政策，导致工农业发展严重失调。韩国于70年代初调整了国家建设政策，把农村的发展放在重要位置，开展了"新村运动"。着力改善农村公路、改善村民住房条件、实现农村电气化、普及农村电话、改善农村引水条件、兴建村民会馆等，多方增加投入，从物质条件和文化氛围等方面对农村进行改善。经过六个五年计划，韩国从发展中国家一跃成为了发达国家，并且实现了城乡协调发展。采取的工业化发展战略经历了进口替代型到出口导向型的转变，并采取了与美国、日本经济紧密相连的雁形发展模式，确立了劳动密集型产业为优先发展的产业策略，在空间上表现为大力发展中心工业城市，将全国经济中心布局于首尔、釜山、东南沿海城市、西海岸城市等，大量吸收农村剩余劳动力。当经济发展到一定阶段后，工业反哺农业，开展了著名的"新村运动"，实现城乡统筹发展。

总体来看，发达国家城市化和城乡统筹上升到了新的阶段。在该阶段，由于传统的"乡村"与"城市"的划分失去了意义，因此，城乡关系显得并非重要了；农业人口所占比重很低，因此城乡之间的格局随着地域特征模糊也逐步淡化。随着跨地域的人流、物流、信息流、资金和技术流增长，城乡逐步协调发展。

发达国家城市化以及城乡统筹发展的理论与实践，大致可归纳为：国外发达国家在城市化与城乡统筹方面，政府通过立法和金融手段给予干预；政府的作用是间接的、有限的。在城市化初期，政府的推动是必需的，政府的作用较突出。随着这些国家的城市化进程，由于国民的自主意识逐渐体现，政府的功能主要体现在提供公共产品和服务，包括环境保护、低收入家庭的住房、非营利的公共活动设施以及城市历史古迹的保护等。城市化过程以及城乡统筹发展通过比较健全的制度规范和严格的管理手段来推进，其经济活动也是按照市场规律运作。

附件 4
ENCLOSURE 4

把握习近平新时代中国特色社会主义思想　高质量建设特色小（城）镇

吴维海

附件4 把握习近平新时代中国特色社会主义思想 高质量建设特色小（城）镇

党的十九大提出乡村振兴战略、区域发展战略等七大战略，为各地区特色小镇和小城镇规范化建设指明了方向，也为各地区立足和挖掘自身优势，聚焦特色产业，积极探索并推进乡村振兴战略提出了较高的目标要求。为此，要深刻领会和把握习近平中国特色社会主义经济思想，创新规划思路和实施路线图，高质量建设特色小（城）镇。

一、习近平新时代中国特色社会主义思想在特色小（城）镇建设中的实践

习近平总书记强调，"我们党之所以能够历经考验磨难无往而不胜，关键就在于不断进行实践创新和理论创新"。2018年3月11日，习近平新时代中国特色社会主义思想被载入《宪法》，在党内外、在全国形成了广泛的高度认同。

习近平新时代中国特色社会主义思想，是中国共产党对马克思列宁主义、毛泽东思想、邓小平理论、"三个代表"重要思想、科学发展观的继承和发展，是马克思主义中国化最新成果，是党和人民实践经验和集体智慧的结晶，是中国特色社会主义理论体系的重要组成部分，是全党全国人民为实现中华民族伟大复兴而奋斗的行动指南，也是各地区推进特色小镇和小城镇规划建设必须长期坚持的战略方向和实践准则。

深刻领会习近平新时代中国特色社会主义思想，增强"四个意识"，坚持"四个全面"，坚持"五位一体"，坚持新发展理念，对于特色小镇和小城镇的产业定位、规划编制和项目建设具有重大的实践价值。

（一）全面厘清特色小（城）镇、田园综合体和乡村振兴战略等的关系

改革开放以来，特别是十八大以来，党中央、国务院及国家部委把握国际宏观形势，立足发展大局，高端站位，前瞻布局，相继出台了"三农"工作的系列文件，积极推动新农村建设、新型城镇化、美丽乡村、特色小镇、特色小城镇、田园综合体等示范试点。为建设新时代社会主义现代化国家，彻底解决城乡二元结构，实现城乡融合发展，党的十九大报告和2018年中央1号文件倡导乡村振兴战略，实行党管农村、五级书记抓的乡村振兴新格局，谱写了新时代实现"中国梦"的新篇章。

各地区在推进"三农"工作中，只有准确理解特色小（城）镇的核心概念，才能确保发展质量。

特色小镇、小城镇、田园综合体是乡村振兴战略的重要抓手和示范试点；乡村振兴战略是特色小镇、小城镇和田园综合体规划与建设的重要机遇，是特色小

（城）镇或田园综合体获得扶持资金、能源等资源、人才和土地指标等优先支持的政策依据。同时，产业兴旺、生态宜居、乡风文明等乡村振兴战略的五大目标也是特色小（城）镇建设的努力方向；而新型城镇化需要推进特色小（城）镇建设，大力培育发展特色小镇，需要通过与乡村振兴战略的融合和衔接，"让农业成为有奔头的产业，让农民成为有吸引力的职业，让农村成为安居乐业的美丽家园"。

1. 小城镇。

（1）小城镇＝小城市①＋建制镇②＋集镇③。这一概念包括城乡。

（2）小城镇＝小城市＋建制镇。指城镇范畴中规模较小、人口少于20万的小城市（县级市）和建制镇。

（3）小城镇＝建制镇。这一概念属于城镇范畴，是建制镇（包括县城镇）在城镇体系中的同义词。

（4）小城镇＝建制镇＋集镇。这一概念属城与乡两个范畴，包括小于城市，从属于县的县城镇、县城以外的建制镇和尚未设镇建制但相对发达的农村集镇。

我国狭义上的小城镇指除设市以外的建制镇，包括县城。

建制镇是农村一定区域内政治、经济、文化和生活服务的中心。目前，我国有1.9万多个建制镇，已公布两批403个全国特色小城镇、96个全国运动休闲特色小镇。到2020年，城镇化率要达到60%。

2016年10月8日，国家发展改革委出台了《关于加快美丽特色小（城）镇建设的指导意见》（发改规划〔2016〕2125号），明确了特色小城镇和特色小镇的定义和分类开发等。

特色小（城）镇包括特色小镇、小城镇两种形态。

特色小城镇是指以传统行政区划为单元，特色产业鲜明、具有一定人口和经济规模的建制镇。

2. 特色小镇。特色小镇主要指聚焦特色产业和新兴产业，集聚发展要素，不同于行政建制镇和产业园区的创新创业平台。

以镇区常住人口5万以上的特大镇、镇区常住人口3万以上的专业特色镇为重点，兼顾多类型多形态的特色小镇，因地制宜建设美丽特色小（城）镇。

3. 田园综合体。2017年2月5日，"田园综合体"作为乡村新兴产业发展的亮点措施被写进中央1号文件。"田园综合体"是指综合化发展产业和跨越化利用农村资产，是当前乡村发展代表创新突破的思维模式。"田园综合体"是新型城镇化发展路径之一和重要抓手,是农业农村统筹发展,城乡融合的主要规划设计类型。

4. 新型城镇化。新型城镇化是以城乡统筹、城乡一体、产业互动、节约集约、生态宜居、和谐发展为基本特征的城镇化,是大中小城市、小城镇、新型农村社区协调发展、互促共进的城镇化。

5. 乡村振兴战略。乡村振兴战略是习近平总书记2017年10月18日在党的十九大报告中提出的战略。2018年2月4日,2018年中央1号文件《中共中央国务院关于实施乡村振兴战略的意见》提出了乡村振兴战略的规划要求。乡村振兴战略的总要求是"产业兴旺、生态宜居、乡风文明、治理有效、生活富裕",这五个方面是相辅相成的有机整体。

(二)准确把握特色小(城)镇规划与建设中有关习近平新时代中国特色社会主义思想的核心内涵

党的十九大报告提出,推进伟大工程,要结合伟大斗争、伟大事业、伟大梦想的实践来进行。而习近平新时代中国特色社会主义思想是推进"特色小(城)镇"这个伟大工程,实现乡村振兴伟大事业,共建"社会主义现代化强国"伟大梦想的理论基础和行动指南。

习近平新时代中国特色社会主义思想可以归纳为14条:

——坚持党对一切工作的领导。

——坚持以人民为中心。

——坚持全面深化改革。

——坚持新发展理念。

——坚持人民当家做主。

——坚持全面依法治国。

——坚持社会主义核心价值体系。

——坚持在发展中保障和改善民生。

——坚持人与自然和谐共生。

——坚持总体国家安全观。

——坚持党对人民军队的绝对领导。

——坚持"一国两制"和推进祖国统一。

——坚持推动构建人类命运共同体。

——坚持全面从严治党。

国家发改委等关于特色小（城）镇建设的原则包括了"以人民为中心、党的领导、深化改革、新发展理念等"，这些原则都植根于习近平新时代中国特色社会主义思想，并且是它的实践应用。

社会是在矛盾运动中前进的，有矛盾就会有斗争。要激发、调动各方面的积极因素，有效应对重大挑战、抵御重大风险、克服重大阻力、解决重大矛盾。要以人民为中心，坚决反对一切损害人民利益、脱离群众的行为；要勇于融入改革创新的潮流，坚决破除阻碍改革与发展的顽疾，发扬斗争精神，提高斗争本领，不断夺取伟大斗争的新胜利。

要谋民生之利、解民生之忧，在发展中补齐民生短板。要做好特色小（城）镇的产业、战略、项目开发与习近平新时代中国特色社会主义思想的结合，坚持以人民为中心、坚持党对一切工作的领导、坚持全面深化改革、坚持新发展理念、坚持在发展中改善和保障民生、坚持人与自然和谐共生等，时刻与习近平新时代中国特色社会主义思想对标对表，从中汲取"解决农民对美好生活的更高需求与农村农业发展不平衡、不充分的矛盾"这个"伟大斗争"的强大精神力量。

特色小（城）镇建设是一项伟大工程，涉及6亿多农民，惠及全体人民，它前无古人、后无来者，也无经验可循。从事这个"伟大事业"，前进道路上必然布满荆棘和坎坷，难免走弯路。近几年，少数地方党委、政府在特色小镇、小城镇产业布局和项目开发中出现了空壳化、房地产化等突出问题和重大隐患，其深层原因是：没有深刻领会和准确把握习近平新时代中国特色社会主义思想的精髓，少数地方政府在小城镇的产业布局、项目开发等方面脱离了具体实际，犯了经验主义、面子工程或盲目跟风等错误。这就是没有领会好习近平新时代中国特色社会主义思想，没有在实践中科学运用马克思主义理论，没有把毛泽东提出的"实事求是"和"从群众中来""到群众中去"紧密结合，它需要在思想上，在实践认知上，在方法论上与中国共产党的伟大理论对标找差距，对表找路径。

（三）以习近平新时代中国特色社会主义思想为指针，科学规划特色小（城）镇的产业定位

《关于加快美丽特色小（城）镇建设的指导意见》赋予了美丽特色小（城）镇"两个定位"和"三个作用"。

"两个定位"：是推进供给侧结构性改革的重要平台，是深入推进新型城镇化的重要抓手。

"三个作用"：有利于推动经济转型升级和发展动能转换，有利于促进大中小

城市和小城镇协调发展，有利于充分发挥城镇化对新农村建设的辐射带动作用。

八大标准：研究剖析国家政策和实践案例，规纳了特色小（城）镇建设的八大标准。

归纳各地特色小（城）镇规划建设的实践，提出八大标准，即自上而下的自组织能力、与主城区功能互补、产业和空间布局多样化、与相邻城市强连接、小镇的企业集群、全球视野与周边融合、规模效应和产业聚集、绿色协同和融合发展八大标准（见图1）。

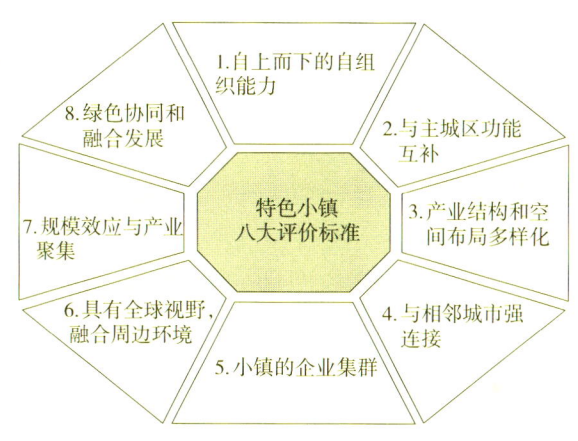

图1　特色小镇建设八大评价标准

上述"两个定位""三个作用""八大标准"就是学习领会习近平新时代中国特色社会主义思想的实践总结，也是建设特色小（城）镇的行动指南。

近期，山东推进农业转移人口市民化，青岛全面取消落户限制；《甘肃省人口发展规划（2016—2030年）》出台，合理控制兰州主城区人口规模，有序引导人口向兰州新区、白银主城区及定西、临夏等重要节点城市集聚等。相关新政策、新探索和新示范，正是以实际行动体现了以人民为中心、深化改革等习近平新时代中国特色社会主义经济思想和我党"实事求是"的理论。

二、特色小（城）镇规划建设中存在的突出问题

小城镇承载着大梦想。伟大的梦想靠双手和辛勤劳动，一步一步去实现。关于特色小（城）镇规划与建设，国家发展改革委胡祖才副主任在2017年中国新型城镇化论坛暨"千企千镇工程"启动仪式上谈到："全国范围的新型城镇化综合试点深入推进，已经启动第三批111个城市（镇）国家新型城镇化综合试点，

全国试点范围扩大至2省246个城市（镇）……不搞'拉郎配'，不盲目追求数量，更多依靠市场主体参与特色小（城）镇建设"。

上述讲话深刻精辟，一针见血地指出了少数地方在特色小（城）镇建设中出现的误区和问题。剖析归纳各地区推动小城镇建设工作中的问题，主要表现在七个方面。

一是定位不清。一些特色小（城）镇项目之所以失败，主要是缺乏清晰的战略定位，忽视了前期策划和统筹布局，特色不明显。

二是一哄而上。一些地方政府为了面子工程而盲目模仿，缺乏调研论证，匆匆上马，结果是有了数量，没了质量。（借鉴：北京既不预设特色小城镇建设的数量目标，也不分解建设任务，而是注重研究特色小城镇发展规律，通过实施《北京市发展改革委关于进一步促进和规范功能型特色小城镇发展有关问题的通知》等政策性文件，强化规范和引导。）

三是产业空心化。一些特色小镇建设没有产业支撑，缺少商业模式，投资难以回收而导致失败。

四是去居民化。有些政府和建设企业在特色小（城）镇建设过程中，只注重项目开发而忽视当地农民的生产生活，人与产业脱节，导致项目失败。

五是纯粹房地产。有些房地产企业以特色小（城）镇的名义，做房地产开发的项目，以欺骗性手段，获得地方商业开发土地和扶持资金，把小城镇建设搞成纯粹的房地产。

六是过度兜底。个别地方缺乏"底线思维"，超出财力和违规为特色小（城）镇开发提供担保或财政支撑，被建设企业和项目绑架，存在巨大政策和市场风险。要遵循经济规律，依托市场"无形之手"，发挥市场配置资源的决定性作用，摒弃"政府大包大揽"，绝不能堆财政资金"盆景"。

七是千镇一面。不少特色小（城）镇策划或开发单纯模仿成功的小（城）镇，忽略了地域差别、当地优势和特有资源，结果投资失败。

三、习近平新时代中国特色社会主义思想统领的特色小（城）镇规划与实践

特色小（城）镇建设是伟大事业。伟大事业需要伟大、科学的理论指导。新时代，要遵循习近平新时代中国特色社会主义思想，重点解答特色小（城）镇规划与建设的三个核心问题：

一是小（城）镇是什么（产业定位）？

二是小（城）镇为什么（环境分析）？

三是小（城）镇做什么（建设策略）？

（一）小城镇是什么

产业定位是规划并建设特色小（城）镇的愿景问题。

小（城）镇是县域经济的重要内容，也是农业转型升级和城乡融合发展的强大支撑。习近平总书记指出，农业强不强、农村美不美、农民富不富，决定着全面小康社会的成色和社会主义现代化的质量。关于未来3~5年，我国小（城）镇的建设目标，住房和城乡建设部、国家发展改革委、财政部《关于开展特色小镇培育工作的通知》明确提出：到2020年，培育1000个左右各具特色、富有活力的休闲旅游、商贸物流、现代制造、教育科技、传统文化、美丽宜居等特色小镇，引领带动全国小城镇建设，不断提高建设水平和发展质量。这为特色小（城）镇的健康、可持续发展规划了蓝图。

"实事求是"是习近平新时代中国特色社会主义思想的精髓。各地区要因地制宜、突出优势，根据不同小城镇的资源禀赋，制定实施差异化、有特色的产业规划和发展道路。其中：

大城市周边的重点镇，要加强与城市发展的统筹规划与功能配套，突出地方特色，逐步发展成为"卫星城"。如我2016年受托为北京市通州区张家湾镇编制了"十三五"规划，张家湾镇邻近北京市行政副中心，将其定位为：构建服务于北京行政副中心的商务服务和休闲旅游等功能，聚焦生态休闲、运河文化、体验种养殖、高端商务等产业和领域，打造具有地方特色的"休闲张家湾"品牌。该"休闲小镇"的规划定位比国家出台特色小镇的正式文件早了约1年。再如房山区良乡镇依托高教园区和制造业基地，打造万亩滨水公园和小清河风光带，成为北京名副其实的"卫星城"。

具有特色资源、区位优势的小城镇，要与当地"十三五"规划、新型城镇化规划、乡村振兴战略等实现多规融合，通过编制规划、规划引导、市场运作，重点将其培育成为休闲旅游、商贸物流、智能制造、科技教育、民俗文化传承的专业特色镇。如浙江乌镇规划用地面积3.13平方公里，建设用地1626.4亩，是以互联网产业为主导，以会议会展、旅游休闲、安居乐业、城镇管理等网络化、智能化应用为载体，与国内外高校和互联网企业共建、宜居宜业，集聚互联网产业新成果、新产品、新应用的"互联网小镇"。再如，山东省菏泽市单县健康大产业筑牢"长寿之乡"品牌，小镇占地4.2平方公里，营造"一环、两轴、两片、三带、六区"总体布局。

对于远离中心城市的小城镇，要完善基础设施和公共服务，发展成为服务农村、带动周边的综合性小城镇。如山东省威海市文登区张家产镇，以打造"参泉福地、康养小镇"为发展目标，以西洋参产业为突破点，完善交易、加工、推广等产业环节，优化延伸西洋参产业链条，促进一、二、三产业融合，激活乡村振兴新动能。

各地区要突出以镇区常住人口 5 万以上的特大镇、镇区常住人口 3 万以上的专业特色镇为重点，兼顾多类型多形态的特色小镇。

50~100 平方公里建制镇形态的特色小城镇建设要规避因单个产业生命周期或行业波动带来的系统性风险。如房山区长沟镇围绕北京建设全球科技创新中心的城市定位和中心城区非首都功能疏解的背景，引进国开、光大、中信等基金及相关机构 253 家，管理资金规模超过 5000 亿元，打造"北京基金小镇"。

（二）小城镇为什么

宏观环境、政策解读和优势分析是规划并建设特色小（城）镇的基础和决策依据。

从全球看，全球经济一体化和逆全球化现象并存，国际政治、经济形势复杂多变。在全球范围内，单纯依靠投资和对外出口刺激，单纯依赖产品规模和制造速度取胜的外延式发展模式已经过时。中国必须统筹国际国内市场，以创新驱动为动力，积极实施供给侧结构性改革，激发和调动国内消费需求，实施新型城镇化和城乡融合发展，通过转变经济增长方式，提高国际竞争力和可持续发展能力。

从国内看，国家大力推动供给侧结构性改革、科技创新、新型城镇化、基础设施建设和特色小镇开发等，主动去产能、去库存、去杠杆、降成本、补短板，全面提升经济发展质量和效率。同时，乡村衰退和农村空心化是当前我国经济社会生活中需要面对和着力解决的社会尖锐矛盾和冲突，如果任由乡村衰退下去，将会导致乡村经济的持续恶化，进而使得城乡二元结构更加不平衡等严重后果。而推动特色小（城）镇建设有助于减小和消除城乡收入和公共服务等差别，促进城乡融合发展，扩大乡村消费需求，提高农民收入，最终达到共同富裕。

为推动特色小（城）镇的健康发展，国家发展改革委《关于加快美丽特色小（城）镇建设的指导意见》明确了特色小（城）镇建设的五条原则，包括创新探索、因地制宜、产业建镇、以人为本和市场主导。挖掘本地最有基础、最具潜力、最能成长的特色产业，做精做强主导特色产业，打造具有持续竞争力和可持续发展特征的独特产业生态，防止形象工程。

住房和城乡建设部、国家发展改革委、财政部《关于开展特色小镇培育工作的通知》提出坚持突出特色、坚持市场主导、坚持深化改革三条基本原则，要求创新发展理念，创新发展模式，创新规划建设管理，创新社会服务管理，防止千镇一面，防止一哄而上，防止大包大揽，防止盲目造镇。推动传统产业改造升级，培育壮大新兴产业，打造创业创新新平台，发展新经济。

党的十九大和2018年中央1号文件大力推动乡村振兴战略，为小（城）镇建设提供了战略方向。习近平总书记强调，实施乡村振兴战略是一篇大文章，要统筹谋划，科学推进。笔者接受潍坊市委、市政府委托，编制完成了《潍坊市乡村振兴战略规划（2018—2022年）》和《三年行动计划》论证稿，在规划方案中，笔者反复学习和深刻领会习近平总书记3月8日在"两会"期间参加山东代表团审议时的重要讲话，以及对"潍坊模式""寿光模式"等的重要表态，结合党的十九大报告、党中央、国务院和山东省关于特色小镇、乡村振兴战略等政策文件，立足潍坊实际，创新性提出了聚焦"五个一"建设，实施"十大推动"，打造"五个转变、五个融合""高质融合发展"的乡村振兴"潍坊模式"。为确保未来5年的小（城）镇建设和乡村振兴战略的实现，笔者研究确立了"2221工程"和"1080行动计划"，努力实现产业融合、"三生"融合、城乡融合、内外融合和体系融合。

各地在小（城）镇建设工作中，要遵循客观规律，挖掘特色优势，体现区域差异性，彰显小（城）镇独特魅力，通过示范试点，推动更大范围、更高水平的实践应用。如山东省寿光市化龙镇，挖掘地方特色，聚焦培植高端品质蔬菜，五路并进倾力打造精美和谐小城镇。威海市乳山市海阳所镇制定了城镇建设规划、产业培育规划、乡村振兴规划，着力推动农村产业融合加快发展。

（三）小城镇做什么

目标任务和实施路径是规划并建设特色小（城）镇的行动指南。

实现伟大梦想，必须建设伟大工程。这个伟大工程就是各级党委、各级政府正在深入推进的小城镇建设和乡村振兴战略等伟大工程。中国特色社会主义进入新时代，我国社会主要矛盾已经转化为人民日益增长的美好生活需要和不平衡不充分的发展之间的矛盾。

党的十九大提出大力发展乡村振兴战略。农业农村农民问题是关系国计民生的根本性问题，必须始终把解决好"三农"问题作为全党工作重中之重。要坚持农业农村优先发展，按照产业兴旺、生态宜居、乡风文明、治理有效、生活富裕的总要求，建立健全城乡融合发展体制机制和政策体系，加快推进农业农村现代化。巩固和完善农村基本经营制度，深化农村土地制度改革，完善承包地"三权"分置制度。发展多种形式适度规模经营，培育新型农业经营主体，健全农业社会化服务体系，实现小农户和现代农业发展有机衔接，促进农村一、二、三产业融合发展。

国家发展改革委《关于加快美丽特色小（城）镇建设的指导意见》（发改规划〔2016〕2125号）提出：有条件的小城镇特别是中心城市和都市圈周边的小城镇，要积极吸引高端要素集聚，发展先进制造业和现代服务业。同时提出了九条措施，主要包括：分类施策，探索城镇发展新路径；突出特色，打造产业发展新平台；创新创业，培育经济发展新动能；完善功能，强化基础设施新支撑；提升质量，增加公共服务新供给；绿色引领，建设美丽宜居新城镇；主体多元，打造共建共享新模式；城乡联动，拓展要素配置新通道；创新机制，激发城镇发展新活力。

《关于实施"千企千镇工程"推进美丽特色小（城）镇建设的通知》（发改规划〔2016〕2604号）提出：围绕产业发展和城镇功能提升两个重点，深化镇企合作。引导企业从区域要素禀赋和比较优势出发，培育壮大休闲旅游、商贸物流、信息产业、智能制造、科技教育、民俗文化传承等特色优势主导产业，扩大就业，集聚人口。推动"产、城、人、文"融合发展，完善基础设施，扩大公共服务，挖掘文化内涵，促进绿色发展，打造宜居宜业的环境，提高人民群众获得感和幸福感。

关于对小城镇建设的金融政策，要设立国家新型城镇化建设基金，倾斜支持美丽特色小（城）镇开发建设。鼓励开发银行、农业发展银行、农业银行和其他金融机构加大金融支持力度。鼓励有条件的小城镇通过发行债券等多种方式拓宽融资渠道。

关于小城镇建设的体制改革。要按照"小政府、大服务"模式，推行大部门制，降低行政成本，提高行政效率。深入推进强镇扩权，赋予镇区人口10万以上的特大镇县级管理职能和权限，强化事权、财权、人事权和用地指标等保障。推动具备条件的特大镇有序设市。

附件4 把握习近平新时代中国特色社会主义思想 高质量建设特色小（城）镇

建设特色小（城）镇，是一个伟大的工程，也是伟大的使命，必须弄清楚"扛什么旗，走什么路和怎么走"这一核心问题。因此，必须研究全球形势、国家战略、部委规划和政策文件，找准政策主线和行动的方向。笔者在编制和推进地方特色小（城）镇规划和乡村振兴战略规划时，重点做好八项工作：

一是规划统领、创新发展。贯彻党中央、国务院及国家部委战略规划部署，衔接好国家和地方的"一带一路"倡议、特色小（城）镇、乡村振兴战略、新旧动能转换战略等战略规划，以"金字塔战略地图"为模型，以"环境分析、产业基础研究、战略目标与定位、主要任务和实施路径、规划保障"五大步骤为主线，研究并编制小城镇规划，实现多规融合，一张蓝图绘到底。坚持改革创新、激发活力，促进体制机制创新，以高起点高站位，编制和推进特色小（城）镇规划、乡村振兴战略规划的全面实施。

二是党管农村，循序渐进。坚持党管农村，健全党管农村工作机制，确保党在农村工作特别是特色小（城）镇和乡村振兴战略中始终总览全局、协调各方。强化小（城）镇建设和乡村振兴战略的干部、要素、资金和公共服务优先安排。同时，因地制宜，统筹兼顾，因地、因时、因势推进小城镇建设和乡村振兴战略，不搞形象工程，不搞"一刀切"。按照时间标准、群众标准和实践标准，提升规划的操作性和时效性，实现经济、社会和生态效益的统一。

三是明确目标、优化布局。按照国家和上级党委、政府的战略部署，结合各地实际，确立未来3年、到2035年和2050年的分阶段战略目标，明确主导产业和战略。笔者编制的《潍坊乡村振兴战略中长期规划（2018—2022年）》确立了潍坊实施"五个一"建设、构建"五转变、五融合"体制机制，不断打造融合高质发展的乡村振兴"潍坊模式"。同时，在主导产业选择、重点产业布局、城乡功能布局和小城镇建设等方面制订了具体的行动计划。

四是创业创新，培育新动能。以小城镇建设为目标，以农业产业和农业园区为依托，努力打造"大众创业、万众创新"的有效平台和农业产业服务载体。积极构建创业创新生态圈，促进产业链、创新链、人才链的耦合，打造集聚高端要素、新兴产业和现代服务业特色鲜明、富有活力和竞争力的新型小城镇。

五是完善功能，服务支撑。按照适度超前、综合配套、集约利用的原则，加强小城镇道路、供水、供电、通信、污水垃圾处理、物流等基础设施建设，打造智慧小镇，高效衔接大中小城市和小城镇，提高土地利用效率。同时，统筹布局建设学校、医疗卫生机构、文化体育场所等公共服务设施，加快构建便捷"生活圈"、完善"服务圈"和繁荣"商业圈"。

六是绿色引领,美丽宜居。树立"绿水青山就是金山银山"的理念,保护城镇特色景观资源,加强环境综合整治,构建生态网络。开展大气污染、水污染、土壤污染防治行动,协调城镇内外绿地、河湖、林地、耕地,打造宜居宜业宜游的优美环境。鼓励有条件的小(城)镇按照不低于3A级景区的标准规划建设特色旅游景区,将美丽资源转化为"美丽经济"。

七是城乡联动,要素配置。美丽特色小(城)镇是辐射带动新农村、实施乡村振兴的重要载体。统筹规划城乡基础设施网络,促进基础设施城乡联网、生态环保设施城乡统一布局建设。以美丽特色小(城)镇为节点,推进农村电商发展和"快递下乡"。推动城镇公共服务向农村延伸,逐步实现城乡基本公共服务制度并轨、标准统一。搭建农村一、二、三产业融合发展服务平台,推进农业与旅游、教育、文化、健康养老等产业深度融合。推动城乡产业链双向延伸对接,促进城乡劳动力、土地、资本和创新要素高效配置。

八是创新机制,激发活力。体制机制是建设美丽特色小(城)镇的内生动力。全面落实居住证制度,盘活存量土地,建立低效用地再开发激励机制。建立健全进城落户农民农村土地承包权、宅基地使用权、集体收益分配权自愿有偿流转和退出机制。创新特色小(城)镇建设投融资机制,设立美丽特色小(城)镇建设基金和国家新型城镇化建设基金,鼓励探索发行债券等融资渠道。按照"小政府、大服务"模式,推行大部门制,推进强镇扩权,赋予镇区人口10万以上的特大镇县级管理职能和权限,强化事权、财权、人事权和用地指标等保障。推动具备条件的特大镇有序设市。

建设特色小(城)镇的伟大工程,要通过推进落实以上重点工作,科学编制和全面落实各地区小城镇发展规划、乡村振兴战略规划,统筹谋划特色小(城)镇和乡村振兴等战略定位、产业布局、商业模式与重点行动计划,以科学的理论和系统的规划为指引,才能到达"农业强、农村美、农民富"这一人民群众期盼的"彼岸世界"。

四、习近平新时代中国特色社会主义思想统领的特色小(城)镇建设路线图

实现中华民族伟大复兴,必须合乎时代潮流、顺应人民意愿、勇于改革开放,让党和人民事业始终充满奋勇前进的强大动力。实现伟大梦想,必须推进伟大事业。全面落实以人民为中心的发展思想,不断满足人民日益增长的美好生活需要,使人民获得感、幸福感、安全感更加充实、更有保障、更可持续。而推动小城镇建设、实施乡村振兴战略、实现共同富裕,是解决农业农村发展不平衡、不充分问题的总钥匙。

为实现中华民族伟大复兴的历史使命,各地区、各行业要初心不改、矢志不渝。要准确把握和紧紧以习近平同志新时代中国特色社会主义思想统领和推进"小城镇建设"的行动路线图(见图2)。

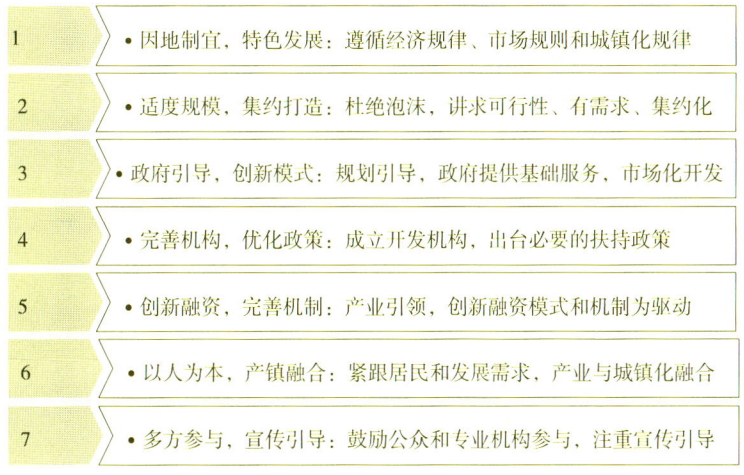

图2 特色小(城)镇建设路线

一是坚持因地制宜,特色发展。遵循经济规律、市场规则和城镇化规律。鼓励各地发展符合实际、特色鲜明、宜居宜业的新型小城镇,防止一哄而上。如天津市打造特色小镇,力争到2020年,创建10个实力小镇,20个市级特色小镇,每个小镇均达到花园小镇建设标准。

二是坚持适度规模,集约打造。杜绝泡沫,提倡形态多样性,讲求可行性、有需求和集约化。稳步开展都市圈建设,在城市群内选择若干具备条件的中心城市及周边中小城市,提高中心城市产业质量和公共服务水平,增强对人口的吸引力和承载力。

三是政府引导,创新模式。规划引导,补齐城镇基础设施、公共服务和生态环境三块短板,增强城镇承载功能,防止形象工程。坚持市场主导,更加尊重市场规律,提高政府管理和服务的能力水平,防止政府大包大揽,如江西省合力打造一批"森林特色小镇"。

四是完善机构,优化政策。完善党管农村的党委、政府领导机构,完善各级党委、政府对小（城）镇和乡村振兴战略的组织领导机制。明确专门的部门和行动计划，强化责任分工和考核机制。如浙江特色小镇建设向更高标准更高质量推进：确定2批64个培育小镇，3批106个创建小镇，首批2个验收命名小镇，形成了"培育一批、创建一批、验收命名一批"的建设格局。

五是创新融资，完善机制。加快改革创新，坚决破除一切不合时宜的思想观念和体制机制弊端，突破利益固化的藩篱。以产业为引领，积极推动体制机制改革和要素优化配置。深化"人地钱挂钩"配套政策，完善农民闲置宅基地和闲置农房政策，允许农村承包土地的经营权依法向金融机构融资担保、入股从事农业产业化经营，深化农村承包土地的经营权和农民住房财产权抵押贷款试点。创新融资模式和渠道，设立小城镇发展基金和乡村振兴产业基金，探索发债融资模式，如宁波市深挖滨海资源，完善"线+面"布局，打造风情渔港滨海小镇。

六是以人为本，产镇融合。人民是历史的创造者，是决定党和国家前途命运的根本力量。必须坚持人民主体地位，以人民为中心，推动产业建镇，加快发展特色优势产业，促进城镇经济转型升级，防止千镇一面。加快创建认定一批国家农村产业融合发展示范园和先导区，全面落实产业兴村强县行动，启动一批新型农业经营主体培育工程，培育一批示范试点城市和小城镇，如富平县建设"一核、两轴、五区、多点"的乡村旅游业。

七是多方参与，宣传引导。发展是解决我国一切问题的基础和关键，发展依赖人民群众的参与和支持。大力鼓励各级党委、各级政府、投资机构、工商资本、实体企业和社会公众参与，强化特色小（城）镇的规划宣传贯彻和媒体宣传，增进各方对小城镇规划与建设的共识。要明确目标任务，压实责任，按年度分解工作重点，细化时间表、路线图，按期督办验收，形成合力，确保阶段性目标的顺利实现。

五、特色小（城）镇建设的宏伟蓝图

使命呼唤担当，使命引领未来。实现中华民族伟大复兴是近代以来中华民族最伟大的梦想。按照国家新型城镇化规划和党的十九大战略部署，到2020年，全国要建成1000个美丽特色小（城）镇，常住人口城镇化率达到60%，全面建成小康社会。到2035年，基本实现社会主义现代化；到2050年，把我国建成富强、民主、文明、和谐、美丽的社会主义现代化强国，全体人民共同富裕基本实现。这一伟大梦想，需要社会各界不断推进。

附件4　把握习近平新时代中国特色社会主义思想　高质量建设特色小（城）镇

千里之行，始于足下。新时代的号角已吹响，中华民族伟大复兴的"彼岸世界"就在眼前。要不负人民重托、无愧历史选择，在新时代中国特色社会主义的伟大实践中，深刻领会、全面贯彻习近平新时代中国特色社会主义思想，将其作为为实现中华民族伟大复兴而奋斗的行动指南，坚持"五位一体"，推进"四个全面"，坚定道路自信、理论自信、制度自信、文化自信，以小（城）镇建设为出发点和落脚点，以乡村振兴战略为指引，聚精会神，不忘初心，坚韧不拔，锲而不舍，撸起袖子，砥砺前行，为建设美丽中国，为实现中华民族伟大复兴的"中国梦"而不懈奋斗。

后　　记

我们处在新时代，乡村振兴是伟大事业，需要实施伟大工程，经历伟大奋斗与改革创新，才能实现伟大的梦想。

农业强不强、农村美不美、农民富不富，决定着我国全面建成小康社会和社会主义现代化强国建设目标的实现。农业是立国之本，必须牢牢把农业抓在手上。习近平总书记强调："遵循乡村自身发展规律，充分体现农村特点，注意乡土味道，保留乡村风貌，留得住青山绿水，记得住乡愁。"党的十九大和2018年中央1号文件为乡村振兴指明了方向，确定了目标任务，吹响了高质量发展的号角。

见证乡村振兴战略的伟大事业，编制地方乡村振兴战略规划及行动计划，解读政策案例，与各级党委、政府和社会各界携手，不忘初心，砥砺前行，共建共享"产业兴旺、生态宜居、乡风文明、治理有效、生活富裕"的美丽宜居乡村，使农业成为有奔头的产业，农民成为有尊严的职业，农村成为安居乐业的美丽家园，是国家部委智库和各级党委、政府的历史使命。

本书由吴维海总策划并主笔，孙鲁、宋岩、杨萍（山东省农科院）、吴秋寒（国合华夏城市规划研究院）、崔文岭（国合华夏城市规划研究院）、吴玥（中国人民大学硕士研究生）、安危（征信云（福州）数据技术有限公司董事长）等参与了专著撰写或查阅资料。

本专著撰写过程中，得到国家发改委农经司原司长、国合华夏城市规划研究院院长高俊才，国家发改委宏观经济研究院副院长吴晓华，原农业部总农艺师孙中华，水利部原巡视员姜开鹏，山东省农业厅原厅长战树毅，原山东省"南水北调"指挥部负责人孙义福，以及中国人民大学张利庠教授和仇焕广教授等部委领导和专家学者的指导，并借鉴了山东、浙江和贵州等地案例，在此一并致谢。

吴维海

2018年7月